U0541066

本书为辽宁省社会科学规划基金青年项目"辽宁农村留守儿童风险预防与干预服务全域网构建研究"（L21CSH009）最终成果

中国儿童保护制度实施问题研究

杜雅琼 著

Study on the
Implementation of
China's Child
Protection System

中国社会科学出版社

图书在版编目（CIP）数据

中国儿童保护制度实施问题研究 / 杜雅琼著 . —北京：中国社会科学出版社，2022.9
ISBN 978 - 7 - 5227 - 0635 - 1

Ⅰ.①中… Ⅱ.①杜… Ⅲ.①青少年保护—制度—研究—中国 Ⅳ.①D922.74

中国版本图书馆 CIP 数据核字（2022）第 134787 号

出 版 人	赵剑英
选题策划	宋燕鹏
责任编辑	金　燕　史丽清
责任校对	杨　林
责任印制	李寡寡

出　　版	中国社会科学出版社
社　　址	北京鼓楼西大街甲 158 号
邮　　编	100720
网　　址	http://www.csspw.cn
发 行 部	010 - 84083685
门 市 部	010 - 84029450
经　　销	新华书店及其他书店

印　　刷	北京明恒达印务有限公司
装　　订	廊坊市广阳区广增装订厂
版　　次	2022 年 9 月第 1 版
印　　次	2022 年 9 月第 1 次印刷

开　　本	710×1000　1/16
印　　张	21
字　　数	300 千字
定　　价	118.00 元

凡购买中国社会科学出版社图书，如有质量问题请与本社营销中心联系调换
电话：010 - 84083683
版权所有　侵权必究

目　　录

理论篇

第一章　中国儿童保护制度现状 …………………………………（ 3 ）
　　第一节　研究缘起 ………………………………………………（ 3 ）
　　第二节　研究现状 ………………………………………………（ 6 ）
　　第三节　什么是儿童保护制度 …………………………………（ 25 ）
　　第四节　什么是针对儿童的暴力 ………………………………（ 27 ）
　　第五节　儿童保护制度现状研究的理论基础 …………………（ 29 ）

第二章　中西方儿童保护制度的历史演进 ………………………（ 41 ）
　　第一节　中国儿童保护制度历史演进 …………………………（ 41 ）
　　第二节　西方儿童保护制度历史演进 …………………………（ 54 ）

第三章　研究方法和资料来源 ……………………………………（ 69 ）
　　第一节　研究方法 ………………………………………………（ 69 ）
　　第二节　资料来源 ………………………………………………（ 71 ）

制度篇

第四章　社会系统——儿童保护制度实施的整合功能 …………（ 85 ）
　　第一节　儿童保护法律政策框架的整合功能分析 ……………（ 85 ）
　　第二节　暴力事件处理程序的整合功能分析 …………………（ 97 ）

第五章　文化系统——儿童保护制度的模式维持功能 …………（130）
第一节　家庭文化系统的模式维持功能分析 …………………（130）
第二节　学校文化系统的模式维持功能分析 …………………（139）
第三节　社会文化系统的模式维持功能分析 …………………（145）

第六章　经济系统——儿童保护制度的适应功能 ………………（157）
第一节　人力资源的适应功能分析 ……………………………（157）
第二节　经费资源的适应功能分析 ……………………………（167）

第七章　政治系统——儿童保护制度的目标达成功能 …………（173）
第一节　家庭保护目标达成功能分析 …………………………（176）
第二节　学校保护目标达成功能分析 …………………………（183）
第三节　社会保护目标达成功能分析 …………………………（188）
第四节　司法保护目标达成功能分析 …………………………（196）

结论篇

第八章　中国儿童保护制度实施问题识别 …………………………（211）
第一节　中国儿童保护制度实施的局限性 ……………………（211）
第二节　儿童保护制度实施局限的原因 ………………………（233）

第九章　中国儿童保护制度实施政策建议 …………………………（252）
第一节　促进儿童保护制度社会系统的整合功能发挥 ………（252）
第二节　改善儿童保护制度文化系统的模式维持功能发挥 …（263）
第三节　加强儿童保护制度经济系统的适应功能发挥 ………（271）
第四节　深化儿童保护制度政治系统的目标达成功能发挥 …（279）

启示与展望 ……………………………………………………………（292）
第一节　研究结论与启示 ………………………………………（292）
第二节　研究展望 ………………………………………………（296）

附　录 …………………………………………………………………（299）
附录 A　单人半结构式访谈问卷 ………………………………（299）
附录 B　焦点团体访谈问卷 ……………………………………（302）

附录C　案例资料来源及案例基本情况 …………………………（304）
  附录D　深入访谈对象基本情况 ……………………………………（309）
参考文献 ……………………………………………………………（311）
  中文文献 ………………………………………………………………（311）
  外文文献 ………………………………………………………………（325）

第一章　中国儿童保护制度现状

第一节　研究缘起

联合国大会于1989年决议通过了《儿童权利公约》（Convention on the Rights of the Child），这是第一部保障世界儿童权利且具有法律约束力的国际性公约①。中国在1992年批准了《儿童权利公约》，该公约于1992年4月1日开始在中国正式生效②。2006年10月，《联合国秘书长关于针对儿童暴力的研究》强调，已有许多国家政府为解决暴力侵害儿童问题在法律改革方面开展了大量的工作③，少年儿童保护已经成为一个全球性的议题。2016年3月1日起在中国正式施行《中华人民共和国反家庭暴力法》④，这标志着反家庭暴力工作上升为由国家强制力的国家意志来保障，意义重大。此法的保护对象为家庭中任何遭受暴力的家庭成员，其中，未成年人被列入特殊保护范畴。暴力侵害儿童（Violence against children）概念在全

---

① UNICEF, Convention on the Rights of the Child text, https://www.unicef.org/child-rights-convention/convention-text, 2019-04-06.
② 中国人大网：《第七届全国人民代表大会常务委员会第二十三次会议简况》，http://www.npc.gov.cn/npc/cwhhy/content_5982.htm，2000-12-8。
③ 世界卫生组织：《世界卫生组织声称针对儿童的暴力能够并必须防止》，https://www.who.int/mediacentre/news/releases/2006/pr57/zh/，2006-05-22。
④ 中国人大网：《中华人民共和国反家庭暴力法》，http://www.npc.gov.cn/npc/xinwen/2015-12/28/content_1957457.htm，2015-12-28。

球范围内获得了公认的定义。2020年10月《中华人民共和国未成年人保护法》经第十三届全国人大常委会第二十二次会议修订通过,中国儿童保护法律政策框架更加完善。

儿童的特殊性需要儿童保护制度的良好运行。儿童作为独立的生命个体,具有多面性、复杂性,儿童本身具有的特征也因人而异,但是所有的儿童在生理和心理方面具有一定的共性。从生理上看,儿童自诞生之时起到成年之前都是未成熟的生命个体,这意味着较成人而言儿童的体力较弱,难以靠自我保护来完全避免外界的暴力伤害。儿童期是个人生理的快速生长期,这一时期是人发生巨大转折的关键时期和最佳时期。一个人在这一时期将实现由需求单一的个体向需求多样的个体的转变;不成熟的自我向成熟的自我转变;自然人向社会人的转变,行为和能力都处于发展的关键时期[1]。从心理层面来看,儿童心理成熟度低,较易受到恐吓威胁;儿童辨别是非的能力不足,易受到欺骗与蛊惑;儿童敏感小心,一旦遭受暴力侵害很难排解痛苦与压力,造成的巨大伤害会为成年后的悲剧生活埋下种子;儿童具有依赖性,由于自我躯体控制能力不足,刚出生的婴儿需要成人来帮助饮食以及排泄,稍微成长一些后,逐渐接触社会的"阴暗面",在自我还不能排解负面情绪的情况下十分依赖于父母、祖父母等亲属,这也容易导致儿童在遭受家庭成员暴力伤害时出于对父母过分的信任与依赖而不敢反抗。儿童在生理和心理上的特性导致其在个人主张之下很难实现自我权利,尤其是在自我保护方面更显不足,儿童本身的特征对成年人与社会提出了基本的儿童养护需求,成年人有义务与责任去保护儿童平安健康成长。

儿童生活现状对儿童保护制度的良好运行提出了必然要求。在国际上,数据显示,家庭可能是儿童首次遭受暴力的发生地。全世界有接近3亿的2—4岁儿童经常受到其父母或其他照顾者的暴力(体罚和/或心理伤害)。暴力也发生在儿童学习和社交的地方。仅在2016年,就有18个受冲

---

[1] 陆士桢:《中国儿童社会福利研究》,《社会保障研究》2006年第2期。

突影响的国家或地区记录或核实了近500起袭击学校的危险事件。在未受冲突影响的国家上学的儿童也可能面临暴力风险，1991年11月至2016年12月期间，共发生59起学校枪击事件。仅2016年当年统计数据显示有900万15—19岁的女孩被迫进行性交或其他性行为①。据世界卫生组织（WHO）在2015年发布的《暴力问题全球行动计划草案》显示，对包括青少年在内的儿童（0—18岁）的暴力行为很普遍，侵犯了儿童人权②。暴力侵害儿童会对他们造成终身影响，如健康不良、有害健康行为、遭受暴力并随后实施暴力等。许多儿童死于虐待，死亡只是儿童虐待问题中的极小部分。每年都有上百万儿童遭受非致命性的虐待和忽视。一些国际研究显示，有四分之一到二分之一的儿童遭受严重而频繁的虐待，这包括来自父母的殴打、脚踢或捆绑③。在许多国家，轻微暴力被视为可接受的儿童管教方式。对儿童的暴力往往不为外人所知，受虐儿童很少能够获得他们所需要的服务。

在中国，暴力侵害儿童事件层出不穷，网络高度发达的今天，家庭、校园内以及社会中虐童的恶性事件大量爆出，例如近年来备受关注的"深圳宝安区女童被父母虐打事件""全国红黄蓝连锁幼儿园虐童事件""上海携程亲子园虐童事件""南京饿死女童事件"等，悲剧频发。据联合国儿童基金会和民政部联合建立的"中国儿童福利示范区项目"基线调查数据统计显示，在中国受到家长打骂的儿童，人数当以亿计。其中多数家长教育方法不当，打骂的严重程度已经称得上是"虐待"的，仍然有5%以上，照此推算，中国受到虐待的儿童数，可以千万计④。家庭中成人对孩子的

---

① United Nations Children's Fund, *A Familiar Face: Violence in the lives of children and adolescents*, New York: UNICEF, July, 2017.

② 世界卫生组织：《暴力问题全球行动计划草案》，第六十九届世界卫生大会，2016年3月11日。

③ Felitti, V. J., et al. "Relationship of Childhood Abuse and Household Dysfunction to Many of the Leading Causes of Death in Adults: The Adverse Childhood Experiences (ACE) Study." *American Journal of Preventive Medicine* 56.6 (2019), pp. 774–786.

④ 北京师范大学公益研究院：《中国儿童福利政策报告》，http://www.unicef.cn/cn/index.php? m = content&c = index&a = show&catid = 229&id = 4219，2011-01-25。

暴力是最不容易被发现的儿童虐待形式之一，因为它们多发生于家庭私生活中。恰恰是这种虐待形式在所有社会中都普遍存在。父母和照看者虐待行为的出现，极大地增加了制定预防策略和为受虐者提供服务的难度。家庭以外的其他人，如邻居、学校工作人员以及其他陌生人也都可能成为暴力侵害儿童的高风险人群，据最高人民检察院发布的数据，仅2017年1月至2018年4月期间，全国检察机关已批准逮捕侵害未成年人犯罪案件4.42万人，起诉6.03万人①。官方掌握的暴力侵害儿童数据已令人震惊，那些尚未被发现的正处于暴力旋涡中的儿童尚不知几何，儿童保护制度的建设与完善迫在眉睫。

中国儿童保护制度构建处于初级阶段，对制度实施现状进行检视不仅是以国际社会普遍认同的儿童保护准则对儿童保护工作进展做出总结，而且是建立与完善中国儿童保护制度的迫切需求。制度整合的前提是制度体系内各部分的规范与协调，儿童保护制度是儿童福利制度的一个组成部分，发现儿童保护制度实施的问题并使之逐渐完善，有助于促进中国儿童福利事业的稳定与发展。促进儿童保护制度的良好运行是保证儿童远离暴力侵害，避免家庭与国家受到多方损失的必然要求，为此，本研究以中国儿童保护制度实施为研究对象，通过探索制度实施现状以明晰儿童保护制度实施的局限性，并由此提出优化路径。

第二节 研究现状

一 国内研究现状

中国关爱儿童观念自古有之，但专业而科学的儿童保护议题研究起步

---

① 最高人民检察院：《最高检新闻发布会通报·保护未成年人合法权益工作情况并发布十大典型案（事）例》，http://www.spp.gov.cn/spp/zdgz/201805/t20180529_380118.shtml，2018-05-29。

较晚,在20世纪下半叶才逐渐进入中国学者的视野中,此后经历了国际儿童保护观念引进与解释、国际儿童保护相关议题翻译介绍、国内儿童保护研究兴起、国际儿童保护研究与本土化研究相结合以及中国儿童保护问题研究等一系列过程。

(一)关于儿童保护观念的传承与革新的相关研究

中国儿童福利观念最早可追溯至先秦时期,儒家思想倡导政治秩序和社会稳定,主用"仁爱",主张人应尊重生命,互相关爱。《周礼》记载之"保息六政"从慈幼、养老、赈穷、恤贫、宽疾、安富六个方面来阐释社会福利思想[1]。儿童福利自古存在于中国主流的福利思想体系中。古时我国的儿童福利体系中尚未出现明确的保护儿童免受暴力侵害的理念。我国将儿童保护归为儿童福利的一部分,所以儿童保护观念来源于儿童福利观,儿童福利观又是儿童观的一部分,先进的儿童观是儿童保护观的源头,先进育儿观念的形成与泛化逐渐融入我国家庭教育之中。新中国成立以来,中国儿童福利制度经过漫长发展。纵观70年中国儿童福利的发展变化轨迹,和任何一个国家及社会的福利政策一样,中国的儿童社会福利体制的基础和根源是背后的价值观念和指导思想[2]。中国学者从20世纪80年代至今对儿童观作了各种定义,由于人们对儿童的总的看法和基本观点带有应然和价值判断的色彩[3],所以儿童观的定义必然是多样的。"儿童观"概念表述所依据的价值倾向有所不同,有的从儿童教育方面对儿童观下定义,所谓儿童观是指家庭、学校、国家、社会如何看待、对待和评价儿童的基本理念,也就是人们对儿童的看法、观念和态度的总的概括。它具体涉及儿童身心发展的特点、儿童的地位和权利、儿童的特质和能力、儿童成长和发展的因素、儿童期的意义与价值、教育与儿童之间的关系等

---

[1] 高和荣、范玉显:《论"礼"的社会福利思想》,《云南师范大学学报》(哲学社会科学版)2017年第1期。
[2] 陆士桢:《中国儿童社会福利研究》,《社会保障研究》2006年第2期。
[3] 王海英:《20世纪中国儿童观研究的反思》,《华东师范大学学报》(教育科学版)2008年第2期。

问题①。有的学者从学术思路去定义儿童观，认为科学的儿童观应对儿童本质有正确认识，从而能够以正确的态度对待儿童，此外，要承认和接受儿童期的存在及其价值，要对儿童的发展规律和其影响因素有一个全面的理解②。

我国学者研究的儿童观一直以来重点都落在儿童的教育观、儿童的个人发展观、儿童文学作品观等方面。从2000年后一些学者逐渐开始从社会福利的角度对儿童观做出定义，"儿童观是儿童福利的来源"③。儿童福利自古以来都在中国福利文化中占有一定地位，同时期的儿童福利思想与之息息相关，从"父为子纲"这种狭隘的儿童观念转变成"儿童是人，儿童是儿童""儿童权利应受法律保护""儿童个性应获得自由发展"这种较为全面的儿童观念，经历了漫长而曲折的过程。《中国儿童发展纲要（2011—2020年）》中大致明确了我国儿童福利所包含的内容，包括儿童公共服务、儿童医疗健康、儿童救助、儿童教育以及儿童权利保护。儿童福利包含的内容广泛，当下社会环境中主流意识形态的儿童思想对儿童福利法律法规的起草颁布、规章制度的制定执行起到一定的导向作用，同样，儿童观的发展与演变也受到儿童福利立法与政策的深刻影响。有学者将我国儿童福利法律框架分为三个主要部分：一是全国人民代表大会及其常委会通过的有关儿童福利的法律（目前我国尚无明确的儿童福利法，这里指涉及儿童福利的一些法律）；二是国务院和国务院各职能部门、地方人大与地方政府职能部门制定、颁布、运行的各类行政法规、部门规章和政策规定；三是中国政府参与签署、加入的儿童福利相关的国际公约、宣言、政策声明等④。儿童保护是儿童福利的一部分，怎样对待和处理暴力侵害儿童问题，与一国的文化、历史、传统等息息相关。儿童保护观念涉及国家、社会以及公民三个主体，国家是儿童保护观贯彻执行的主要负责人，

---

① 张兴峰：《功利取向儿童观及其批判》，《教育导刊（下半月）》2008年第4期。
② 王志明：《关于儿童观的研究》，《学前教育研究》1994年第1期。
③ 陆士桢：《中国儿童社会福利研究》，《社会保障研究》2006年第2期。
④ 刘继同：《中国儿童福利立法与政策框架设计的主要问题、结构性特征》，《中国青年研究》2010年第3期。

同时也是儿童的最高监护人①。儿童保护观念是社会主义核心价值观的重要内容之一，其不仅是意识层面的同时也是一种实体规范。儿童保护观念不应该仅存在于司法领域，更应该成为社会与公民共识，成为国家制度基础②。儿童保护制度可以建立在三个不同的价值基础之上，人道主义、社会投资和儿童权利。中国家庭和国家的关系蕴含着国家对家庭深入干预的基础，例如，可从我国计划生育政策执行中得到证明③。国家介入干预家庭中的儿童保护是有价值基础的。家庭内的亲子关系同样与国家和家庭一样具有权威价值基础，容易产生暴力隐患。儿童福利制度设计中，监护人是资格主体而非权利主体，加强对监护权利的规范，对儿童保护制度的建设十分有利。

（二）关于国内儿童遭受暴力侵害现状的认识与反思的研究

1. 关于暴力侵害儿童的定义的相关研究

国内学者对儿童暴力的相关概念做出定义，大都与国际定义相近，薛新娅等将"对儿童的虐待"定义为任何社会成员（而不仅仅是邻近儿童的人）做出的足以对儿童的健康生存、生长发育及尊严造成实际的或潜在的伤害行为，具体包括身体虐待、精神虐待、性虐待、忽略、监护不周和经济性剥削等伤害行为。儿童虐待可能发生在家庭中、幼儿园和校园中以及社会上④。关颖将暴力侵害儿童归为家庭暴力的一种，她通过《中华人民共和国婚姻法》中对家庭暴力的定义将对儿童的暴力定义为在家庭发生的，处于强势地位的儿童的家人（主要是父母）对其实施的"打骂""赶出家门"等造成对儿童身体和精神伤害的行为⑤。尚晓援等提出《中华人民共和国刑法》规定了虐待罪和遗弃罪，对儿童实施虐待和遗弃行为，构

---

① 王勇民：《儿童权利保护的国际法研究》，法律出版社2010年版，第23页。
② 颜湘颖：《论儿童保护观在社会主义核心价值观中的体现与强化》，《预防青少年犯罪研究》2013年第6期。
③ 尚晓援：《建立有效的中国儿童保护制度》，社会科学文献出版社2011年版，第26页。
④ 薛新娅、陈国庆、苗楠：《论儿童虐待的成因与对策》，陕西省社会科学界第三届学术年会暨陕西省社会学会2009年学术年会社会保障与就业论坛论文，2009年。
⑤ 关颖：《家庭暴力对儿童的伤害及其社会干预》，《当代青年研究》2006年第5期。

成犯罪的，要依法承担刑事责任。但是对于虐待罪，除非致使被害人重伤死亡的，对于没有造成严重后果而情节恶劣的，属于告诉才处理的犯罪①。有的学者对相关概念的定义通过调研数据的总结得出，如陈晶琦对我国6个省市的部分在校青少年学生的一项"暴力侵害儿童状况分析"的调查结果显示躯体虐待的内容涵盖了被他人非常用力地徒手打、被他人用物品打、被限制活动、被窒息、烧、刺伤等②，这种明确的定义与分类在躯体虐待儿童研究的初始阶段十分重要，同样为儿童保护相关研究打下基础。

2. 关于暴力侵害儿童问题发生原因的研究

童年期遭受过暴力伤害的父母会更多地对子女实施暴力行为，父母儿童期遭受暴力可能增加其将对子女实施暴力行为的危险性③。我国学者普遍意识到父母是权威与权力的代表，控制着家庭的资源，如金钱、权力、地位和暴力。陈国庆等发现"养不教，父之过""不打不成才""棍棒底下出孝子"等传统观念让家长认为体罚式教育是合法合理且有益的，他们认为打孩子是对儿童负责的表现，这有益于儿童成长④。任啸雷等也谈到这种管教式的暴力尚处于轻微阶段，严重的造成儿童重伤甚至死亡的暴力案件多发生在继父母、养父母及其他监护人有严重暴力倾向的家庭，中式家庭教育理念中的体罚教育很容易引致虐待⑤。在学校的施暴者，教师所占比例最高，存在体罚、变相体罚或侮辱等事件，从电视媒体中不乏看到这样的案例，从网络搜索端口输入"教师虐待儿童"关键词可找到的相关结果约为951000个，被曝光出来的视频与图片让人十分震惊，许多还未被

---

① 尚晓援、王小林：《中国儿童福利前沿》，社会科学文献出版社2013年版，第15页。
② 陈晶琦：《暴力侵害儿童状况分析》，《联合国儿童基金会报告》，https://www.unicef.cn/reports/analysis-violence-against-children-chinese-summary，2005年3月。
③ 何舒青：《北京市西城区学龄前儿童遭受家长躯体虐待状况》，《北京市西城区疾病预防控制中心儿童保健所》2015年第8期。
④ 薛新娅、陈国庆、苗楠：《论儿童虐待的成因与对策》，陕西省社会科学界第三届学术年会暨陕西省社会学会2009年学术年会社会保障与就业论坛论文，2009年。
⑤ 任啸雷、查明霞：《儿童遭受暴力侵害若干问题研究——从法律和政策视角切入》，《法治与社会》2010年第35期。

发现的暴力事件或许此刻正在发生。有研究发现除了虐待者和受虐者的主观因素，外部环境也是导致暴力一再发生的原因，中国传统的文化背景下许多社会公众认为管教子女、打骂弟妹、体罚学生是孩子成人、学生成才的有效途径，也是家庭、同辈群体之间或学校正常的教育儿童的方式[①]。此外，如果有人在父母打骂子女时，上前劝阻或报警，会被人们认为是在干预别人家事。在日常生活中，儿童暴力的施暴者和受虐者、旁观的社会公众均对这一问题没有足够的认识。整个社会对于广泛存在的儿童暴力现象处于集体无意识状态。人们的普遍认知是，轻微打骂不能算作暴力行为，造成儿童身体有可视受伤状况甚至更为严重的情况才会被认为是暴力伤害。

3. 关于暴力侵害儿童带来的危害的研究

大量研究结果显示，暴力侵害儿童不仅给儿童身体健康带来严重不良后果，还对家庭带来巨大伤害。郭黎岩采用实验研究（pilot study）方法，设置受虐组和未受虐组比较研究儿童虐待给这些儿童成年后自尊方面带来的影响。结果显示，自尊水平越高的个体与在遭受儿童期躯体虐待的情况呈负相关，而与攻击呈正相关[②]。何舒青的研究表明暴力侵害儿童所造成的伤害取决于受虐的方式，家长对男童躯体暴力虐待的发生率明显高于女童，与国内外其他研究结果一致[③]。王倩的研究结果显示暴力虐待儿童会对孩子造成的躯体伤害由轻（青肿、擦伤）到重（骨折、内脏出血、昏迷），同时还有器官、脏器功能性和器质性损伤，严重的儿童虐待可破坏儿童的正常生理功能，使其免疫力下降，从而继发多种疾病。更严重的可能造成终身残疾，甚至生命垂危。对儿童虐待与其后期出现的症状之间存在的影响机制的研究发现，暴力侵害儿童会导致成年后有自卑抑郁、人格

---

① 薛新娅、陈国庆、苗楠：《论儿童虐待的成因与对策》，陕西省社会科学界第三届学术年会暨陕西省社会学会2009年学术年会社会保障与就业论坛论文，2009年。
② 郭黎岩、陈晨：《儿童期躯体虐待与大学生攻击性及自尊的关系》，《中国学校卫生》2016年第4期。
③ 何舒青：《北京市西城区学龄前儿童遭受家长躯体虐待状况》，《北京市西城区疾病预防控制中心儿童保健所》2015年第8期。

障碍等①。暴力本身及其后果的性质和严重程度存在很大差异。一些极端的儿童虐待能导致儿童死亡。大多数情况下，身体的伤害本身并不严重，但在心理和精神上造成的伤害却不容忽视，其会对儿童的神经、认知功能和情感的发育产生长期影响。陈晶琦等学者的研究显示学生童年期躯体虐待主要来自父母、学校教师和同学。儿童遭受情感虐待的发生率甚至要略高于躯体虐待，性虐待发生率占躯体虐待和情感虐待率的一半，但实际数据量仍然惊人。男孩更容易受到躯体虐待和精神虐待，女孩更容易受到性骚扰和性侵犯。男孩受到性骚扰/性侵犯的并非少见，一些女孩在童年时期也曾有过被严重躯体虐待和精神虐待的经历。在多重虐待经历的青少年中，其自杀意念、使用酒精、与饮酒相关的伤害、暴力行为以及其他一些伤害行为的发生率很高②。探明暴力侵害儿童事件带来的危害，可以让父母、医生、教师和所有其他与儿童健康相关的工作者认识到，青少年心理和社会问题的一个重要的潜在原因可能是隐藏的童年期曾遭受过暴力伤害的经历。

（三）关于我国儿童保护制度建设现实与前瞻的研究

国内学者对于暴力侵害儿童保护制度体系问题的研究，涉及制度本身和制度执行两个方面。学者们在研究过程中发现了目前中国儿童保护制度实施存在的问题，一些学者提出了解决意见。

1. 关于儿童保护制度建设与问题的相关研究

有学者对中国的儿童保护制度的基本现状进行了分析，认为目前中国有能力建立儿童底线保护制度，即有法律基础的、具有四个基本要素的制度。四个基本要素指儿童保护的主管机构、针对儿童暴力现象的报告制度、儿童保护的行政和司法程序以及干预和替代性养护制度。在法律基础方面，中国的法律体系中，针对儿童的暴力，在身体虐待、性虐待和遗弃

---

① 王倩：《儿童虐待研究述评》，《中国特殊教育》2015 年第 5 期。
② 陈晶琦：《暴力侵害儿童状况分析》，《联合国儿童基金会报告》，https://www.unicef.cn/reports/analysis-violence-against-children-chinese-summary，2005 年 3 月。

等方面，有明确的法律规定，可为儿童保护提供重要法律依据。但是，在忽视和心理虐待方面，没有相关的法律依据①。在打击暴力侵害儿童事件方面，中国现存的法律依据仍较为欠缺；虽然儿童福利和保护涉及很多部门，但从儿童安全和健康成长角度来看，主张民政部门可作为从上而下的主管机构，对于儿童保护的机构设置，当前比较可行的方案是民政部内部建立儿童保护的主管部门，同时进行机构整合，将儿童管理多样化职能合并成一个司局级或副部级单位；法律要求公民对儿童虐待情况向有关当局进行报告②。儿童保护制度建设初期，很多分支制度不够成熟。例如，针对暴力事件的报告机制不完善，"强制报告"制度等科普与执行程度较低。研究发现，由于"不知道向哪些部门报告""无法确认孩子是否受到伤害"等原因，21.4%的家长表示不会报告，有22.9%的受访专业人员表示不会报告，有21.73%的受访者认为"报告了也不会有什么改善"③。在接到儿童虐待报案后，相关的行政和司法程序应该包括立案、调查、审讯、判决和执行等行动；之后的干预和替代性养护在西方国家，父母在养育子女的过程中，如果对儿童施暴或忽视，他们的养护权可能被剥夺，这些受到忽视和虐待的儿童由国家重新安排，如家庭养护。而在中国，目前还没有类似的严格意义上的儿童保护制度。

2. 关于儿童保护制度实施问题的相关研究

总的来说，目前我国儿童保护制度实施环境不利于儿童保护工作的顺利开展，儿童保护理念不健全、儿童保护制度环境不完善、儿童保护制度实施机构建设缺失以及社会在儿童保护方面的舆论氛围关注不够持久等困境是当前儿童保护现状之实④。王大华等认为暴力侵害儿童保护制度的执行要有执行依据，对于暴力侵害儿童的"暴力"的定义是首要解决的一个

---

① 张文娟：《建立全面有效的儿童保护制度：基本要素和路径分析》，载尚晓援、王小林《中国儿童福利前沿》，社会科学文献出版社2013年版，第189页。
② 尚晓援、王小林：《中国儿童福利前沿》，社会科学文献出版社2013年版，第27页。
③ 北京师范大学社会发展与公共政策学院家庭与儿童研究中心：《儿童保护制度建设研究——目标、策略与路径》，社会科学文献出版社2017年版，第19页。
④ 赵川芳：《儿童保护：现实困境与路径选择》，《社会福利》（理论版）2014年第5期。

难题,这是制度执行中的文化困境。2016年3月起施行的《中华人民共和国反家庭暴力法》对家庭暴力做出了定义,对暴力包含的内容进行了明确规范①。对儿童虐待的测量、评估或鉴定在近二三十年一直是学者们的研究重点,有学者曾设计列出相关的评估量表《儿童虐待的综合问卷》《儿童虐待与创伤量表》等。此外还有学者提到了制度执行时的法律困境,有关虐待罪的立案程序规定,儿童作为受虐待的人,属于无民事行为能力或限制行为能力的人,无法以受害人的身份要求公安机关处罚自己的监护人或对自己造成伤害的人;另一方面许多受虐儿童认为自己做错事应该受到父母处罚,父母的打骂行为是正当的,是为了自己更好地发展,所以根本没有想过要处罚自己的父母,或者有这种想法也于心不忍。刑法等法律严格禁止侵害未成年人的人身权利,这些规定在一定程度上给施虐人以警示作用,但是受害人不到万不得已不会轻易报案。即使儿童向有关部门求助后,公安机关或所在社区居委会、村委会也会介入劝诫、制止,当时也许能起到一定的作用,但由于缺乏监督机制,儿童在以后的生活中可能遭受更严重的虐待②。经费支持是中国儿童保护制度的基础。缺少资源与资金支持是儿童保护制度实施需要解决的重点难题。根据对富裕地区和贫穷地区儿童之家和基层儿童服务的建设成本和日常成本推算,如果在全国所有的社区服务中心设立儿童福利工作人员职位提供最基本的儿童福利服务,所需要的财政成本为每年29.21亿元。如果在全国所有的街道办事处设立儿童福利工作人员职位提供最基本的儿童福利服务,所需要的财政成本为每年14.78亿元③。编制儿童保护预算,是制度建设的设计基础。

3. 关于儿童保护制度及实施问题的解决对策的相关研究

健全儿童保护制度,使儿童能有安全的成长环境,是很多国家儿童福利的重点或中心,这也同样是我国儿童保护的重点议题。建立全面有效的

---

① 王大华、翟晓艳、辛涛:《儿童虐待的界定和风险因素》,《中国特殊教育》2009年第10期。
② 关颖:《家庭暴力对儿童的伤害及其社会干预》,《当代青年研究》2006年第5期。
③ 尚晓援、王小林:《中国儿童福利前沿》,社会科学文献出版社2013年版,第40页。

儿童保护制度提出了目前需要解决的四个关键问题，即机构设置问题、监督机制可操作性问题、机制对接与资源整合问题、社会力量的参与机制构建问题。虞婕等在分析中国近年来儿童保护立法与政策执行情况后总结发现，中国在21世纪第一个十年期间，为保护儿童免受任何形式的暴力侵害做出了巨大的努力。在完善立法、制度建设、服务供给和宣传教育方面均有实质性的行动，这些行动仍在不断发展与完善[1]。刘文利等在儿童保护方面有很长远的考虑，他们认为儿童虐待的预防与控制，从个人看是为保护儿童的健康发展，从社会看是维护社会稳定、促进良性发展的重要举措。国家建立儿童保护制度，需要法律政策基础。目前我国已经颁布了《妇女儿童权益保护法》《未成年人保护法》《反家庭暴力法》等单行法律保护儿童权益以及解决虐童纠纷。就目前整个儿童保护制度来看，尚缺乏全国范围内关于儿童暴力的现状调查及预防干预模式的研究，只有地区性研究的数据，无法为国家相关政策提供准确的数据依据。在处理儿童虐待案件的过程中，调查发现，除了造成重大伤害或死亡的案件会以公诉案件进行处理，其他与儿童虐待相关的案件一般是以教育、调解、警告的方式解决，这为二次伤害特别是发生在家庭中的二次伤害造成了极大隐患[2]。因而，必须将儿童虐待事件的上报、受理、立案、调查、评价、追踪等细化，将责任落实到相关机构或部门，让儿童保护工作有法可依。目前我国针对遭受虐待或忽视儿童的服务包括家访、针对事件发生的应激处理、对儿童及家庭成员心理疏导等。许多学者对港澳台地区的儿童保护制度作了同步比较研究以学习其先进经验应对大陆儿童保护制度建设与实施中发现的问题。周佳娴研究发现，我国台湾、香港地区均仿效英美国家建立了儿童虐待的法律保护体系，逐渐形成了多方合力的受虐儿童保护生态系统[3]。

---

[1] 北京师范大学社会发展与公共政策学院家庭与儿童研究中心：《儿童保护制度建设研究——目标、策略与路径》，社会科学文献出版社2017年版，第137页。
[2] 刘文利、苏余芬、徐韬：《我国预防儿童虐待的最佳实践：来自政府机构的试点项目经验》，《实用预防医学》2015年第2期。
[3] 周佳娴：《香港儿童虐待防治的经验与启示——生态系统的视角》，《青年探索》2009年第4期。

台湾地区的儿童保护制度其本土化发展较好，台湾儿童福利制度经历了健全法律体系、建立行政组织体系、制度化、专业化的发展轨迹。研究中发现台湾"立法院"在2003年5月2日将《儿童福利法》与《少年福利法》合并修改为《儿童及少年福利法》，该法案在福利服务措施方面更加完善周全，提供更加积极的发展性服务，并且彰显对儿童和少年权益的重视[①]。乔东平等在儿童保护制度实施问题的探索与解决方面有全局性视野，认为我国在应对儿童保护问题时，首先要明确我国防止儿童虐待的政府主管机构，其次要明确界定中国本土的儿童虐待概念，再次要同时抓干预和预防，最后需要操作性强的政策法律指引，建立多部门合作机制[②]。

（四）关于国际儿童保护制度构建、发展历程以及经验借鉴的研究

国内学者对于儿童保护制度的研究最初以学习介绍国外儿童保护相关内容为切入点。最初关注儿童保护的学者从翻译介绍欧美发达国家的儿童保护相关法律为早期研究重点。1938年吴继泽所著书籍中从广义角度介绍了美国、英国、日本、法国以及俄国的儿童保护事业，在保护儿童免受暴力侵害方面介绍了各国的儿童虐待防止法[③]。之后我国有一些学者也零星翻译介绍了欧美发达国家儿童保护法律法规的相关内容，但是数量极少。直到20世纪末我国签署了《儿童权利公约》后才逐渐地涌现出一批专门研究国外儿童保护经验的学者，此外还有外出交流学习经验的儿童保护相关工作的政府工作人员。1990年前后学者与儿童保护工作人员开始关注联合国等国际机构在儿童保护方面的一些政策指引与目标设定。进入21世纪之后，儿童保护学者、政府工作人员、儿童保护社会机构工作人员等更为深入地研究国外儿童保护制度的相关内容，并通过研究国外儿童保护制度现状来反思中国的儿童保护现实。

2010年被誉为中国儿童福利元年，大量的儿童保护研究学者开始详细

---

① 易谨：《我国台湾地区与日本儿童福利法律制度的特色》，《青年探索》2012年第2期。
② 乔东平，谢倩雯：《中西方"儿童虐待"认识差异的逻辑根源》，《江苏社会科学》2015年第1期。
③ 吴继泽：《儿童保护事业概论》，商务印书馆1938年版。

介绍国外儿童保护模式、儿童保护制度构建及历史发展、儿童保护制度问题及解决路径等。不仅有侧重点详细的期刊类文献,还有全面研究的相关书籍。在儿童保护法律解析、儿童保护关键概念界定、儿童保护价值观普及、理论探讨、国内外比较方面,尚晓援、乔东平、王雪梅、陆士桢、刘继同、佟丽华等学者有大量学术著作可供参考;在针对不同的欧美发达国家的儿童保护制度研究方面,不同学者各有侧重,如韩晶晶的《澳大利亚儿童保护制度研究》、杨敏的《儿童保护美国经验及其启示》、满小欧的《美国儿童保护制度研究》、程胜利的《瑞典社会工作》、陆士桢的《儿童社会工作》等。学者们在深入研究欧美发达国家儿童保护制度相关的内容之外,开始借鉴国外经验并反思我国儿童保护制度发展现状,对本土化的儿童保护制度做出前瞻性设计。学者们对于美国、英国、澳大利亚、瑞典等欧洲发达国家的儿童保护制度的研究不仅在儿童保护模式方面给我国带来有益的参考,而且给儿童保护制度的构建与实施带来了十分可观的学习经验。

二 国外研究现状

欧美发达国家对于儿童保护制度及实施的研究始于19世纪末期,其开始的时间较早,研究主题众多,研究范围宽广,具有相当的研究深度。涉及儿童保护的学科较多,有大量可供借鉴的学术经验。在西方学术界的相关研究主要集中在以下几个方面。

(一)关于儿童保护制度相关的基本问题的研究

1. 关于儿童保护相关概念的研究

世界暴力与卫生报告对针对儿童的暴力行为做出定义:指监护人的犯罪行为导致实际的或潜在的伤害。此定义成为所有学者对暴力侵害儿童定义的基础。有的学者对儿童暴力的定义与世界卫生组织所做定义十分相近,但有更进一步的解释。达尔等(Daruy et al.)将暴力侵害儿童定义为通过父母或受雇照料者带来的伤害孩子身体健康的行为,躯体虐待可以是父母或者看护者造成的或者其他人对孩子造成的任何非意外的伤害[1]。一些学者在对暴力侵害做定义的基础上明确列出了暴力行为的种类，虐待是故意使用暴力对儿童导致或具有造成人身伤害的可能性。瑞贝卡等（Rebecca et al.）将虐待定义为包括对儿童身体造成终身残疾的暴力行为。纪律处分或体罚也会成为虐待。虐待行为可以包括打、拳打脚踢、殴打、刺伤、咬、推搡、扔、拉、拖、绞杀/窒息、烧、烫伤、中毒等[2]。由于文化和专业经验影响到个人对虐待的看法和定义，目前儿童保护研究领域最大的挑战是缺乏共同的定义和术语。世界各国对儿童暴力的容忍度是不同的。一般而言，欧美国家对儿童暴力的容忍度很低，如在美国的有些州，儿童虐待预防和治疗法案（Child Abuse Prevention and Treatment Act, 2014）将"即将发生或发生失败的危害儿童的行为"也定义为暴力的一种[3]。容忍度高的国家，有些法规用"严重身体伤害"或"严重痛苦"来界定虐待行为。安妮与南西（Anne & Nancy）对儿童保护服务（Child Protection Services, CPS）做出定义，指针对遭受疏忽、虐待、剥削的儿童及其家庭提供的特定支持性及介入性服务。在服务过程中，儿童保护服务工作人员针对儿童不当对待的家庭关系和环境条件通过介入服务进行家庭功能的修复[4]。暴力侵害儿童是一种普遍的全球现象，没有一个国家或地区可以完全避免儿童遭受暴力。这与联合国"儿童权利公约"中的"应保护儿童不受任何形式的虐待"的宗旨相悖，尤其是暴力侵害儿童行为研究较为落后的地区，更有深入研究的需要。联合国儿童基金会呼吁各国建立儿

---

[1] Daruy-Filho L., Brietzke E., Lafer B. et al., "Childhood maltreatment and clinical outcomes of bipolar disorder", *Acta psychiatrica Scandinavica*, 2011, 124 (6), pp. 427 – 434.

[2] Rebecca T. Leeb, Lewis T., "Zolotor A J. A Review of Physical and Mental Health Consequences of Child Abuse and Neglect and Implications for Practice", *American Journal of Lifestyle Medicine*, 2011, 5 (5), pp. 454 – 468.

[3] The Child Abuse Prevention and Treatment Act (CAPTA) Reauthorization Act of 2010, Public Law 111 – 320 (42USC5106a) (2014 – 05 – 25), https://www.acf.hhs.gov/sites/default/files/cb/capta2010.pdf.

[4] ［美］安妮·康斯托克、南希·麦克丹尼尔：《个案工作流程》，苏芳仪译，洪叶文化事业有限公司2011年版，第21页。

童保护制度以应对暴力侵害儿童事件的发生,以《儿童权利公约》中提出的基本原则为基础,以消灭针对儿童的伤害为优先目标,从而实现对儿童权利的主张。

2. 关于儿童保护相关的暴力发生原因的研究

导致暴力侵害儿童事件发生的原因复杂多样。对儿童实施暴力的人群中,亲生父母所占比例高达88.6%,这类家长普遍认为体罚甚至采用更为重度的暴力手段来管教子女是正确合理的。诺曼等(Norman R. E. et al.)发现在高收入国家,身体虐待中80%的事件是由父母或其他监护人带来的[1]。汤普森等(Thompson et al.)对导致暴力虐待儿童的主观因素进行分析,发现来自施虐者的,例如母亲避孕失败,未婚或单身母亲;酗酒或吸毒的父亲,童年时曾遭受过暴力虐待的成年人等原因;客观原因包括如贫穷或低社会经济地位等[2];很多施虐者家庭压力大,家庭资源紧张,一些监护人受教育程度低,儿童的社会地位低。在分析个人情况之外还意识到传统与文化因素也起到一定负面影响,社会文化默认体罚等轻度的暴力是正常的育儿手段。大量数据表明对暴力侵害儿童事件的预防十分有必要。世界卫生组织对成人进行调查发现,全球约23%的成人确认自己在儿童时代曾经遭受过虐待[3]。斯金纳等(Skinner et al.)调查发现,中国1970年至1980年,长江中下游地区非正常死亡和被遗弃的女婴数量高达80万人。一直到今天,中国对女童的歧视也依然存在。各种研究表明,受到过多种形式的性侵犯的未成年人,占未成年人总数的10%以上[4]。

---

[1] Norman R. E., Byambaa M, De R et al, "The Long-Term Health Consequences of Child Physical Abuse, Emotional Abuse, and Neglect: A Systematic Review and Meta-Analysis", *PLoS Medicine*, 2012 (4), p. 11.

[2] Thompson M. P., Kingree J. B., Desai S., "Gender Differences in Long-Term Health Consequences of Physical Abuse of Children: Data From a Nationally Representative Survey", *American Journal of Public Health*, 2004, 94 (4), pp. 599 – 604.

[3] Tuscis J. S., "The consequences of childhood abuse" *Paediatrics Today*, 2013 (10): 1 – 32.

[4] Skinner G. W., Henderson M., Jianhua Y., "China's Fertility Transition through Regional Space", *Social, Science History*, 2000, 24 (03), pp. 613 – 652.

3. 关于儿童保护相关的暴力导致的后果的研究

暴力侵害儿童带来的影响是复杂深远的，产生短期和长期不良影响是一种普遍现象。例如美国加利福尼亚州约有 17300 名中年人参加了童年欺负性经历（ACE）研究，他们多是中产阶级，有自己的工作。这项研究的结果表明，儿童虐待和家庭功能紊乱会导致儿童在数十年后患各种慢性病。这些慢性病在美国是致死和致残的最常见原因。这项研究调查了童年期虐待和家庭功能紊乱的长期效应，包括下列情况：精神、躯体和性虐待；母亲遭受暴力；有家人滥用药物、患有精神疾患或自杀或曾入狱。发现负性经历项目数（包括童年期躯体虐待和性虐待）与自我报告的吸烟、肥胖、不爱运动、药物滥用、抑郁、试图自杀、滥交和患有性传播疾病呈明显相关。此外，报告童年期负性经历越多，具有的危险行为也越多，成年后就越有可能患心脏病、癌症、中风、糖尿病、骨折、肝病，健康状况也越差。暴力行为给儿童带来认知、行为和心理问题。男孩比女孩更容易遭受躯体虐待，但女孩为此而受到的身体和精神上的伤害在成年后会造成更大的健康问题。童年遭受暴力虐待的后果表现最明显的是身体遭受伤害。常见的伤病，尤其是婴幼儿的虐待包括骨折、脑外伤、擦伤、烧伤和硬膜下血肿。暴力也对个人寿命长短产生影响，遭受虐待的人其生活质量和寿命长度都较未受虐人群更低。伤病和身体健康状况不佳，以及内化和外化的行为和其他精神健康问题的症状，可作为儿童和青少年虐待的标志或警示[1]。凯丽等（Kelly et al.）研究发现，越来越多的证据表明，个人在童年遭受暴力侵害，在成年后会患有慢性疾病，导致高患病率，高死亡率等情况[2]。图斯（Tuscis）的研究表明暴力侵害可影响到儿童的身心健康，伤害儿童的自尊心。与未受到虐待的同伴相比，受虐儿童表现出更多的心

---

[1] Felitti VJ et al., "Relationship of childhood abuse and household dysfunction to many of the leading causes of death in adults: the Adverse Childhood Experiences (ACE) study", *American Journal of Preventive Medicine*, 1998 (14), pp. 245 – 258.

[2] Kelly-Irving, M., et al. "Adverse childhood experiences and premature all-cause mortality", *European Journal of Epidemiology* 28.9 (2013), pp. 721 – 734..

理问题,最常见的是抑郁、焦虑、创伤后应激障碍(PTSD)和躯体主诉(somatic complaints)增多[1]。维多等(Widom et al.)的研究有相近结果,他们发现与未经治疗的儿童相比,遭受虐待的儿童得终生重症抑郁症的可能性高达 1.59 倍。被虐待和被忽视的儿童受到负面情绪的影响可能会持续到成年,成年时会出现不同程度的身心问题,如过早成熟、精神分裂,严重抑郁,犯罪、攻击性强以及人际关系差等[2]。

(二)关于儿童保护制度构建、发展与完善的研究

1. 关于儿童保护制度构建情况的相关研究

2006 年联合国在暴力虐待儿童的报告中指出,全球只有 16 个国家立法保护儿童免受暴力侵害,儿童不论是在家庭、学校、刑事监禁所以及如学前教育的其他机构中都应受到保护,然而这些受法律保护的儿童只占全球儿童的 2.4%。目前,全世界正在逐步推广与建立禁止体罚的良好的儿童成长环境,2010 年有 29 个国家通过法律全面废除体罚儿童,有 23 个国家承诺禁止体罚儿童并会采取法律行动确保政策执行。儿童保护制度构建依赖一定的理论基础,儿童保护首要解决的是国家和私人家庭权利的划分问题,即应该怎样构建一个有效的法制基础,来处理国家对少数家庭儿童养育方式的干预[3]。澳大利亚于 2007 年颁布了禁止体罚儿童的法律,瑞典 1979 年颁布法律禁止体罚儿童,越来越多的家长认同对儿童实施体罚是错误的。据数据统计,1960 年几乎所有瑞典儿童都受到体罚,1980 年有一半的孩子受到体罚,到 2000 年只有 14%[4]。美国在 1974 年即建立了针对儿童保护的重要联邦法《儿童虐待防止与处置法》,明确了政府干预虐待儿

---

[1] Tuscis J. S., "The consequences of childhood abuse", *Paediatrics Today*, 2013 (10), pp. 1–32.

[2] Spatz Widom C., Dumont K., Czaja S. J., "A Prospective Investigation of Major Depressive Disorder and Comorbidity in Abused and Neglected Children Grown Up", *Archives of General Psychiatry*, 2007, 64 (1), p. 49.

[3] Whittaker RBJK. Neil Gilbert, Nigel Parton, and Marit Skivenes, "Child Protection Systems: International Trends and Orientations", *Social Service Review*, 2012, 86 (2), pp. 356–358.

[4] Janson, Lanberg, Svensson, Skriftserie, *Vald mot barn 2006–2007*, The Swedish Child Welfare Foundation and Karlstad University Press, 2007, p. 4.

童的责任,并建立了从中央到地方的完整的儿童保护体系,特别是儿童虐待强制报告制度以及在政策、研究和服务上的大量人财物投入,使儿童保护成为其儿童福利的中心和重点。英国1889年颁布了《预防虐待儿童和保护儿童法案》,它是第一部专门针对儿童权益保护的法案,100年后,即1989年英国修订和颁布新的《儿童法》,几乎将所有的关于儿童的法律结合到了一起。2004年英国再次修订《儿童法》,为整个英国儿童保护系统提供了法律依据及保障[1]。

2. 关于儿童保护制度发展与完善的相关研究

吉尔伯特1997年编辑的书中明确了两个主要的儿童保护方向:儿童保护(以美国、加拿大和英国为例)和家庭服务(以丹麦和荷兰为代表)。以儿童保护为中心的服务模式认为虐待儿童是越轨行为,儿童必须受到保护。在解决虐待儿童问题时首要关注的是保护儿童远离来自家庭的伤害,监督及控制高危家庭中父母的行为,法律的权威是介入家庭的最主要方法,儿童保护的职责功能一般集中在一个独立的政府部门;以家庭服务为导向的保护模式将虐待儿童确定为家庭功能障碍的问题,最好通过与家庭合作提供帮助和支持来解决[2]。2011年,在吉尔伯特与其他学者的合著中,为儿童保护系统添加了第三种模式:以儿童为中心的服务导向,将儿童视为与国家有关系的个体。这种取向关系到儿童的全面健康。所有被研究国家的政策都出现了以儿童为中心的因素,例如芬兰,该国正在创造一个"儿童友好"型社会。这些国家在战略上明智地"投资"其儿童,使他们健康、受教育,并准备迎接国家的社会和经济挑战[3]。对保护儿童远离暴力侵害的办法的研究中,柯斌(Korbin)提到,世界上目前有许多地方存在社会网络嵌入型的育儿方法,社会网络成员介入养育小孩的界限中,

---

[1] Bromfield L. M., Higgins D. J., "The limitations of using statutory child protection data for research into child maltreatment", *Australian Social Work*, 2004, 57 (1), pp. 19–30.

[2] Neil Gilbert, *Combating Child Abuse: International Perspectives and Trends*, New York: Oxford University Press, 1997, p. 3.

[3] Neil Gilbert, Nigel Parton, & Marit Skivenes, Eds., *Child Protection Systems International Trends and Orientations*, New York: Oxford University Press, 2011, p. 25.

这可能成为保护儿童远离虐待的一个因素①。司彻提等（Cicchetti et al.）发现家庭独立（隔离）型养育方式会成为暴力侵害儿童的一个风险因素，尤其是单亲家庭。虐待儿童最常见的预防战略中包括家长教育或培训以及家访计划。家访模型是防止暴力侵害儿童发生最常用的方法。初级预防需要由研究人员、社会工作实务人员、医务人员以及政府工作机构的协作努力来达成②。贝克尔等（Baker et al.）意识到，医疗知识可以在暴力虐待儿童事件发生的干预和预防一线发挥积极作用。工作人员如果能掌握儿童遭受虐待的迹象等基础知识，可以通过条件和环境分析，预知儿童可能遭受的虐待风险，及时报告虐待案件。在紧急事件应对方面一些国家有十分完备的一整套系统，如英国的照料儿童系统（Looking After Children System）、瑞典的儿童需求评估框架（BBIC，Children's Needs in Focus）等③。

  欧美发达国家儿童保护制度的发展历程并非一帆风顺，每个国家都经历了制度发展的修正与改进。以瑞典为例，瑞典在儿童保护方面属于家庭服务导向型，强调提供家庭服务以保持父母与孩子之间的纽带，无论儿童是否受到虐待，提供对家庭的支持和服务是儿童保护的重点，儿童保护的功能分担在几个社会福利和青少年司法部门。历史上曾认为这种模式导致国家过于频繁地干预了不断变化的一个社会核心（即家庭）的私生活，各国对瑞典的这种质疑延续到了 20 世纪初期。瑞典早在 1979 年就禁止了针对儿童的一切形式的体罚。1982 年，一群瑞典父母向欧洲人权委员会提出申诉，声称禁止父母体罚侵犯了他们尊重家庭生活和宗教自由的权利，申

---

① Korbin J. E.，"Cross-cultural perspectives and research directions for the 21st century" *Child Abuse & Neglect*，1991（15），pp. 67–77.

② Cicchetti D.，Valentino K.，"An ecological transactional perspective on child maltreatment: Failure of the average expectable environment and its influence upon child development" *SLAC-SSRL-ACD-NOTE*-124，2006，3（Suppl1），pp. 129–201.

③ Baker L.，Cunningham A.，"Helping children thrive: Supporting woman abuse survivors as mothers" *London: Centre for Children & Families in the Justice System*，2004.

诉被驳回①。禁止体罚的儿童保护制度获得了贯彻并一直持续到了今天。瑞典国家卫生和福利局为了回应来自研究人员和监管机构对于儿童福利的批评，引进了 BBIC（CHILDREN IN NEED）评估工具以改良儿童服务质量。瑞典的这一套系统包括向社会服务部门报告、向警方报案、调查与干预、社会服务、司法体系、保健服务、设立儿童之家等几个程序，是学习英国模式所得，1999 年至 2005 年是此模式的试点阶段，之后便进入到正式使用并改进的阶段，到今天为止，在儿童服务方面起到了巨大的作用②。欧美发达国家的强制报告制度发展较早，强制报告使更多的儿童能够获得社会服务机构的支持，但是在儿童接受服务的过程中，更多的学者开始注意到资源不足问题，研究显示，只有较少部分的儿童可以获得相应的服务③。

通过对国内外儿童保护制度实施相关文献的阅读分析，发现中外儿童保护文献内容基本涵盖了儿童保护观念研究，暴力侵害儿童事件发生的原因、经过与影响研究，儿童保护制度构建与完善研究，各国儿童保护制度比较研究等。当下中外儿童保护制度实施相关研究水平存在一定差距。不论从研究分类细化还是研究文献体量上来看，中国儿童保护制度实施的相关文献研究发展情况不甚乐观，自 2016 年之后甚至出现了研究总量下滑趋势。在中国儿童保护制度完善建设与良好运行的背景下，丰富并加强儿童保护相关内容的研究是必然趋势。在研究困境方面，国外儿童保护制度建设与实施的相关文献欠缺对于中国案例的深度调研，国内相关文献在儿童保护制度实施现状探讨方面缺乏适当而合理的理论分析范式。

---

① Danish, Norwegian, Swedish, and Netherlands Governments (Application of European Convention on Human Rights), European Commission of Human Rights, "Decision Declaring Admissible the Applications Lodged against the Greek Government", *International Legal Materials*, 1968, 7 (4), pp. 818 – 842.

② The BBIC Primer, Artikel nr, "NBHW (National Board of Health and Welfare) Socialstyrelsen, Social barnavård i förändring, Slutrapport från BBIC-projektet, Child Welfare in Transformation. Final Report", *Stockholm: Socialstyrelsen*: 2007.

③ Cocozza M., The parenting of society, "A study of child protection in Sweden-from report to support, (Medical Dissertations no. 1027)", *Linköping: Faculty of Health Sciences*: 2007.

第三节 什么是儿童保护制度

一 儿童保护（Child Protection）

儿童保护有广义和狭义之分。广义的儿童保护指针对儿童的社会保护措施，既包括狭义的儿童保护，也包括对儿童和家庭提供福利的制度，以及社区服务和支持的制度等。因此，包括了预防、干预、治疗和运行等各个阶段发生的政府和非政府措施[1]。我国2012年修订通过的《中华人民共和国未成年人保护法》将对儿童的保护分为了家庭保护、学校保护、社会保护、司法保护。这里将我国所有的儿童纳入了保护范围，是广义上的儿童保护。

狭义的儿童保护是一个有特定法律含义的概念，指国家通过一系列的制度安排，包括社会救助、法庭命令、法律诉讼、社会服务和替代性养护等措施，对受到和可能受到暴力、忽视、遗弃、虐待和其他形式伤害的儿童提供的一系列旨在救助、保护和服务的措施，使儿童能够在安全的环境中成长。在许多西方国家，"儿童保护"的主要对象是受到和可能受到暴力、忽视、遗弃、虐待和其他形式伤害的未成年人。所有的未成年人都是儿童保护制度的服务对象。因此，儿童保护是一项普惠制福利。除此之外，最狭义的"儿童保护"还指对被虐待和被忽视的儿童提供的服务，家庭"周边"的替代性养护是其中最重要的制度安排，但是，儿童保护服务的内容比替代性养护更多。此外，在大多数西方国家，接受替代性养护儿童的范围比接受"儿童保护"的范围更宽泛[2]。本书采取狭义的儿童保护定义。

---

[1] 尚晓援：《儿童保护制度的基本要素》，《社会福利》（理论版）2014年第8期。
[2] 乔东平：《地方政府儿童保护主管机构建设研究——基于A县和B市的儿童保护试点实践》，《社会建设》2016年第2期。

二 儿童保护制度概念厘定

儿童福利制度指现代福利国家为改善儿童状况、促进儿童福利的制度安排。儿童福利制度实体包括了儿童保护福利、儿童社会保险与救助、儿童教育服务、儿童健康医疗服务以及儿童社会参与需求等内容。儿童保护福利即指针对生命安全、儿童依恋和保护需要的养护和替代性养护，各种预防儿童受到虐待和忽视的保护性措施等，这些福利内容是儿童保护制度的主要内涵。儿童保护制度实施是保护儿童免遭暴力、剥削、虐待和忽视的最有效方式，儿童保护制度因各国政治、经济与文化差异而各不相同，但是在定义方面具有一定共通性。

对应于儿童保护，儿童保护制度（Child Protection System）也有广义和狭义之分。广义的儿童保护制度是指对儿童的社会保护措施，既包括狭义的儿童保护制度，也包括对儿童和家庭提供福利的制度，以及社区服务和支持的制度等，因此，它包括了在预防、干预、治疗和运行等各个阶段发生的政府和非政府措施。狭义的儿童保护制度是依靠一套详细定义的法律程序，是一个有特定法律定义的概念，指国家通过一系列的制度安排，包括法庭命令、法律诉讼、社会服务和替代性养护等措施，对受到和可能受到不当对待，如暴力、忽视、遗弃、虐待、剥削和其他形式伤害的儿童提供的一系列旨在救助、保护和服务的措施，使儿童能够在安全的环境中成长[1]。参考《儿童权利公约》第 19 条第二点来得到较为明确的基础定义，即对于儿童保护措施应酌情包括采取有效程序以建立社会方案，向儿童和负责照顾儿童的人提供必要的支助，采取其他预防形式，查明、报告、查询、调查、处理和追究前述的虐待儿童事件，以及在适当时候进行司法干预。综合欧美发达国家儿童保护制度包含的基本内容，可依据上文提到的保护程序将基本的狭义儿童保护制度总结为报告、接受立案、调查、评估、确认、干预等。制度是以有效的执行力和约束力为前提的，只

---

[1] 尚晓援：《建立有效的中国儿童保护制度》，社会科学文献出版社 2011 年版，第 26 页。

有通过执行的程序和过程，制度才能称为现实的制度①。

中国社会福利是社会保障制度的一部分，社会福利制度下涵盖有儿童社会福利，其中儿童保护制度是儿童福利制度的重要组成部分。我国在儿童保护制度建设方面在法律层面上已经给出了可供参考的规定。《中华人民共和国未成年人保护法》（2012年修订版）第七条指明：国务院和地方各级人民政府领导有关部门做好未成年人保护工作；将未成年人保护工作纳入国民经济和社会发展规划以及年度计划，相关经费纳入本级政府预算。国务院和省、自治区、直辖市人民政府采取组织措施，协调有关部门做好未成年人保护工作。具体机构由国务院和省、自治区、直辖市人民政府规定②。这项法律规定给出了明确的儿童保护制度建设的引导性意见，但是在具体运行内容方面没有更进一步给出明确规定。

本书研究的对象即狭义的儿童保护制度，是指以国家依法保护受到或可能受到暴力伤害的儿童为目标而建立的以报告与处置、调查与干预、行政裁决与司法审判、安置、儿童综合服务以及监督的各种实体性和程序性的一系列规范。

第四节　什么是针对儿童的暴力

1999年WHO防止虐待儿童会议对暴力侵害儿童（Violence against children/child abuse）起草了如下定义：虐待或粗暴对待儿童是指在相关责任、义务和能力的条件下，各种形式的躯体和/或精神的折磨、性虐待、漠视、放任、商业的或其他的剥削，并导致儿童的健康、生存、发展以及尊严受到实际或潜在的伤害。暴力侵害儿童类型可分为躯体暴力、性暴力、情感和精神暴力以及忽视这四类。

---

① 乔东平：《困境儿童保护制度建设：从理念到实践》，《中国社会报》2014年1月2日第3版。

② 中央政府门户网：《全国人民代表大会常务委员会关于修改〈中华人民共和国未成年人保护法〉的决定》，http：//www.gov.cn/flfg/2012 - 10/26/content_2253932.htm，2012 - 10 - 26。

《世界暴力与健康报告》和 1999 年 WHO 关于预防儿童虐待的研讨会将儿童暴力分为四类①：

● 躯体暴力，指蓄意对儿童使用暴力，对儿童的健康、生存、发展或尊严造成伤害，或很有可能造成伤害。躯体暴力包括击打、鞭打、踢、摇晃、咬、掐、烫、烧、下毒和使其窒息等。

● 性暴力，指使尚未发育成熟的儿童参与其不能完全理解、无法表达知情同意或违反法律或触犯社会禁忌的性活动。对儿童进行性暴力的可能是成年人，也可能是年龄较大或相对比较成熟的其他儿童；他们对于受虐者，在责任、义务或能力方面处于优势地位。

● 情感和精神暴力，既包括单独事件，也包括父母或照看者没有给儿童成长提供合适的和支持性环境的现象。这类暴力行为很可能对儿童的身体或心理健康造成损害，或者妨碍儿童身体、心理、精神的发展。精神暴力的方式包括：限制活动、各种类型的轻视、责骂、威胁、恐吓、歧视或嘲笑，以及其他非身体形式的拒绝或敌视。

● 忽视暴力，既包括单独事件，也包括父母或家庭其他成员本应该但却未能够在以下的一个或多个方面创造有利于儿童健康成长的条件：健康、教育、情感发育、营养、保护和安全的生活环境。受忽视的儿童的父母未必是经济拮据的人，他们也可能非常富裕。

在 2015 年 12 月通过的《中华人民共和国反家庭暴力法》的第一章第二条中定义家庭暴力是指家庭成员之间以殴打、捆绑、残害、限制人身自由以及经常性谩骂、恐吓等方式实施的身体、精神等侵害行为。这里的"家庭暴力"包含家长对儿童的暴力，从定义内容中可以看出涉及躯体暴力和精神暴力②。2014 年颁布的《关于依法处理监护人侵害未成年人权益行为若干问题的意见》的第一条指出监护侵害行为，是指父母或其他监护

---

① 世界卫生组织、国际预防儿童虐待与忽视协会：《预防儿童虐待：采取行动与证据指南》，世界卫生组织图书馆再版编目数据 2006 年版，第 9 页。
② 中国人大网：《中华人民共和国反家庭暴力法》，http://www.npc.gov.cn/npc/xinwen/2015 - 12/28/content_1957457.htm，2015 - 12 - 28。

人性侵害、出卖、遗弃、虐待、暴力伤害未成年人，教唆、利用未成年人实施违法犯罪行为，胁迫、诱骗、利用未成年人乞讨，以及不履行监护职责，严重危害未成年人身心健康等行为①。此处对于儿童暴力行为定义更加详细，不仅扩大了施暴者定义范围，还加入了性侵害这一暴力方式。严重暴力侵害儿童又可称为虐待儿童或儿童虐待。我国《刑法》第260条规定了虐待罪的构成及刑罚。"虐待罪"指对共同生活的家庭成员经常以打骂、捆绑、冻饿、限制自由、凌辱人格、不给治病或强迫做过度劳动等方法，从肉体和精神上进行摧残迫害，情节恶劣的行为。其客观方面表现为经常或连续折磨、摧残家庭成员身心健康的行为。但同时规定，虐待造成轻微伤或轻伤的属于自诉案件。儿童作为受虐者，因为儿童不能提起诉讼，造成了案件发现困难②。

第五节 儿童保护制度现状研究的理论基础

一 结构功能理论（AGIL）

结构功能理论将社会/制度视为一个复杂的系统，其各个部分协同运作，稳定发展。AGIL范式是结构功能理论中重要的制度分析模型。帕森斯（Talcott Parsons）作为功能学派的领袖人物，在20世纪50年代创立了AGIL结构功能分析模型，它是一种研究方案，是对一定社会功能的系统描述。四个功能需求的方案最初是在1952年，帕森斯与爱德华（Edward Shils）和罗伯特（Robert Bales）合作时得出的。他们当时有23个实验小组，每个小组被分配一个特定的问题，在小组处理问题的过程中，这四个关键功能要素逐渐地浮现出来，帕森斯在其后的研究生涯里，都曾致力于

---

① 社会事务司：《〈关于依法处理监护人侵害未成年人权益行为若干问题的意见〉解读》，http://www.mca.gov.cn/article/gk/jd/shsw/201504/20150415808677.shtml，2015-04-28。
② 乔东平：《地方政府儿童保护主管机构建设研究——基于A县和B市的儿童保护试点实践》，《社会建设》2016年第2期。

使四功能分析理论更加具有普遍性。在帕森斯的著作《社会行动的结构》《社会体系》和后期作品中曾出现相关概述，其目的是构建一个统一的可分析所有行动系统的"地图"。帕森斯一生致力于能够解释所有人类行为的巨型理论的建构①。

帕森斯认为，功能是维持社会均衡的有用的适当活动，是控制体系内结构与过程之运行的条件。从使用上来说，帕森斯的 AGIL 范式是一个分析方案。AGIL 计划概述了四个系统性的核心功能，这是任何社会系统能够随着时间的推移而保持下去的先决条件。儿童保护制度作为一种现代社会系统，为了生存或保持相对于环境的平衡，其应该满足 AGIL 范式的四个要素：

适应功能（Adaption），指社会制度体系的行动者通过收集资源和社会商品以获得足够的设备和工具，从而进行社会再分配的能力；

目标达成功能（Goal-attainment），指社会制度体系本身及其行动者为未来设定目标，确定目标的优先顺利，并调动系统的资源去实现这些目标，并做出相应决定的能力；

整合功能（Integration），指协调系统各部分之间的关系，以制度规范为中心，在社会制度大环境下社会整体价值的统一和社会制度体系运行的整合，达到整合才能保证一个系统有效地发挥整体性作用；

模式维护功能（Latency），社会制度在不断变迁的过程中在一个时期是相对稳定的，其必须建立和维持一个稳定结构来保证体系的正常运行，此功能的重点在于在文化层面上维护制度化价值的稳定性。

AGIL 范式的使用是与社会系统相对应的。帕森斯将行动系统分为行为有机体系统、人格系统、社会系统以及文化系统。行为有机体系统指人的自然层面，包括有机体及其赖以生存的自然环境，人格系统指个人的需要、动机与态度等，社会系统指存在于一定情境中的多个行动者互相作用

---

① 黎民：《西方社会学理论》，北京大学出版社 2005 年版，第 86 页。

后形成的规范,文化系统指宗教信仰、语言和民族的价值观等内容①。帕森斯阐述了这四个系统如何相互关联:人们出生时是行为有机体,随着个体的发展,人们获得了个人的认同,经过一个社会价值观的内化过程,人们从社会系统中学到了东西,实现人的"社会化",而促使人完成这些转变的价值都来自文化系统。这四个子系统可看作功能的"操作者",每一个系统对应功能系统的一个要素,将制度看作一个普通的社会系统,社会系统对应的功能系统在各自的互动中实现制度的逐渐完善,也可看作是"制度化"的过程。行为有机体系统实行适应功能(A),人格系统实行目标达成功能(G),社会系统实行整合功能(I)以及文化系统施行模式维持功能(L)。

帕森斯认为系统的功能要素是存在单向能量流动的,即他认为高级别的功能要素可以控制低级别的功能要素发挥作用,这是一种带有等级控制论的思想观点,他认为文化系统约束社会系统,社会体系调整人格系统,人格系统调整社会有机体系统②。新功能主义学者埃诺·罗西对帕森斯的理论做出了修正,他不同意帕森斯的文化决定论,认为四个子系统与四个功能范式的组成是处于辩证互动中的。罗西认为任何行动系统的真正可能性和动力都依赖于四个系统功能的交互辩证构成的张力。新功能主义的学者们也开始注意到帕森斯在后期的著作中,"相互渗透"的概念反复出现,还提到了功能要素的"互动性共处"。本研究认同功能要素不存在先后与高低排序而是渗透互动的观念。

帕森斯也曾将行动系统的四个系统再细化(图1-1),指出不管对系统进行什么级别的划分,都适应于 AGIL 结构功能分析的四要素,他认为四要素功能分析理论大到可以用于解释整个人类社会,小到可以解释某一制度。

---

① 黎民:《西方社会学理论》,北京大学出版社 2005 年版,第 146 页。
② Talcott Parsons, *The Present Status of "Structural-Functional" Theory in Sociology*, In Talcott Parsons, Social Systems and the Evolution of Action Theory, New York: The Free Press, 1977, p.101.

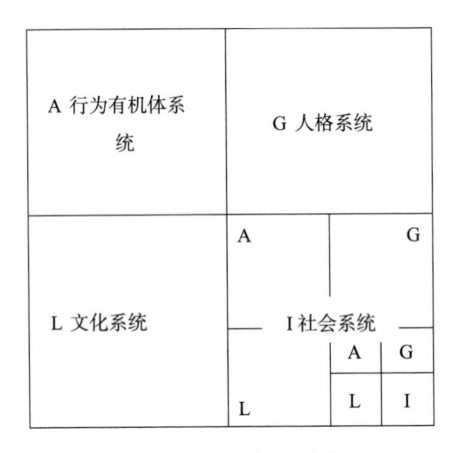

图 1-1　AGIL 结构功能图

资料来源：根据帕森斯结构功能理论相关书籍整理。

  帕森斯认为，四项功能的发挥与广义符号媒介息息相关，在社会制度方面，发挥适应功能（A）对应的符号媒介是经济，即一项社会制度中的经济系统支撑适应功能的发挥；目标达成功能（G）发挥依赖于政治系统下的政治权利；一项社会制度中的综合性社会体系的协调度关系到系统整合功能（I）的发挥；此外，社会制度中的文化系统背后所传达出的价值观念关系着模式维持功能的发挥程度。帕森斯的一切思想理论都来源于行动系统，其对四功能理论的描述并非是一成不变的。结构功能理论的 AGIL 分析模型在帕森斯构建的社会行动系统的控制层次下对应的顺序是 A-G-I-L，这也是学者们最常使用的分析框架。结构功能理论的四要素在制度系统里又呈现出 L-I-G-A 的顺序层次，帕森斯的学生列昂为了梳理其思想理论脉络，也曾将这四要素以 L-G-A-I 的排列做出解释。新功能主义学派中的代表人物罗西对帕森斯的 AGIL 四功能模式做出了修正，他认为这四个功能不存在任何高低排序，而是处在既相互区别又相互补充的互动中①。

  由此可见，AGIL 功能分析理论是具有灵活性的、可适应不同社会行动系统的变通性分析工具。在使用此理论分析儿童保护制度体系的各部分

---

① 苏国勋、刘小枫：《二十世纪西方社会理论文选Ⅱ：社会理论的诸理论》，上海三联书店 2005 年版，第 106 页。

时，为了使分析更顺畅，同时适应中国制度变迁由上而下渐进式的特性，本研究的功能分析要素呈现出以 I－L－A－G 为顺序的基本分析框架，这里的分析采用罗西的观点，即四个功能不存在高低轻重的排序，而是相辅相成的四个功能，采用这样的分析顺序是为了更好地将研究结论展现出来。之所以对整合功能提出优先分析是因为整合功能涉及儿童保护制度实施的全过程，有助于促进制度的内部调和性。在人口基数巨大、地缘范围广阔的中国国情下，以政府为导向的自上而下的制度执行是最有效的方式，此外的三项功能可在第一项功能充分施展的基础上得到最大限度的发挥。

本研究采用结构功能理论下的 AGIL 分析模型对儿童保护制度实施进行检视。首先，分析当前中国儿童保护制度实施中社会系统的整合功能；其次，研究制度实施在文化环境中的模式维持功能；再次，探讨儿童保护制度实施的经济系统中资源获取与分配的适应功能；最后，剖视制度实施中政治系统的目标达成功能。将 I－L－A－G 范式作为研究框架，通过深入剖析中国儿童保护制度实施的现实表征，探讨得出了当下儿童保护制度实施存在的问题。

二 制度场域理论

道格拉斯·诺斯（Douglass C. North）在《制度、制度变迁与经济绩效》一书中将制度内涵包含的内容分为了正式制度、非正式制度以及制度实施这三部分。皮埃尔·布迪厄（Pierre Bourdieu）对于"场域"（field）做出了解释，其认为场域是一个社会地位体系，其内部结构是权力关系。不同的场域可以是自治的，也可以是相互关联的（例如，司法机关和立法机关之间的权力分离）[1]。以诺斯对制度的定义以及布迪厄对场域的阐释为基础，林南提出了制度场域理论，他认为当组织与个体服从同一套制度时，它们就处在一个制度场域之中。个体与组织行动者在制度场域中可以

---

[1] Maclean M., Harvey C., Kling G., "Pathways to Power: Class, Hyper-Agency and the French Corporate Elite", *Organization Studies*, 2014, 35 (6), pp. 825–855.

意识到规则的存在，这些规则是由一套制度规定而形成的，行动者在行动与互动中要遵守或实践它们。在制度场域之内，行动者（包括个体、网络和组织）认可、体现和共享着仪式与行为，受到社会制度所施加的约束与激励。

制度场域中的组织、个体的生存与延续取决于经济的和制度的绩效，个体行动者与组织在制度场域中依靠物质符号等媒介实现互动，这些媒介即资本。这与帕森斯的制度功能媒介假设相近。林南认为人力资本和制度资本支配着制度场域内互动发生，制度资本又涵盖了文化资本与社会资本，文化资本包括制度场域所认可的价值、规则和规范，社会资本包括了财富、权利和名声等。行动者在制度场域内的制度化组织中活动，其通过个人努力使资源转化成资本，制度化组织通过训练行动者使之工作技能与思想观念符合当下制度场域中的价值需求。行动者在遵循共同的制度场域规则行事时便形成了特定制度场域下的网络。在制度实施过程中，组织个体执行任务的能力与它在社会中的等级地位间存在一致性，制度场域中的组织与个体互动形成的网络也与其所处的社会制度同构，基于此，林南描述了一个稳定的正在运行的制度场域①（图1-2）。

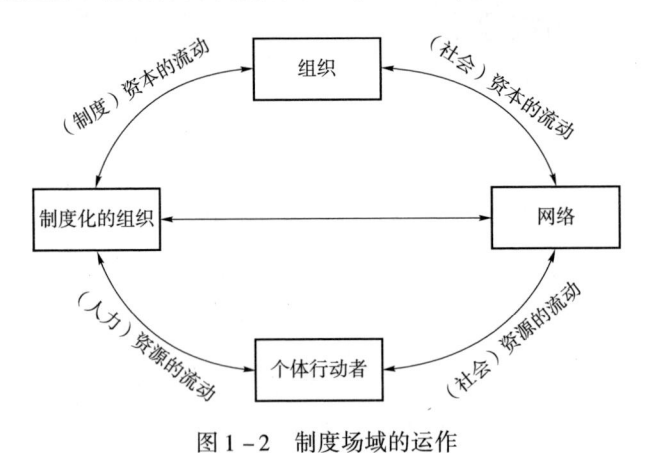

图1-2 制度场域的运作

资料来源：林南：《社会资本：关于社会结构与行动的理论》，上海人民出版社2005年版，第193页。

---

① 林南：《社会资本：关于社会结构与行动的理论》，上海人民出版社2005年版，第187页。

我国的儿童保护制度场域下的个体行动者通过政策执行、提供儿童服务等互动形成了儿童保护制度化组织，每个行动者在不同的生活与工作场景中、在不同的角色关系网络中发挥出差异性功能。在制度化组织中通过个人努力将儿童保护资源转化成不同性质的资本，资本的流动又进一步推动了儿童保护制度场域内组织的运作。制度场域的运行环环相扣，在任何环节出现问题都会导致场域内组织与网络的运作阻滞、资本流动不畅。该理论为中国儿童保护制度实施中的问题产生机理的探讨提供了有力的理论支撑。

三　理论的适用性

一项社会系统要想发挥有效作用并合理存在，需要满足适应功能（Adaption）、目标达成功能（Goal-attainment）、整合功能（Integration）、模式维护功能（Latency）这四个条件，此理论适用范围很广，具体到社会制度方面，其对应的分别是经济系统、政治系统、社会系统以及文化系统。

（一）儿童保护制度实施的社会系统整合功能分析

一项社会制度得以合理有效实施的首要前提是其应该发挥出制度整合功能。儿童保护制度实施的整合功能的有效性需要在当前的社会环境之下，遵循社会制度的基本规范，使主流的儿童保护观念融合于社会制度实施过程并促进制度实施的有序进行。社会系统产生于社会成员的人格所构成的行动系统诸部分的整合。即社会系统发挥整合功能所要依赖的是行动主体的主观行动，行动主体所形成的人格系统同时在不断地参与到社会系统的整合过程中才得以存在。儿童保护制度其社会系统的整合功能的发挥需要行动主体相互配合才能达到良好的效果，这里所指的行动主体即涉及儿童保护制度实施的相关要素，要素可以是儿童保护工作者，也可以是儿童保护制度执行机构，同时也可以是儿童保护制度实施所依据的法律基础，"要素"是儿童保护制度实施过程中的方方面面，各工作要素之间的良好配合方能促使儿童保护制度在运行过程中发挥整合功能。

(二) 儿童保护制度实施的文化系统模式维持功能分析

社会制度具有相对稳定性，同一地缘环境下的个体采取相近的行为方式、遵循一定的社会规范，这种被公认为有效的行为模式一旦被重复运用则意味着开始进入了制度化阶段。儿童保护制度涉及的"人""人的行为模式"以及"人的思想"在中国开始进入了制度化进程中，制度一旦形成就会在相应的生活领域中在持续的一段时间内稳定地发挥出其作用。制度化过程中也会偶尔出现部分问题，解决部分的问题并不会使整个制度发生变化，所以相对而言，制度总是处于稳定状态的。帕森斯认为社会的文化层面可以促进制度发挥出模式维护功能，社会制度要想稳定发展并发挥制度本身的作用需要以社会文化为依托，在制度实施过程中，领导者、政策制定者、制度执行机构中的工作人员以及制度保护的对象都应该认可并尊崇制度背后的文化。一项文化的形成意味着文化所涵盖的价值观与行为规范被人们所接受，人们所遵循的文化价值如果能够在制度实施过程中持续发挥作用，那么社会制度所引导的秩序与模式就会受到维护且不间断地运行下去。

文化系统在帕森斯的结构功能分析框架中占有十分重要的地位，他认为文化是一切其他系统的来源，在制度实施中发挥着模式维护功能（Latency），不同的社会系统有不同的文化环境，自成一体的文化系统是社会制度最鲜明的特色。在社会层次上，行动系统的子系统着重于制度化的文化[①]。制度文化是文化的一个部分，制度层面的文化是指道德伦理、社会规范、社会制度、风俗习惯等。

(三) 儿童保护制度实施的经济系统适应功能分析

经济是专门从事于社会适应功能（Adaption）的主要子系统。帕森斯认为各行动系统的子系统的联系是靠媒介实现的。经济系统利用货币为媒介与其他三个部分相联系。儿童保护制度实施想要发挥出适应功能，应组

---

① [美] 塔尔科特·帕森斯：《经济与社会》，华夏出版社1989年版，第46页。

织人力与经费资源维持制度的良好运行，除了官方机构的资源输出，还需要相关社会组织的资源补充。

对当前的儿童保护制度实施中的经济系统的适应功能的探讨是与政治系统中的目标达成功能（Goal-attainment）分不开的。儿童保护制度实施中经济系统的适应功能的发挥效果可以通过政治系统目标达成情况进行检验，帕森斯认为目标实现子系统所关注的政治功能与经济相平行，即要达成一项政治目标，其经济是不可或缺的先决条件，经济系统下的"财富"是政治权利下的一个成分[①]。

（四）儿童保护制度实施的政治系统目标达成功能分析

目标实现子系统注重于一个社会的政治功能。政治系统关键的内涵包括政治决议和社会目标，即政体的目标是最大限度地发挥社会的功能以完成制度系统的目标。我国的政体是人民代表大会制度，是我国的根本政治制度。儿童保护制度的最终目标是实现儿童远离暴力、健康平安地成长，这也是社会的集体目标。人民代表大会颁布儿童保护相关的法律条文并有效执行，达到其法律约束与引导目的，逐层实现儿童保护目标是实现儿童保护终极目标的必经之路。通过《未成年人保护法》可明确我国儿童保护的一级目标，即保证儿童获得良好的家庭保护、学校保护、社会保护以及司法保护。当前我国最新的关于儿童保护方面的目标在《中国儿童发展纲要（2011—2020年）》中明确指出，由此获得了次级目标。

制度场域理论所阐释的制度化组织的规则、个体行动者互动形成的制度文化、行动者（个体—组织—网络）互动所投入的资源以及组织在互动中受到的目标驱动力，为儿童保护制度实施中社会系统的整合功能、文化系统的模式维持功能、经济系统的适应功能以及政治系统的目标达成功能局限性的产生机理的分析提供了十分契合的理论支撑。

---

① ［美］塔尔科特·帕森斯：《经济与社会》，华夏出版社1989年版，第45页。

四 理论分析框架的构建

鉴于结构功能理论以及制度场域理论对于儿童保护制度实施分析具有适用性，本文对 AGIL 范式进行拓展，尝试建立起儿童保护制度实施的分析框架并依据制度场域理论对儿童保护制度实施问题产生的原因做出探讨（图 1-3）。

将儿童保护制度视为一个系统，系统的良好运行需要该系统的整合功能、模式维持功能、适应功能以及目标达成功能的协调发挥。儿童保护制度的社会系统发挥整合功能，系统运行过程中，为检视整合功能发挥情况，可从实体性儿童保护即儿童保护法律政策与程序性儿童保护两个方面来进行综合分析，暴力侵害儿童事件的处理过程是制度实施主体（工作者与当事人）以法律政策为依据而展开的程序性互动，实体性儿童保护与程序性儿童保护的交互运作所呈现的效果可直观地反映出儿童保护制度社会系统的整合功能发挥程度；系统运行过程中的所有参与主体在制度实施中均扮演了不同的角色，在不同的环境下其遵循的文化运作准则体现出了深层的儿童保护观等内涵。行动者在家庭中是父母、子女的角色，在学校中是教师、学生的角色，在社会中"扮演"当事人与"围观者"的角色。儿童保护制度文化系统囊括了不同环境中的儿童保护文化，文化发挥出的正、负功能影响了文化系统模式维持功能的发挥；制度政策的具体实施需要以经济系统为依托，经济系统中的人力资源、经费资源是制度落地的必要保障，儿童保护制度实施效果的实情可通过儿童保护目标达成情况直观体现出来，经济系统中资源的获取与分配决定了目标达成度的高低。儿童保护制度实施过程中，政治系统内的行动者以"权利"为媒介，通过对经济系统中资源的支配来达成家庭保护、学校保护、社会保护以及司法保护中的儿童保护目标。

在以 AGIL 范式为基础理论依据的研究框架构建过程中，四系统所发挥的四功能并非独立发挥效能，而是交互影响，协调运作。通过检视儿童保护制度实施的四个系统功能发挥现状，对儿童保护制度实施问题做出探

第一章 中国儿童保护制度现状

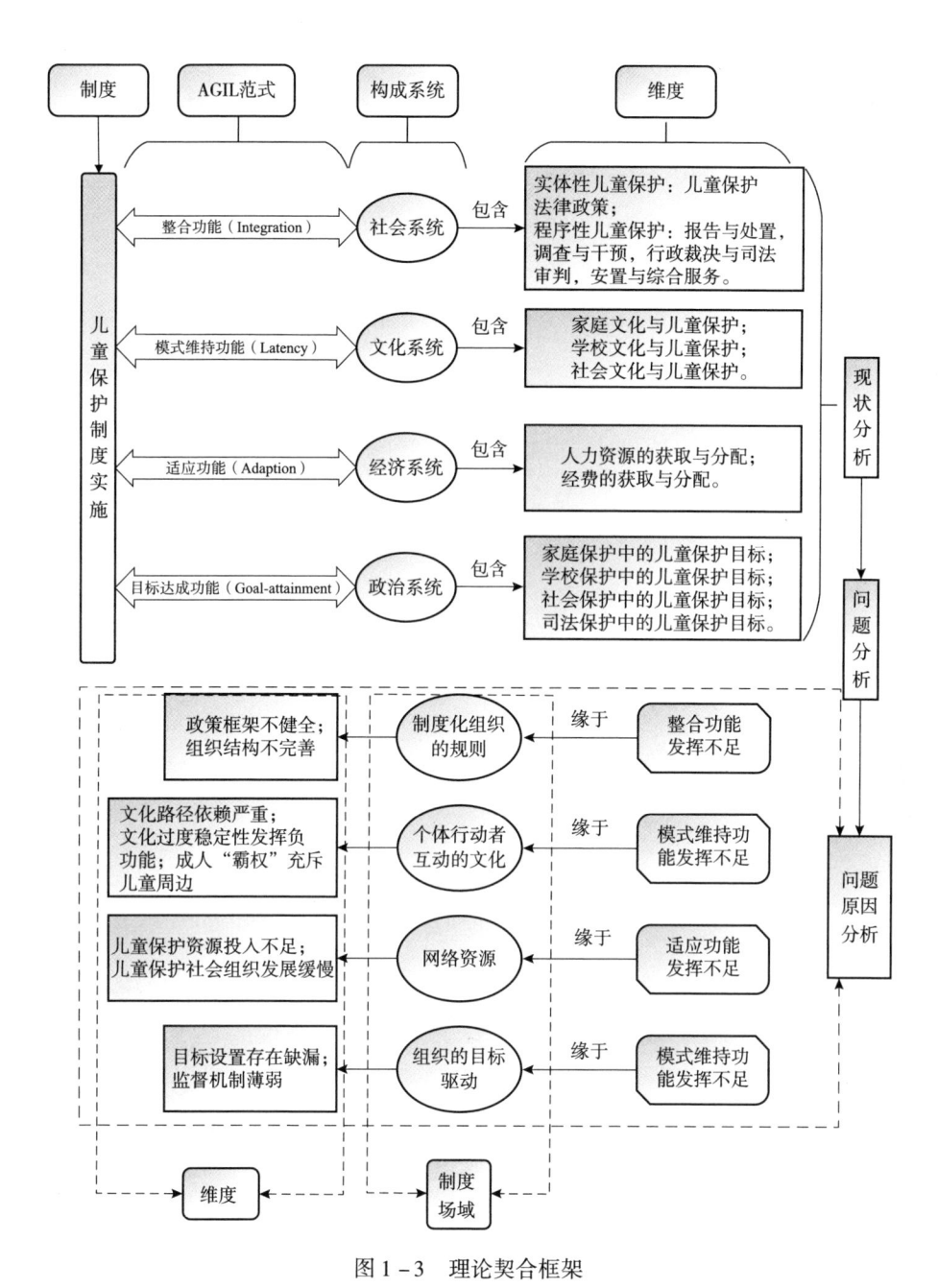

图 1-3 理论契合框架

资料来源：作者自制。

讨，问题的产生并非由于单项原因导致，应将制约因素置于统一场域中进行分析，制度场域理论对制度要素进行了综合阐释。本研究认为儿童保护制度实施主体在互动过程中形成的制度化组织规则、互动文化、网络资源以及组织目标下涵盖的分析维度可对制度实施问题产生的原因做出探讨。

第二章　中西方儿童保护制度的历史演进

第一节　中国儿童保护制度历史演进

中国儿童保护制度是儿童福利政策的一部分。儿童福利政策是儿童保护、儿童教育、儿童基础性服务等综合性儿童福利内涵的政策产物，它与一国的经济发展模式、社会主流的公共议题、民众整体性的儿童观念息息相关。

中国儿童福利观念最早可追溯至先秦时期，儒家思想倡导政治秩序和社会稳定，主用"仁爱"，主张人应尊重生命，互相关爱。儿童福利自古就存在于中国主流的福利思想体系中，"儿童观是儿童福利的来源"[①]。古时我国的儿童福利体系中尚未出现明确的保护儿童免受暴力侵害的理念。

"保护"的反义词是"伤害"，中国古语如"虎毒不食子""棍棒底下出孝子""严师出高徒"等都明确地表达出儿童在中国社会与家庭中扮演的角色及其所处的地位，在古时中国的儿童教育理念中，很难将"棍棒"教育与暴力挂钩，人们默认父母、师长等群体对于儿童的管教都是以

[①] 陆士桢：《中国儿童社会福利研究》，《社会保障研究》2006年第2期。

"保护"为前提的，而非"伤害"。传统观念深入人心，深入家庭与社会之中，以至于当"儿童保护"一词出现的时候，人们还未意识到"保护"所指的内容是什么。人们普遍认为家庭中、社区里以及学校中不存在暴力侵害儿童事件，社会上即使有一些也是十分少见的。在过去的中国，暴力侵害儿童事件一直以一种"隐身"的状态存在于日常的生活之中。我国于1989年签署了《儿童权利公约》，国家与政府开始意识到儿童保护的存在及其重要性，并逐渐将儿童保护理念灌输给社会民众，可以说，我国的儿童保护制度在1989年之前是无意识发展阶段，自1989年之后，"儿童保护"理念的深入开始逐步带动了儿童保护制度的建立与发展。

一 1989年之前——中国儿童保护制度的无意识演进阶段

儿童保护观是儿童保护制度的价值基础。在中国签署《儿童权利公约》之前，我国民众的儿童保护意识模糊，在育儿理念中没有明确的儿童保护概念，虽然大的社会环境如此，但是在一些思想先进人士的主张与助推下，儿童保护的观念以多样的形态出现，散落在儿童福利的各个角落里。

（一）1898—1949年：先进儿童观的出现

1898年的戊戌变法是中国近代史上的一次重要的思想启蒙运动，西方儿童教育理念开始逐渐融入中国的儿童教育中。清光绪二十九年十一月二十六日（1904年1月13日）颁布的《奏定蒙养院章程及家庭教育法章程》是中国第一部幼儿教育法规，该法规特别要求要注重女子的教育，但规定女子只可在家庭受教。光绪三十四年（1908）京师内城巡警总厅定颁《创办京师内城贫民教养院章程》规定幼弱者是收留对象之一。晚清时期，由民间捐助和官方筹措的育婴堂分布全国各地，负责收养孤儿和弃婴。1926年国民党第二次全国代表大会通过的《妇女运动决议案》中规定要保护女性和儿童。1930年，共青团中央成立了"儿童局"，之后迅速在福建省、上海、西北地区等地成立了服务于儿童的工作机构。1934年，中华苏维埃共和国中央执行委员会颁布的《婚姻法》中规定父母离异后，继父有意抚养小孩的，不得虐待；禁止虐待、抛弃私生子。日本侵华战争期间，我国许多爱国人士呼吁"抢救难童"，同时一些社会影响力较大的有识之士牵头在武汉、广东、浙江、陕甘宁地区成立了战时儿童保育会。1946年颁行的《中华民国宪法》把儿童的特殊保护列为"基本国策"[①]。

除政府颁布的政策法规之外，一些有影响力的文学家、教育学家也极大地推动了儿童教育观念与儿童保护观念的发展。鲁迅先生一生都在积极地传播先进的育儿观念，其高度认同卢梭在《爱弥儿》中的育儿观，也曾在1919年发表的《我们现在怎样做父亲》一文中描述了中国家庭关系中的亲子关系与欧美家庭的区别，阐释了以孩子为本位的先进的儿童观，文章结尾处做出总结"觉醒的父母，完全应该是义务的，利他的，牺牲的"[②]，这种先进的儿童观放到今天也依然令人受用无穷。胡适在《论家庭教育》一文中呼吁开办女学堂，认为女性的素质教育是家庭与国家兴旺的关键因素[③]。先进的儿童观是儿童保护观的源头，先进育儿观念的形成与泛化逐渐融入我国家庭教育之中，儿童地位也在不知不觉中慢慢提升。

中国在任何时候都没有松懈对儿童的养育和照护，这些法规由于国家发展处于不稳定阶段，很多没有很好地被实施，但这一阶段的古旧社会习俗受到冲击，封建理念受到摒弃，这为后来的男女平权、女童保护等思想发展打下了基础。

（二）1949—1989年：儿童保护观念的萌芽时期

1949年是中华人民共和国的开端，稳定的国家环境更加有利于儿童的

[①] 中国青少年研究中心：《百年中国儿童》，新世纪出版社2000年版，第554页。
[②] 鲁迅：《我们现在怎样做父亲》，《新青年》1919年6卷6号。
[③] 胡适：《论家庭教育》，《竞业旬报》1908年9月6日。

健康成长。1949 年中华全国妇女联合会成立之时下设了妇女儿童福利部，期间有过改制与停工，于 1978 年恢复工作，全国妇联从过去到今天在儿童保护方面一直扮演着十分重要的角色①。为响应国际妇联的号召，1951 年成立了中国人民保卫儿童全国委员会，宋庆龄为主席。1954 年 9 月，第一部《中华人民共和国宪法》颁布，第九十六条规定"婚姻、家庭、母亲和儿童受国家的保护"②，《宪法》在之后曾经过多次修改，但儿童保护一直是保留其中的。同年同月由最高人民法院发布了《关于处理奸淫幼女案件的经验总结和对奸淫幼女罪犯的处刑意见》，奸淫幼女指与不满 14 周岁的幼女发生性行为，规定指出在任何情况下、采用任何手段奸淫幼女都是极严重的犯罪，按其情节从严惩处③。1980 年 9 月，全国人大颁布了《中华人民共和国婚姻法》，规定禁止溺婴和其他残害婴儿的行为④。1979 年联合国儿童基金会恢复和中国的合作，国际儿童观开始逐渐进入中国，但当时中国儿童面临的问题还比较多，暴力侵害儿童问题还没有成为儿童成长过程中需要关注的重点。1981 年，我国成立了妇女儿童工作委员会，此机构是妇女儿童工作的协调议事机构，并非行政机构。其极大地推动了妇女儿童相关纲要文件的起草、执行与监督。1986 年 4 月 12 日，全国人民代表大会颁布了《中华人民共和国义务教育法》，保证了适龄儿童、少年接受义务教育的权利。学校教育是儿童从家庭到社会过渡的重要环节，儿童在学校接受自我保护、暴力普及的课程是有效预防暴力的方法，学校在儿童安全成长过程中扮演着举足轻重的角色。1989 年 4 月 1 日我国在国家最高权力机构中设置了全国人大内务司法委员会青少年专门小组和全国

---

① 全国妇联：《全国妇联简介》，http://www.women.org.cn/col/col33/index.html，2013 - 07 - 17。

② 全国人民代表大会：《中华人民共和国宪法（1954 年）》，http://www.npc.gov.cn/wxzl/wxzl/2000 - 12/26/content_4264.htm，2000 - 12 - 26。

③ 周强：《充分发挥案例指导作用促进法律统一正确运行》，《人民法院报》2015 年 1 月 4 日第 1 版。

④ 全国人民代表大会：《中华人民共和国婚姻法（1980 年）》，http://www.npc.gov.cn/wxzl/gongbao/2000 - 12/11/content_5004394.htm，2000 - 12 - 26。

人大内务司法委员会妇女儿童专门小组,体现出了在未成年人司法工作方面的特殊性,未成年人由于其身心还不成熟,应该受到特殊的司法保护。

除了这些明确提出"儿童保护"的法律法规外,还有一些关于儿童教育规范、对待少年犯的处理办法等涉及儿童的文件,地方的儿童相关法律法规更是不胜枚举。总的来说,这一时期广义的儿童保护观念开始萌芽,儿童地位得到了提升,但是对于"暴力侵害儿童"这一狭义概念下的儿童保护还未出现官方定义。

二 1990—2009 年——中国儿童保护制度的准备与初步建设阶段

改革开放后的十年,中国的经济得到了跨越式的发展,综合国力直线提升,进一步解放了民众的思想。儿童教育与健康成长开始成为家庭与国家的重要议题。

(一) 1990—1999 年:儿童保护制度建设的准备时期

1989 年 11 月 20 日联合国大会通过了《儿童权利公约》,这对于全世界的儿童都是十分重要的一天。1990 年中欧常驻联合国大使代表中华人民共和国政府签署了《儿童权利公约》,中国的儿童保护从此迈上了一个新的台阶。中国签署该公约意味着中国认同公约内儿童保护的理念,并且树立了保证中国儿童健康安全成长的决心。儿童保护观的形成不是朝夕之事,鉴于中国国情,此时的儿童保护还应是广义的儿童保护,尤其是针对特别弱势儿童的保护与救助。与此同时,1990 年召开的世界儿童问题首脑会议通过了《儿童生存、保护和发展世界宣言》以及《执行九十年代儿童生存、保护和发展世界宣言行动计划》。1991 年 3 月,李鹏总理代表中国政府签署了上述两个文件,做出了庄严的承诺,特别制定了《九十年代中国儿童发展规划纲要》为保证上述文件在我国的实施以及促进儿童身心健康发展①。此纲要是中国首次为儿童制定的发展规划文件，在中国儿童福利制度发展历程中有着十分重要的意义。中国儿童福利开始进入了制度化阶段，联合国对于儿童保护做出的官方定义也获得了我国政府的认同。

在借鉴国外立法和总结国内地方立法经验的基础上，全国人民代表大会于1991年9月4日通过了《中华人民共和国未成年人保护法》，以保障未成年人的合法权益，促进未成年人身心健康成长②。该法虽在暴力侵害儿童保护方面其针对性还较弱，但其仍在中国儿童保护制度框架中占有举足轻重的地位。1999年6月28日，全国人民代表大会审议通过了《中华人民共和国预防未成年人犯罪法》，此法为了保障未成年人身心健康，培养未成年人良好品行，有效地预防未成年犯罪而制定，在应对未成年人犯罪问题方面体现了以预防为主的思路。

除了中央政府在儿童保护方面做出的努力，地方的一些政府机构也开始积极投身于儿童保护的事业中来。1997年上海市推出了"政府出贷、社会支持、家庭寄养、统一监护"的新举措，为使孤残儿童能在较为稳定的家庭环境中成长，获得家庭的温暖。家庭寄养是儿童保护制度的关键内容，上海家庭寄养的办法为后来全国各地的儿童寄养提供了有益的参考，即使在今天，这样的儿童寄养举措也具有一定的先进性。1999年，北京市丰台区未成年人保护委员会和司法局联合建立了"少年朋友需要帮助别忘了援助站"的公益电话牌，援助站可对严重侵害未成年人权益的案件指派律师免费受理。2000年前后全国各地出现很多拐卖儿童事件，贵阳、广东等地都开展了严厉打击拐卖儿童犯罪的活动③。不难看出当时儿童在中国的地位得到了显著提升，国家、政府、社会以及家庭都努力为儿童营造稳

---

① 国务院：《九十年代中国儿童发展规划纲要》，https://baike.baidu.com/item/九十年代中国儿童发展规划纲要/4062063?fr=aladdin，1992-03-11。

② 中央政府门户网：《全国人民代表大会常务委员会关于修改〈中华人民共和国未成年人保护法〉的决定》，http://www.gov.cn/flfg/2012-10/26/content_2253932.htm，2012-10-26。

③ 中国青少年研究中心：《百年中国儿童》，新世纪出版社2000年版，第561页。

定、安全的成长环境。此时"虐待儿童""暴力侵害儿童"这样的词汇还未进入大众视野,但是人们已经在潜移默化之中改变了陈旧的儿童观,为新世纪儿童保护的发展打下了基础。

(二) 2000—2009 年:儿童保护制度建设初期

2000 年 9 月联合国首脑会议包括中国在内的 189 个国家签署了《联合国千年宣言》,世界各国领导人就消除贫困、疾病、文盲、环境恶化和对妇女的歧视,商定了一套有时限的目标和指标。宣言目标第一条是人们不分男女,有权在享有尊严、免于饥饿和不担心暴力、压迫或不公正对待的情况下过自己的生活,养育自己的儿女[①]。远离暴力,永远是儿童保护中的重点议题。

2000—2009 年是中国经济社会发展的重要时期,从儿童期着手保障儿童健康全面发展,为提高国民素质、培育全面型人力资源队伍打好基础,这是完成我国新世纪人才战略任务的第一步。例如,《中国儿童发展纲要(2001—2010)》中曾提到,我国"坚持儿童优先原则,保障儿童生存、发展、受保护和参与的权利"[②]。其中传达出的儿童福利观念较之前我国主流儿童福利思想有了较大的进步,这里将儿童看作人,使儿童回归儿童,将儿童看作应受尊重的个体,儿童的需求应被关注和满足,国家和社会应为儿童提供合适的支持。随着新观念的普及,纲要中出现了"禁止对儿童实施家庭暴力及其他形式的身心虐待"这样的表述。

2003 年 10 月 27 日民政部发布了《家庭寄养管理暂行办法》,家庭寄养是为孤儿、弃婴回归家庭、融入社会而采取的一种养育方式。民政部于 2014 年 9 月 24 日发布了正式的《家庭寄养管理办法》,这里虽然未将有特殊监护人的儿童列入其中,但暂行办法的发布与实施使孤残儿童救助模式

---

① 联合国大会:《联合国千年宣言》,http://www.un.org/chinese/ga/55/res/a55r2.htm,2000 - 09 - 08。
② 国务院新闻办公室:《中国儿童发展纲要(2001—2010)》,http://www.scio.gov.cn/ztk/xwfb/46/11/Document/978177/978177_1.htm,2011 - 08 - 10。

走向了正规化①。2006年9月1日由教育部、公安部、司法部、建设部、交通部、文化部、卫生部、工商总局、质检总局、新闻出版总署联合制定发布了《中小学幼儿园安全管理办法》，这是我国第一个专门关于中小学安全管理的法规性文件②，也是与《义务教育法》配套的文件，它不仅规定了校内安全管理，也规定了校园周边的安全要求，具有较强的操作性。

这一阶段的儿童保护已经开始出现针对性较强的分类保护，儿童养育模式更多样化，儿童观念较20世纪有了巨大进步，儿童保护概念开始进入人们的视野，中国儿童保护制度进入了初步建设阶段。

三 2010年至今——中国儿童保护制度专业化建设阶段

2010年被儿童研究学者称为中国儿童福利元年③，在独生子女政策施行的影响下，儿童在家庭中的地位越来越重要，国家与社会对于儿童教养也达到了前所未有的高度重视，儿童保护制度可见雏形。

（一）2010—2014年：中国儿童保护制度专业化的开端

2010年是中国儿童福利发展的关键一年，2010年11月出台的《国务院办公厅关于加强孤儿保障工作的意见》是中国政府第一次直接通过现金补贴的形式为福利机构内外的孤儿提供制度性保障，标志着中国在儿童福利政策方面的重大突破④。2011年国务院颁布的《中国儿童发展纲要（2011—2020年）》，儿童保护方面在之前纲要的基础上明确指出保护儿童人身权利，指明为儿童成长提供良好的家庭环境；倡导平等、文明、和睦、稳定的家庭关系，提倡父母与子女加强交流与沟通；预防和制止家庭

---

① 民政部：《家庭寄养管理办法》，http：//www．gov．cn/gongbao/content/2014/content_2792649．htm，2014-09-24。
② 教育部：《中小学幼儿园安全管理办法》，http：//www．zbqz．com/articleshow．asp？id=1756，2017-08-31。
③ 北京师范大学公益研究院：《中国儿童福利政策报告》，http：//www．unicef．cn/cn/index．php？m=content&c=index&a=show&catid=229&id=4219，2011-01-25。
④ 尚晓援、王小林：《中国儿童福利前沿》，社会科学文献出版社2013年版，第157页。

虐待、忽视和暴力等事件的发生[1]。

为依法惩治性侵害未成年人犯罪，保护未成年人合法权益，最高人民法院、最高人民检察院、公安部、司法部于2013年10月23日联合发布了《关于依法惩治性侵害未成年人犯罪的意见》[2]，充分体现对未成年人进行特殊、优先保护的司法理念，就办理性侵害未成年人犯罪案件的一些突出法律适用和政策把握问题作了明确规定。该意见的发布说明我国政府与社会已经开始意识到对未成年人实施奸淫、猥亵，诱骗、组织、强迫未成年少女卖淫等违法犯罪活动会给未成年人身心健康造成严重伤害，在社会上造成极为恶劣的影响，在网络发达的今天，类似的恶性事件也尤其容易引起人民群众的强烈反应。

这一时期的儿童保护制度开始进入了专业化阶段，儿童保护的目标设定、儿童保护制度执行的依据以及儿童保护制度措施的实施办法都呈现出了正规化、精准化的特征。

（二）2014年至今：儿童保护制度的专业化建设与发展时期

2014年由最高人民法院、最高人民检察院、公安部、民政部四部联合发布的《关于依法处理监护人侵害未成年人权益行为若干问题的意见》在中国儿童保护的发展历程中具有里程碑式的意义。该意见为切实维护未成年人合法权益，加强未成年人行政保护和司法保护工作，确保未成年人得到妥善监护照料而制定。有学者视此意见为"良法"，认为其体现了儿童权利最大化理念，基于公平正义的价值标准充分体现了儿童保护的特殊性与优先性，其法律用语准确、明晰且操作性强[3]。该意见从内容上来说十

---

[1] 国务院：《国务院关于印发中国妇女发展纲要和中国儿童发展纲要的通知》，http://www.gov.cn/zhengce/content/2011-08/05/content_6549.htm，2011-07-30。

[2] 检察日报：《四部门关于依法惩治性侵害未成年人犯罪的意见》，http://www.spp.gov.cn/zdgz/201310/t20131025_63797.shtml，2013-10-25。

[3] 尹力：《良法视域下中国儿童保护法律制度的发展》，《北京师范大学学报》（社会科学版）2015年第3期。

分详尽，较以前的法律法规意见等可操作性高。意见共四十四条，首先对监护侵害行为做出了定义，对于应对处理机构做出了明确规范，而不再是"有关机构"；该意见中明确提出了针对暴力事件的报告制度，明确了报告主体、报告部门、报告情形等内容，但是这里的报告不是强制报告，也缺乏法律责任的约束，报告制度在《反家庭暴力法》中做出了更进一步的详细规定；该意见还对临时安置和永久性安置进行了明确规范，合理的安置对于受虐儿童的长久保护是最为有效的；同时，该意见明确了人身安全保护令适用情况，列举了撤销监护人资格的申请条件、审理过程及审判结果；意见第二条表明处理监护侵害行为，应当遵循未成年人最大利益原则，充分考虑未成年人身心特点和人格尊严，给予未成年人特殊、优先保护。这是中国自签署《儿童权利公约》之后首次将"儿童最大利益原则"写入我国法律法规。

2015年8月《刑法修正案（九）》对涉及儿童案件的判罚做出了一些修改。刑法第二百六十条第三款修改为："第一款罪，告诉的才处理，但被害人没有能力告诉，或者因受到强制、威吓无法告诉的除外。"该罪在修改之前属于自诉罪名，新条款的修订使得对于那些原本属于自诉案件的虐待罪转由检察机关启动公诉成为可能，能够更好地保护受害儿童；将第237条"强制猥亵、侮辱妇女罪、猥亵儿童罪"，改为"强制猥亵他人、侮辱妇女罪、猥亵儿童罪"，扩大了猥亵罪的适用范围，将男性纳入了保护对象之中，为原罪名中未涵盖的已满14周岁未满18周岁被侵害的未成年男性提供了刑法保护；废除"嫖宿幼女罪"，一方面对性侵犯女性的犯罪行为统一了司法标准，同时避免了给受害幼女带来"污名化"[①]。

2015年12月27日全国人民代表大会常务委员会通过了《中华人民共

---

① 最高人民检察院：《中华人民共和国刑法修正案（九）》，《中华人民共和国最高人民检察院公报》2015年第6期。

和国反家庭暴力法》，2016年3月1日起施行。此法是为了预防和制止家庭暴力，保护家庭成员的合法权益，维护平等、和睦、文明的家庭关系，促进家庭和谐、社会稳定而制定。此法涵盖了家庭暴力的预防、处置、人身安全保护令、法律责任等内容。在保护儿童免受暴力侵害方面起到重要作用。《反家庭暴力法》在制度设计中，一定程度上纳入了儿童保护视角，借鉴了国际相对成熟的反家庭暴力和儿童保护立法经验[①]，其在中国儿童保护制度形成发展过程中起到重要作用。该法是我国第一部对强制报告制度做出详细规定的法律，但是法律中对于强制报告的处分细则不明确，导致在法律执行时缺少依据标准同时也提高了法律执行的监督难度。除了官方发布的可供参考的儿童保护法律与意见之外，民政部等政府机构在后续陆续发布了可供参考的儿童保护操作准则，如由民政部于2014年12月24日发布的《儿童社会工作服务指南》以及2017年3月8日发布的《受监护侵害未成年人保护工作指引》。

为进一步加强未成年人司法保护，深入推进检察机关国家司法救助工作，2018年2月27日，最高人民检察院发布了《关于全面加强未成年人国家司法救助工作的意见》[②]。在处理未成年人相关的受害案件及犯罪案件过程中，会出现未成年人及其家庭因案返贫致困情况，个别儿童甚至出现生活无着、学业难继等问题。此时，各地检察机关开展的司法救助工作就显得十分之重要，及时帮扶司法过程中陷入困境的儿童及其家庭是国家与政府需要承担起的责任。

强制报告制度建设的关键一年是2020年，三项重要的儿童保护制度设计相继出台。一是该年5月最高人民检察院等九部门联合发布《关于建立侵害未成年人案件强制报告制度的意见（试行）》，明确国家机关、法律法

[①] 张雪梅：《解读〈反家庭暴力法〉对未成年人等无民事行为能力人和限制民事行为能力人的特殊保护》，《预防青少年犯罪研究》2016年第1期。
[②] 最高人民检察院：《最高人民检察院关于全面加强未成年人国家司法救助工作的意见》，http：//www.spp.gov.cn/spp/xwfbh/wsfbt/201803/t20180306_368994.shtml#2，2018-03-06。

规授权行使公权力的各类组织及法律规定的公职人员，密切接触未成年人行业的各类组织及其从业人员对侵害未成年人案件有报告的义务，规定了性侵、虐待、欺凌、拐卖等9类应当报告情形，对于发现这些情形的，相关责任主体应当报告。二是民政部办公厅下发《关于开展全国统一的儿童救助保护热线试点申报工作的通知》，确定了5个省（区）、14个市为全国统一的儿童救助保护热线试点，提出"统一平台、一号对外、集中受理、分级介入、限时办理、统一回复"的原则，目标是打造服务流程闭环化、服务体系网络化、资源链接高效化、系统功能智能化的"一站式"困境儿童救助保护热线服务综合平台。三是2020年10月修订《未成年人保护法》，从法律层面规定报告的责任主体为国家机关、居民委员会、村民委员会、密切接触未成年人的单位及其工作人员，报告事项为在工作中发现未成年人身心健康受到侵害、疑似受到侵害或者面临其他危险情形，报告的部门是公安、民政、教育等。以上文件及法律的修订，具有里程碑式的意义，标志着儿童保护强制报告制度在我国全面实施。

从发布的儿童保护相关的工作意见与办法中可以发现，目前我国已经具备了对于暴力侵害儿童事件处理流程的所有专业化指导，这包括了事件发生时的应急处理、事件发生后对于加害者的惩罚办法、事件发生后对于受害人及其家庭的安抚与疏导办法、儿童带离家庭的临时安置与寄养办法、儿童社会工作者介入的专业工作依据等。这些工作意见是结合了实际工作经验而制定出来的，在儿童保护实际操作过程中，依据规范性指导来做具体的工作不仅有助于明确各工作人员的职责，而且专业化的工作流程有助于更好地给受害者及其家庭提供帮助。

综观中国儿童保护制度历史演进发展过程，可得出全貌（仅列出与狭义儿童保护制度高度相关的关键事件）（表2-1）。

第二章 中西方儿童保护制度的历史演进

表 2-1　　　　　中国儿童保护制度历史演进关键事件一览表

所属阶段	时间	标志性事件	儿童保护内容/意义
中国儿童保护制度的无意识演进阶段	1949年之前	西方儿童教育理念逐渐融入中国；政府开始颁布儿童救护政策	先进的儿童观得到推广
	1949年	全国妇联下设了妇女儿童福利部	保护儿童在家庭中的权利
	1954年	最高人民法院发布《关于处理奸淫幼女案件的经验总结和对奸淫幼女罪犯的处刑意见》	从严惩处任何情况下、采用任何手段奸淫幼女的犯罪行为
	1979年	联合国儿童基金会恢复与中国合作	国际儿童观与中国儿童观逐渐融合
	1980年	全国人大颁布了《中华人民共和国婚姻法》	禁止溺婴和其他残害婴儿的行为
	1981年	妇女儿童工作委员会成立	推动妇女儿童相关纲要文件的起草、执行与监督
	1986年	全国人大颁布了《中华人民共和国义务教育法》	保证了适龄儿童、少年接受义务教育的权利
	1989年	设置全国人大内务司法委员会青少年专门小组和妇女儿童专门小组	体现出了未成年人司法工作方面的特殊性
中国儿童保护制度的准备与初步建设阶段	1990年	中国签署了《儿童权利公约》	中国政府认同国际儿童保护理念
	1991年	全国人大颁布了《中华人民共和国未成年人保护法》	保障未成年人合法权益，禁止对其实施家庭暴力
	1999年	全国人大颁布了《中华人民共和国预防未成年人犯罪法》	保障未成年人身心健康，有效地预防未成年犯罪
	2000年	中国签署了《联合国千年宣言》	确立了让人们"不担心暴力"的发展目标
	2001年	国务院颁布了《中国儿童发展纲要（2001—2010）》	坚持儿童优先原则，保障儿童生存、发展、受保护和参与的权利
	2006年	修正《中华人民共和国未成年人保护法》	保障未成年人的合法权益
		多部联合发布《中小学幼儿园安全管理办法》	中国第一个全国性的专门关于中小学安全管理的法规性文件

· 53 ·

续表

所属阶段	时间	标志性事件	儿童保护内容/意义
中国儿童保护制度专业化建设阶段	2011年	国务院颁布《中国儿童发展纲要》(2011—2020年)	保护儿童人身权利，预防和制止家庭虐待、忽视和暴力等事件的发生
	2013年	多部联合发布《关于依法惩治性侵害未成年人犯罪的意见》	依法惩治性侵害未成年人犯罪，保护未成年人合法权益
	2014年	多部联合发布《关于依法处理监护人侵害未成年人权益行为若干问题的意见》	加强未成年人行政保护和司法保护工作，确保未成年人得到妥善监护
		民政部发布《儿童社会工作服务指南》	加强儿童社会工作专业化
	2015年	全国人大常委会通过刑法修正案（九）	儿童保护相关法条合理性提高
		全国人大通过《中华人民共和国反家庭暴力法》	预防和制止家庭暴力（儿童也属于保护对象）
	2017年	民政部发布《受监护侵害未成年人保护工作指引》	与《关于依法处理监护人侵害未成年人权益行为若干问题的意见》配套使用，儿童保护工作流程更加专业
	2018年	最高人民检察院发布《关于全面加强未成年人国家司法救助工作的意见》	加强未成年人司法保护与救助
	2020年	最高人民检察院等九部门发布了《关于建立侵害未成年人案件强制报告制度的意见（试行）》	强制报告制度系统初建成型

资料来源：作者自制。

第二节 西方儿童保护制度历史演进

国与国之间存在政治、经济、文化和社会生活方面的差异，地缘关系带来的不同的价值观、儿童福利观与儿童保护观使得儿童保护制度的制定与运行因国而异。各国的儿童保护制度不仅自身处于不断的动态变化之中，而且在彼此比较发展的过程中也互相影响。由于西方国家儿童保护制度现状纷杂，所以仅选择最具代表性的美国、英国及瑞典的儿童保护制度作为研究对象。

一 美国少年儿童保护制度的历史演进

美国少年儿童保护制度是美国儿童福利制度的一部分，此节仅以美国对遭受暴力侵害少年儿童保护的制度历史演进为研究主题。

（一）1874年至1900年：美国少年儿童保护的前制度化阶段

美国少年儿童保护制度的前制度化阶段的初始时间可追溯到1874年，以拯救玛丽·艾伦·威尔逊为标志性事件。1873年，九岁的玛丽·艾伦·威尔逊（Mary Ellen Wilson）长期遭受寄养家庭监护人的鞭打与虐待。一位名叫埃塔·惠勒（Etta Wheeler）的宗教传教士听说了这个孩子所处的糟糕境遇，决定去救她。惠勒咨询了警方，但他们拒绝调查。接下来，惠勒从儿童慈善机构寻求帮助，但他们没有权力干涉家庭。当时还没有少年儿童保护机构，也未出现少年法庭，惠勒对玛丽的救助可谓困难重重。无计可施的惠勒向"美国防止虐待动物协会"的创始人亨利·伯格（henry Bergh）寻求建议。最后伯格委托自己的律师埃尔布里奇·格里（Elbridge Gerry）使用人身保护令的一个变体，以迂回的方式把玛丽·艾伦·威尔逊从她的监护人家庭中拯救了出来，之后玛丽得到了合理安置并健康成长。此事件当时成为美国社会谈论的一个焦点，例如《纽约时报》等重要报纸刊登报道了事件的相关内容[1]。此事件促进了美国第一个少年儿童保护组织的建立。

1875年，纽约防止虐待儿童协会（NYSPCC）成立。由11位有社会影响力的人士联合建立的"纽约防止虐待儿童协会"（the New York Society for the Prevention of Cruelty to Children，NYSPCC）在美国纽约诞生，这是世界上成立的第一个提供少年儿童保护服务的组织。NYSPCC的宗旨是：把孩子们从忽视、遗弃和不适当的对待中解救出来；以一切合法手段协助保

---

[1] Basch N., Pleck E. Domestic Tyranny, "The Making of American Social Policy against Family Violence from Colonial Times to the Present" *The Journal of American History*, 1988, 74 (4), pp. 72–75.

护儿童法律的执行；以一切合法的方式确保所有违反这种法律的人，特别是那些虐待幼童以及忽视幼童而不履行监护责任的人，得到迅速的定罪和惩罚①。该组织之后成为纽约法律体系的一个组成部分，其所倡导的少年儿童保护法律内涵被认为当代美国少年儿童保护立法的来源②。NYSPCC的形成迅速促进了美国其他社会组织的兴起，同时建立了对儿童暴力更为人道的定义③，美国社会对儿童暴力的容忍度越来越低，儿童暴力定义底线越来越高。

（二）1901年至1961年：美国少年儿童保护制度初级建设阶段

1901年，美国第一个少年法庭委员会（JCC）成立。少年法庭委员会（Juvenile Court Committee, JCC）于1901年由简·亚当斯（Jane Addams）和他的同事在芝加哥成立④，此时的少年法庭还未成为政府部门。该组织于1907年改名为青少年保护协会（Juvenile Protective Association, JPA），致力于为有暴力和忽视史的儿童与家庭提供心理治疗⑤。以此为契机，少年法庭在全美各州迅速建立起来。少年法庭建立的初衷是关注有犯罪行为的儿童，但从一开始美国的少年法庭就有权干涉暴力和忽视儿童的案件，到今天，少年法庭已经成为少年儿童保护系统的核心角色。

1912年，美国儿童局（United States Children's Bureau）成立。20世纪开端，美国民众开始呼吁政府参与到少年儿童保护中来，人们逐渐认识到只有政府参与的、系统的、高质量的、覆盖全国每一个地方的少年儿童保护才能成为可能。美国儿童局的筹划从1903年便开始，在经历了漫长的立法等准备工作后，设立儿童局的议案于1912年获得通过，这是世界上第一

---

① "The Response", New York Society for the Prevention of Cruelty to Children, 2009.

② "The NYSPCC story, 1875 – 1900", New York Society for the Prevention of Cruelty to Children, 2009.

③ Myers, John, *Child Protection in America: Past, Present and Future*, Oxford University Press, 2006.

④ Ford, Eilee. "Private Initiative and Public Support: The Chicago Juvenile Protective Association, The First 100 years of the Cook County Juvenile Court", *Chicago Bar Association*, 1999, p. 30.

⑤ "Research and Publicatio", Juvenile Protective Association, juvenile. org. 2007.

个专门关注儿童及其母亲福利的国家政府机构[1]。美国儿童局是美国卫生和公共服务部儿童和家庭管理局下属的一个联邦机构,该局的建立标志着美国对儿童的保护从残疾儿童扩充到了所有儿童。美国儿童局从1946年开始资助家庭寄养儿童[2],这为将来的受虐待儿童的安置提前做好了经验性准备。儿童局建立初期并未十分重视受虐儿童的保护,发展到今天,其在预防与改善儿童虐待、儿童寄养和领养方面起到了巨大作用[3]。

(三) 1962 年至今:美国少年儿童保护制度专业化发展阶段

1962年,亨利·坎普(C. Henry Kempe)医生与其同事于 JAMA 发表了一篇名为《受虐儿童综合征》(The battered child syndrome)的文章,在世界范围内首次对儿童遭受虐待所致的永久性伤害或死亡等症状做出了专业性定义,文章不仅详细说明了儿童遭受虐待后会导致的严重身体损伤与精神创伤,还明确指出医生对受虐儿童进行全面健康评估并阻止创伤再次发生负有责任[4]。此文不仅给医学界以提醒,让为孩子看病的医生们加入到虐待儿童的诊断和报告中来,它还引起了媒体对虐待儿童问题的关注,很多大的报纸和杂志,像《新闻周刊》《家长杂志》等都参与到此类问题的报道中,并引用《受虐儿童综合征》中的发现。媒体和刊物的报道,激起了大众和专业人士对虐待儿童问题的关注热情。为了回应此研究带来的巨大的社会关注,从1963年到1967年底,美国所有州都颁布了相关的虐待儿童报告法[5]。美国的报告法开始生效,虐待儿童和忽视儿童现象开始成为人们关注的焦点,到1974年已有六万例上报病例[6]。

1974年,美国通过了《儿童虐待预防和治疗法案》(Child Abuse Pre-

---

[1] Lindenmeyer K., "A Right to Childhood: The U. S. Children's Bureau and Child Welfare, 1912 - 46" *Journal of American History*, 1998, 103 (5), pp. 82 - 83.

[2] The Children's Bureau Legacy, Ensuring the Right to Childhood, pp. 101 - 103.

[3] Department functions,, https://www.acf.hhs.gov/cb. (2001 - 01 - 02)

[4] Kempe C. H., Silverman F. M., Steele B B et al, "The battered child syndrome" *Sciences*, 1964, 64 (6), pp. 98 - 100.

[5] The Children's Bureau Legacy, Ensuring the Right to Childhood, p. 120.

[6] Myers JEB, "A Short History of Child Protection in America" *Family Law Quarterly*, 2008, 42 (3), pp. 449 - 463.

vention and Treatment Act，CAPTA）。该法案要求各州建立虐待儿童报告程序和调查制度；国家执行强制性报告法。该法案在 1988 年、1992 年、1993 年、1996 年、2003 年做过修订，期间其名称也曾被修改过，在 2010 年被重新命名为《2011 儿童虐待预防和防治法案》（Child Abuse Prevention and Treatment Act of 2011）。1974 年，儿童虐待防治法（CAPTA）建立了儿童虐待和忽视儿童国家中心（NCCAN），集中和协调该局日益关注的更有效的虐童预防、研究、国家报告法和系统[1]。NCCAN 是美国联邦政府下属机构，美国卫生与公共服务部儿童局下属的政府部门，此部门在 1996 年被重新授权，废除了 NCCAN 而在儿童局内设立了一个关于虐待和忽视儿童问题的办公室（Office on Child Abuse and Neglect，OCAN）作为补充[2]。该法案建立了儿童被虐待与忽视的全国性定义，进一步完善了忽视与虐待儿童事件的调查与报告制度，法案的颁布以及配套政府机构的设立都是为了预防与减少虐待与忽视儿童的行为。

随着 CAPTA 加强对儿童虐待的干预，人们对儿童虐待的认识不断提高，到 20 世纪 70 年代，长期寄养的儿童数量不断增加，美国本着儿童利益最大化原则，为使儿童能够进入长期稳定的生活中，于 1980 年颁布了《收养援助与儿童福利法》（Adoption Assistance and Child Welfare Act，AACWA）。这项具有里程碑意义的法律赋予儿童局额外的责任，包括向国会报告寄养服务、收集和公布有关寄养和收养的数据、对州儿童福利计划进行定期审计等。1997 年 11 月，美国颁布了《收养和安全家庭法》（Adoption and Safe Families Act，ASFA）以改善儿童的安全、促进儿童收养并在寄养家庭中永久生活，同时给予寄养家庭一定的支持。这项新法律对 AACWA 下制定的一系列政策进行了修改和澄清。ASFA 是 1980 年颁布的一项主要的联邦法律，旨在帮助各州保护和照顾受虐待和被忽视的儿童[3]。

---

[1] The Children's Bureau Legacy, Ensuring the Right to Childhood, pp. 144 – 146.
[2] The Children's Bureau Legacy, Ensuring the Right to Childhood, p. 62.
[3] Anna Shkolnik, Graduate Research Assistant, Center for Advanced Studies in Child Welfare, A Selected List of Milestones in Child Welfare Services, Ph. D. SWEDEN, 2011.

儿童安置与寄养是受虐少年儿童保护的关键一环，将儿童从暴力侵害环境中解救出来后的首要问题就是对儿童的安置，美国对于儿童安置和寄养办法的完善极大地提高了少年儿童保护制度执行的有效性。

1991年4月15日，美国成立了儿童和家庭管理局（Administration for Children and Families，ACF），隶属于美国卫生和人类服务部（United States Department of Health and Human Services，HHS）。ACF包括儿童、青少年与家庭管理局（Administration on Children, Youth and Families，ACYF）和儿童局两个部分，同年国家虐待和忽视儿童中心（National Center on Child Abuse and Neglect，NCCAN）从儿童局迁出，成为ACYF内的独立实体。美国儿童局目前通过收集两类系统数据来反映美国遭受暴力侵害儿童的生活现状，它们分别是领养、寄养分析与报告系统（AFCAS）以及国家儿童虐待和忽视数据系统（NCANDS）[1]。详细的数据收集与分析有助于发现受虐少年儿童保护制度实施的缺陷，可以更加专注于制度执行调整与完善（表2-2）。

表2-2　　　　美国儿童保护制度历史演进关键事件汇总

时间	事件	事件影响
1874年	玛丽·艾伦·威尔逊事件	促进美国第一个儿童保护组织成立
1875年	纽约防止虐待儿童协会成立	全世界第一个儿童保护组织
1901年	少年法庭委员会成立	少年法庭前身
1912年	美国儿童局成立	保护对象扩大到所有儿童
1962年	《虐待儿童综合征》的发表	促进报告制度建立
1963年	虐待儿童报告法陆续在各州颁布	被动型保护向主动预防与保护转变
1980年	《收养援助与儿童福利法》颁布	为受虐儿童创造长久家庭环境
1991年	儿童和家庭管理局成立	儿童保护制度执行机构责任再细化
1997年	《收养和家庭安全法》颁布	修改和澄清《儿童虐待预防和治疗法案》的一些条例

资料来源：作者自制。

---

[1] The Children's Bureau Legacy, Ensuring the Right to Childhood, pp. 169-170.

二 英国少年儿童保护制度的历史演进

纵观全球,英国在儿童权利保护方面扮演了领军者的角色,此节将对英国的少年儿童保护制度发展历史做出总结。英国少年儿童保护制度历史演进的阶段划分以关键性少年儿童保护法律的颁布为节点。

(一) 1883 年至 1888 年:英国少年儿童保护的前制度化阶段

1883 年英国防止虐待儿童协会建立。英国与美国的第一语言相同,在文化交流和观念融合方面都有着紧密联系。美国纽约的防止虐待儿童会于 1875 年成立,英国利物浦商人汤玛斯(Thomas Agnew)在 1881 年访问了纽约防止虐待儿童协会,深受感触,回国后潜心慈善并于 1883 年牵头成立了利物浦防止虐待儿童协会。少年儿童保护观念的迅速传播使得英国其他城市也开始仿效建立防止虐待儿童协会,1884 年成立的伦敦防止虐待儿童协会于 1889 年更名为"全国防止虐待儿童协会"(National Society for the Prevention of Cruelty to Children, NSPCC),英国开始有了全国性的少年儿童保护慈善机构。伦敦防止虐待儿童协会工作人员自 1884 年展开了长达五年的少年儿童保护运动,终于使得英国议会于 1889 年通过了第一部保护儿童免受虐待和忽视的法律[1]。

(二) 1889 年至 1988 年:英国少年儿童保护制度初级建设阶段

1889 年英国颁布了《防止虐待和保护儿童法》(The Prevention of Cruelty to, and Protection of Children Act 1889),该法俗称"儿童宪章",是一项防止虐待儿童和更好地保护儿童的全国性法律。该法律首次规定了政府可介入父母和孩子之间,如果孩子被认为处于危险之中,警察就可以进入家里并逮捕任何虐待儿童的人[2]。此法在少年儿童保护观念上较过去的理念有巨大转变,儿童不再被看作是家庭私产,绝对的父母亲权开始弱化,

---

[1] NSPCC Annual Report for 1930 – 31, London:NSPCC Central Office, 1931, p. 48.
[2] 《防止虐待和保护儿童法案》,由 Etee 和 Spottswoode 印刷 (1889), http://www.legislation.gov.uk/ukpga/1889/44/pdfs/ukpga_18890044_en.pdf. 1889。

逐渐融入了国家亲权理念。1894 年，该法案修订后承认了对儿童精神虐待的存在，拓宽了儿童虐待定义范围。

1908 年英国颁布《儿童法》（Children's Act）并成立了少年法庭。《儿童法》也被称为《儿童与青少年法案》（Children and Young Persons Act），是儿童宪章的一部分。此法规定家庭内的性虐待由国家管理，而不是神职人员干预，并进一步规定了禁止虐待儿童。这是英国自由党政府通过的一项政府立法，作为英国自由党改革方案的一部分。与此同时设立了少年法庭，将少年犯与成年犯隔绝开来[1]。

1924 年英国起草了《儿童权利宣言》（Declaration of the Rights of the Child），又称《日内瓦儿童权利宣言》，是由英国社会改革家伊格兰廷·杰布（Eglantyne Jebb）起草的。1923 年，国际拯救儿童联盟在日内瓦发表了主张儿童权利的人权文件，1924 年该文件获得了联合国联盟大会的批准[2]。此文件分别在 1948 年、1959 年被扩充丰富内容，在 1959 年以十项原则为最终版本，获得联合国大会的通过[3]，即人们今天熟知的《儿童权利宣言》。《宣言》第九条提到"儿童应被保护不受一切形式的忽视、虐待和剥削"，对于少年儿童保护的态度十分明确。《宣言》不仅从少年儿童保护观念方面给世界各国带来积极的影响，而且为日后具有法律效力的国际《儿童权利公约》的起草提供了底稿。

1932 年英国政府修订了《儿童与青少年法》。该法扩大了少年法庭的权力，并对处于危险中的儿童颁布了监督令，一年后，该法案获得通过。1948 年该法案修订后规定由原地方教育主管部门主持，根据各地的要求，设立儿童委员会，并任命儿童干事，这一工作方式为后来英国的儿童社会工作打下了基础。之后此法也经过了多次修订，不断完善少年儿童保护

---

[1] David Batty, "Timeline: a history of child protection", https://www.theguardian.com/society/2005/may/18/childrensservices2（2005 - 05 - 18）.

[2] Sharon Detrick, J. E. Doek, Nigel Cantwell, *The United Nations Convention on the Rights of the Child: A Guide to the "Travaux Préparatoires"*, Martinus Nijhoff Publishers, 1992, p. 19.

[3] Clare Mulley, *The Woman Who Saved the Children: A Biography of Eglantyne Jebb, Founder of Save the Children*, Oneworld Publications, 2009, p. 98, p. 177.

法律。

(三) 1989 年至今：英国少年儿童保护制度专业化发展阶段

1989 年，《儿童权利公约》纳入国际法，许多儿童工作者指出《儿童权利宣言》不具备法律约束力，其对少年儿童保护的作用是有限的。在世界多国的共同呼吁下，联合国在 1978 年成立专家组开始起草《儿童权利公约》。1989 年 11 月 20 日，联合国大会通过了该公约，目前有 196 个国家是它的缔约国。该公约规定了儿童的公民、政治、经济、社会、健康和文化权利[1]。批准该公约的国家受国际法的约束且需要定期向联合国儿童权利委员会做出报告，联合国儿童权利委员会负责监督遵守情况，该委员会由来自世界各国的成员组成。英国于 1991 年 12 月 16 日批准了该公约。该公约在儿童权利保护方面的理念很大一部分来自英国的少年儿童保护工作者，先进的少年儿童保护理念在全球范围内获得了认可。

同年，英国通过了《1989 年儿童法》，此法旨在为少年儿童保护程序制定法律框架。此法高度遵守了儿童利益优先原则，将少年儿童保护的责任明确分配给地方当局、法院、其他机构以及父母。该法所表达出来的少年儿童保护理念依然是以家庭为中心的，儿童在自己的家中能得到最好的照顾，但如果儿童在家庭中受到不法侵害，经评估调查后确实属实的，政府也会积极介入解决问题。此法案是英国少年儿童保护制度的重要组成部分，法律框架的制定是制度形成与完善的基础。2004 年通过的《儿童法》推动了儿童电子档案的发展，使少年儿童保护和提供儿童服务更加灵活[2]。

1999 年，英国颁布了《少年儿童保护法》。该法案要求列出不适合与儿童一起工作的人的名单，旨在防止"恋童癖"从事儿童服务相关行业，同时提出会保护儿童免受精神伤害[3]。此前在 1998 年通过的《公共利益披

---

[1] UNICEF, Convention on the Rights of the Child text, https: //www. unicef. org/child-rights-convention/convention-text (2019 - 04 - 06).

[2] David Batty, Timeline, "a history of child protection", https: //www. theguardian. com/society/2005/may/18/childrensservices2 (2005 - 05 - 18).

[3] Protection of Children Act1999, "CHAPTER 14", http: //www. legislation. gov. uk/ukpga/1999/14/introduction (1999 - 01 - 14).

露法》（Public Interest Disclosure Act 1998）为保护举报人免受伤害而做出了规定，为举报虐待儿童事件提供了支持。相关法律的环环相扣为少年儿童保护制度完善提供了动力。

2000年英国颁布了《性犯罪法（修正案）》。这一项法案的关键点在于进一步保护未成年男性免受来自同性的性侵犯。2003年新的《性犯罪法》取代了此法案，其对强奸罪进行重新定义，加强了对儿童青少年免受性侵害的保护[1]。英国保护儿童远离性虐待从20世纪中叶已经开始，随着儿童观与性别观的不断进步，对儿童的保护范围也越来越广泛，所有未满18岁的儿童都逐渐受到了无差别保护。

2001年，英国发生莎拉·佩恩谋杀案，案件的持续影响力推动了各地发布《性侵儿童罪犯信息披露计划》。2000年英国8岁女孩被绑架、性侵并遭到杀害。杀害莎拉的犯罪者怀特在2001年12月被判无期徒刑，在此之前，他曾因为强奸未成年女性而入监服刑5年。此事件在英国引起了广泛讨论，《世界新闻报》率先发起了莎拉法律运动，并于2000年7月开始对莎拉·佩恩谋杀案做出追踪报道。莎拉·佩恩的父母十分支持这项运动，他们确信一个儿童性侵犯者应该为他们女儿的死负责。这项运动的目的是让政府完善性犯罪者登记与查询办法，这样有小孩的父母就可以知道是否有儿童性犯罪者住在他们社区周边[2]。2008年9月15日，英国内政部宣布，开始在英国的剑桥郡、克利夫兰、汉普郡和沃里克郡4个地区，试点推行《性侵儿童罪犯信息披露计划》法案。该法案的运行打破了"罪犯个人信息不得向社会公开"的惯例，规定对儿童负有特殊职责的人员，比如父母、监护人以及儿童看护人员等，有权向所在社区的警察申请，以获悉某个接触儿童的特定人员是否有性侵儿童的前科，此法案也被称为"莎

---

[1] Sexual Offences Act 2003, http://www.legislation.gov.uk/ukpga/2003/42/contents（2003-03-12）.

[2] "Sarah Payne: the timetable", Society, The Guardian, https://www.theguardian.com/society/2001/dec/12/childprotection2（2001-12-12）.

拉法"①。莎拉案及后续的活动提高了英国性侵犯者的监督强度,给犯罪分子带来震慑的同时,也促进了防止儿童受侵害预防体系的完善(表2-3)。

表2-3　　　　英国儿童保护制度历史演进关键事件汇总

时间	事件	事件影响
1883—1889年	防止虐待儿童协会建立	促进《防止虐待和保护儿童法》的颁布
1889年	颁布了《防止虐待和保护儿童法》	英国第一项防止虐待儿童的全国性法律
1908年	颁布《儿童法》并成立了少年法庭	为《儿童法》的完善与儿童案件审判打下基础
1924年	起草《儿童权利宣言》	为《儿童权利公约》提供蓝本
1932年	修订《儿童与青少年法》	促进报告制度建立
1989年	《儿童权利公约》纳入国际法;颁布《1989年儿童法》	全球第一部具有法律约束力的针对儿童保护的国际性约定
1999年	颁布《儿童保护法》	防止"恋童癖"从事儿童相关行业
2000年	颁布《性犯罪法(修正案)》	进一步保护未成年人远离性侵犯
2001年	莎拉·佩恩谋杀案	推动《性侵儿童罪犯信息披露计划》法案的颁布

资料来源:作者自制。

三　瑞典少年儿童保护制度的历史演进

瑞典作为首批签署了联合国《儿童权利公约》的国家之一,目前已建立起了较为完善的少年儿童保护法律体系,在少年儿童保护工作服务机构建设方面也较为健全。瑞典被誉为儿童生活的"天堂",在近几十年的社会研究中,瑞典儿童的意见相较于其他国家被更高频率地听取②。

(一) 1902年至1978年:瑞典少年儿童保护制度初级建设阶段

瑞典民众在20世纪初就开始关注虐待儿童问题和儿童权利主张问题。

---

① 朱光星:《萨拉之死》,《法治周末》,http://news.hexun.com/2017-06-13/189632880.html. 2017-06-13。

② Neil Gilbert, Nigel Parton, & Marit Skivenes, Eds, *Child Protection Systems International Trends and Orientations*, New York: Oxford University Press, 2011, p. 90.

1902年，国会通过了第一部《儿童福利法》①，然而，直到1924年第一部法案被第二部法案取代，儿童忽视才真正得到承认。1924年的《儿童福利法》中增加了一段专门关于因儿童受到忽视和虐待而将儿童送去强制看护的内容。儿童福利法的实践是地方政府的责任，实际提供服务的是慈善组织。在此法颁布后，政府开始承担明确的任务。

1960年颁布了《儿童及少年福利法》。20世纪50年代末，瑞典医务人员已经开始意识到虐待儿童行为的存在。1960年新的《儿童及少年福利法》将1924年的《儿童福利法》替换，强调了预防措施的重要性和法律程序的必要性。瑞典从1980年开始筹集关于遭受暴力侵害儿童的统计数据，但是除了《刑法》《一般社会服务法》及《青少年补充照顾法》之外，没有任何法律专门管制儿童受虐待的报告，社会福利当局也没有考虑对此进行调查②。20世纪70年代，在专业人士和女权主义者的推动下，对儿童的躯体虐待成为广泛关注的问题之一。稍晚些时候，儿童性虐待问题上升到了公众议程的首位③。

（二）1979年至今：瑞典少年儿童保护制度专业化发展阶段

1979年瑞典颁布了《父母和监护法》，这是瑞典少年儿童保护制度专业化发展的开端，同时也是瑞典儿童教养方式改革的转折点。法律颁布后，开始在全国内禁止体罚儿童。制定少年儿童保护制度相关法律最重要的部分在于对相关概念的定义，瑞典对于虐待的定义与体罚相关。体罚曾经在瑞典的学校和家庭中也被视为正常的管教子女的方式。随着禁止体罚相关法律法规的颁布，瑞典民众对于体罚管教孩子的态度逐渐发生了变化。瑞典是世界上第一个禁止一切形式体罚儿童的国家。1958年1月1日起，学校禁止体罚。1957年，允许父母使用武力训斥子女的条款（只要不

---

① THERBORN, G. Child Politics, "Dimensions and Perspectives" Childhood, 1996 (1), pp. 29-44.
② Boethiu, M. Kjellander-Ahlberg, B. Barnkunskap. Stockholm, "Sparf ramjandet", 1982.
③ Hallberg, M. &Rigne, E. M., "Child sexual abuse—A study of controversy and construction" Acta Sociologica, 1994 (37), pp. 141-163.

造成任何严重伤害)被完全从"刑法"中删除。这一改变的目的是向儿童提供与成年人一样的保护,使其免受攻击,并澄清对虐待其子女的父母提起刑事诉讼的理由。父母对子女使用体罚的权利并没有被完全取消,父母可能会使用轻微的体罚形式,根据"刑法",这不构成殴打,直到1966年,允许父母使用体罚的那一节被删除,完全被"刑法"下的"殴打宪法"所取代,家长失去了体罚孩子的权利。1979年7月1日,瑞典成为世界上第一个明确禁止体罚儿童的国家,修订了《父母和监护法》①。伴随这项法律的还有瑞典司法部开展的公共教育运动,包括分发给所有子女的家庭的小册子,以及在牛奶纸箱上印制的宣传海报和告示。1960年前后,瑞典有90%的儿童会遭到体罚或殴打,至2014年,仅约5%的瑞典儿童会遭到非法体罚②,这项法律为儿童提供了一个有效的保护屏障,作用显著。

1980年瑞典颁布了《社会服务法》③,儿童福利法被正式替代。《社会服务法》对虐待儿童的规定十分笼统,强调父母对于子女的持续性照顾,即使子女被带离并在家庭"周边"做出安置,父母也有义务不间断地与子女接触④,基于此瑞典家庭服务导向型少年儿童保护制度已现雏形。《社会服务法》中的一项强制性法律为1990年的《照顾青少年法》奠定了基础,该法律规定对于被忽视或出现越轨行为的儿童和青少年要进行强制性照顾。

这段时期,瑞典提供儿童服务的社会福利机构也为少年儿童保护制度的构建发挥了巨大的作用。自1980年以来,BRIS机构(Barnens Rätt i Samhället, Children's Rights in Society)一直运营着一项名为"儿童帮助电话"(Children's Help Telephone)的24小时呼叫服务,平均每年会接到

---

① Modig, Cecilia, "Never Violence-Thirty Years on from Sweden's Abolition of Corporal Punishment (PDF)" *Ministry of Health and Social Affairs*, Sweden; *Save the Children Sweden*, 2009, p. 14.
② "First Ban on Smacking Children", Swedish Institute, https://sweden.se/society/smacking-banned-since-1979/. (2014 - 12 - 02).
③ 李兵:《国外社会服务发展历程及其启示》,《中国民政》2011年第3期。
④ Barth, R, Child welfare services in the United States and Sweden: Different assumptions, laws and outcomes, *Scandinavian Journal of Social Welfare*, 7 (1) 1992, pp. 36 - 42.

4000—5000 个电话，其中大多数来自十几岁的女孩，此外还有一般家庭与单亲家庭中的小孩，这些孩子们面临着或正在经历着暴力冲突的伤害。大约 20% 的电话与精神和身体虐待有关，另外 5% 被归类为性虐待案件，4% 涉及被照顾的儿童或那些在寄养家庭中遇到困难的儿童[1]，此机构为儿童问题监察委员会的设立打下了基础。

  1993 年，瑞典设立了儿童问题监察员，瑞典少年儿童保护制度迈入完善性发展阶段。1981 年，挪威率先设立了保护儿童安全，维护儿童权利的机构——儿童问题监察员，到现在为止，全球已有 47 个国家设立了相关组织以促进对儿童权利的主张。1990 年瑞典议会批准了《儿童权利公约》，瑞典根据国际法承诺执行该公约。1993 年，瑞典议会批准任命一名监察员[2]，《儿童监察员法》于 7 月 1 日生效[3]，每年接受国家拨款。瑞典儿童问题监察员（瑞典文：Barnombudsmannen）隶属于卫生和社会事务部，负责公共宣传和传播有关儿童和青年权利和需要的信息。监察员应根据"联合国儿童权利公约"就儿童的权利和利益代表儿童。监察专员有权要求提供资料，并召集各市、县和其他当局的代表参加会谈，但没有任何管理权，当监察员发现儿童遭受虐待的情况时，会向当地社会服务部门报告[4]。1995 年前后，瑞典政府指派国家卫生福利局（National Board of Health and Welfare，NBHW）的工作人员在工作中为受虐待儿童特别是遭受性虐待的儿童制订详细方案和针对性治疗方法。这一政策为瑞典少年儿童保护事业的发展奠定了基础。21 世纪初，瑞典开始专门开发对于遭受暴力侵害儿童的治疗方法，例如从 1999 年到 2005 年，由国家卫生和福利局（NBHW）与 7 个地方当局一起开发了名为 Barns behov i centrum（BBIC, Swedish for

---

[1] BRIS, BRIS-Children's rights in society, Stockholm: Barn ens Ratt i Samhallet, 1991.
[2] Riksdagsförvaltningen, "Lag om Barnombudsman Svensk författning ssamling1993: 335 t. o. m. SFS 2002: 377", riksdagen. se.
[3] Barnombudsmannen, "Background", https://we b. archive. org/web/20150118194322/http://www. barnombudsmannen. se/english/about-u s/background/. (2015 - 01 - 18).
[4] Barnombudsmannen, "About us", https://web. archive. org/web/20150118152913/http://www. barnombudsmannen. se/english/. (2015 - 01 - 18).

Framework for the Assessment of Children in Need and Their Families)的评估工具①。BBIC 以《联合国儿童公约》和《社会服务法》为出发点,其指导方针是确保受社会服务机构干预的儿童与社会其他儿童享有相同的生活机会。2006 年,出版了 BBIC 的 NBHW 培训材料、BBIC 入门以及本地评估资料,至此,瑞典全国开始大面积运行此项目。

2007 年,瑞典签署了《保护儿童免遭性剥削和性虐待公约》。该公约是欧洲委员会的一项多边条约,各国同意将某些形式的对儿童的性虐待定为刑事犯罪这是第一项处理家庭或家庭内发生的儿童性虐待问题的国际条约。"公约"规定了防止对儿童进行性剥削和性虐待的若干措施,包括培训和教育儿童、监测罪犯以及甄别和培训受雇或自愿从事儿童工作的人员②(表2-4)。

表2-4　　　　　瑞典儿童保护制度历史演进关键事件汇总

时间	事件	事件影响
1902 年	颁布第一部《儿童福利法》	开始关注虐待儿童问题
1960 年	颁布《儿童及少年福利法》	强调预防措施的重要性和法律程序的必要性
1979 年	《父母和监护法》	瑞典儿童保护制度构建的开端
1980 年	《社会服务法案》颁布	瑞典家庭服务导向型儿童保护制度的雏形
1993 年	设立儿童问题监察员	瑞典儿童保护制度迈入完善性发展阶段
1999 年	儿童福利 BBIC 评估工具的试用	瑞典儿童保护制度的优化
2007 年	签署《保护儿童免遭性剥削和性虐待公约》	瑞典儿童保护制度的进一步完善

资料来源:作者自制。

---

① Eriksson M., Källström Cater Å., Dahlkild-Öhman G., Näsman E. (Eds.), *Barns röster om våld* [*Children's voices about violence*], Malmö: Gleerups. 2008.
② Council of Europe Convention on the Protection of Children against Sexual Exploitationand Sexual Abuse, https://www. Coe. int/en/web/conventions/full-list/-/conventions/treaty/201. (2017-12-22).

第三章　研究方法和资料来源

第一节　研究方法

一　文献资料收集法

文献是指包含有人们要加以研究对象的信息的各种载体。文献是第二手的间接资料，人们可获取的文献资料丰富多样，有印刷型文献、视听文献、网络文献等。文献研究即一种通过收集和分析现存的，以文字、数字、符号、画面等信息形式出现的文献资料，来探讨和分析各种社会行为、社会关系及其他社会现象的研究方法。文献研究可以有效地帮助了解研究问题及研究对象的历史和现状；帮助确定研究课题，提出研究假设，避免重复性的无效劳动。文献研究是保证研究具有创新性的有效方法。

阅读及梳理国内外关于儿童保护问题的资料和档案，通过搜集、鉴别、整理文献，形成对儿童保护问题的基本认识。本研究涉及的文献资料包括网络文献和纸质文献。网络文献包括电子学术期刊、官方网站的文件与统计资料等；官方文件可从国家政府网站、儿童保护组织官方网站以及国际儿童组织如联合国儿童基金会（UNICEF）官方网站等途径来获取。纸质文献包括涉及研究方法、理论基础以及相关研究主题的书籍与报刊，主要通过从图书馆借阅和自行购买获得。

二 案例研究法

案例研究法是指对一个或多个研究案例进行近距离的、深入的详细分析而得出个性或共性研究结果的研究方法。它通常采用实地观察、访谈、搜集档案数据材料、搜罗影像等途径来获得研究资料。它的特点是焦点特别集中，对研究现象的了解特别深入、详细。个案研究通过对事物进行深入地洞察，能够获得非常丰富、生动、具体、详细的资料，能够较好地反映出事物或事件发生、发展及变化的过程。

本研究的研究对象是儿童保护制度。案例资料采用效标抽样的方式通过政府官方网站、电视媒体、网络新闻平台、纸媒、官方机构微信与微博平台等渠道获取，案例筛选对象为我国 2010 年至 2020 年间真实发生的，可清楚追溯前因、经过以及处理结果的可查证案例，最后确定 28 件案例为研究对象。

三 访谈法

（一）深入访谈法

深入访谈法即自由的个人访谈，在访谈前，访谈员需要明确访谈的主要目标，并对受访者的基本情况有一定的掌握，在访谈时围绕一个访谈主题或范围展开自由交谈，以从受访者处获得较为深入的动机、态度、情感等信息。

本研究采取半结构式的正式访谈法，即在明确了交谈的核心范围与提前设定的数个访谈问题的前提下，有计划、有准备、有预约地与受访者进行谈话。受访者的工作均与儿童保护制度实施具有高度相关性，包括儿童保护制度实施的政府机构工作人员如妇联工作者、警察、儿童法庭法官等，此外还有与儿童学习、生活息息相关的工作者如教师、儿科医生、儿童社会工作者等。本研究有效深入访谈 27 人，访谈次数共计 45 次，访谈时间合计 2420 分钟。

（二）焦点团体访谈法

焦点团体访谈是指一到两个研究者同时对一群人进行访谈，通过群体成员之间的互动、研究者与被访者的互动来达成对问题的探讨。群体成员聚集在一起可对问题进行集体讨论，集体讨论的方式不仅可以为研究者提供每一位参与者个人的意见，而且可以提供在特定情境下特定社会公众对特定事物的集体性解释[1]。

本研究通过目的性随机抽样，在 X 市某高中对部分高三年级学生展开焦点团体访谈工作，获取了儿童对于儿童保护制度实施中部分相关内容的个人意见，为本研究提供了丰富的事实支撑。在焦点团体访谈过程中，研究者本身也参与其中，有助于对关键信息的获取与提炼，在搜集资料的同时做出反思。本研究完成焦点团体访谈 19 组，合计 205 人。

第二节 资料来源

研究资料的获取主要通过焦点团体访谈法、半结构式访谈法、文献查阅法以及案例搜集来获得。资料搜集过程大约分为四个阶段，即文献数据的搜集、案例的选取、深入访谈数据以及焦点团体访谈数据的获得。由于儿童保护制度服务对象为遭受或可能遭受暴力侵害的儿童，具有一定"敏感度"，在访谈数据获取之前需做出伦理探讨。

一 伦理探讨

"伦理"是人们在人际交往关系中所应遵循的社会原则以及自然原则，"道德"是由"伦理"关系所规定的角色个体的义务[2]。儒家对道德的定义是以最大限度地发挥自己的家庭角色为基础的。道德是由一个人完成一

---

[1] 陈向明：《质的研究方法与社会科学研究》，教育科学出版社 2000 年版，第 212 页。
[2] 朱贻庭：《"伦理"与"道德"之辨——关于"再写中国伦理学"的一点思考》，《华东师范大学》（哲学社会科学版）2018 年第 1 期。

个角色而实现的，比如父母或孩子的角色。儒家的角色不是理性的，而是源于人类的情感①。研究中的访谈者与被访谈者之间存在一种合作与研究的关系，尤其从研究者自身的角度来说，扮演好自己的角色并在遵守基本学术研究伦理的基础上对被访谈者做出正确的引导，才能使研究更加严谨，数据更加有效。

（一）遵循的伦理原则

在访谈过程中需要遵循一些原则来保证访谈双方的和谐关系，这里所要遵循的原则主要是从访谈者角度来看，即本研究中，笔者以及其他工作人员所要遵循的伦理原则。

自愿原则。对受访者来说，笔者首先要保证被访谈者同意接受访谈完全是出于个人意愿，一切以被访谈者的个人利益与需求为优先。在确定单人受访者名单时，起初有9人是熟人介绍的朋友，经过询问后，有6人出于自愿接受了访谈。在焦点团体访谈的对象确认中，该校高三学生共800多人，其中有四分之一的学生自愿参与小组访谈，学生们并未收到来自年级主任Y教师及笔者的任何劝说与压力。

知情同意原则。本研究在采用效标抽样的初始阶段设定了筛选标准，与潜在被访者首次沟通时将研究目的以及筛选标准告知，在最后确定所有的访谈名单后，向所有的被访者发送了访谈提纲，以方便对方做准备，随后展开访谈工作。每次访谈开始之前都会询问如下几个问题："第一，对于我的访谈目的与访谈内容您是否明确并同意回答？第二，我在访谈过程中会采取录屏、录音的方式，请问您是否同意？第三，我在后续报告撰写过程中会在隐去所有隐私信息的情况下引用您的访谈内容，您是否同意？"如果受访者全部同意则可以继续访谈，如果任意一条不同意则放弃访谈。在初始访谈名单中，有两位受访者不同意第三条而终止了访谈。

隐私与保密原则。隐私是个体或群体将自己或关于自己的信息隔离起

---

① Fraser C., Robins D., Timothy O. Leary, *Ethics in Early China: An Anthology*, Hong Kong University Press, 2011, pp. 17–35.

来，从而有选择地表达自己的能力。在不同的文化和个人之间，隐私的界限和内容是不同的，但有共同的主题①。在访谈中可以明显感受到中瑞文化差别。例如在中国文化中，个人的工资收入、家庭情况以及同事关系等是易于获得的一种信息，但是瑞典受访者会明显地避免谈到研究专业以外的任何个人信息。访谈中，人们公认的隐私至少包括了详细的工作单位与职务、闲聊似的个人敏感性隐私以及受访者明确说出"这话就是咱俩说说"的一些内容等。笔者在访谈中坚持不主动询问受访者任何个人隐私的原则，并且对于受访者明确指出的不可引用的内容遵守保密原则。在焦点团体访谈中，出于隐私保护，学生们填写的个人信息表均由笔者收回，未经他人之手。

尊重与关系平等原则。在访谈过程中所有的受访者的观点与描述都带有明显的个人生活轨迹的烙印，笔者尊重所有受访者的自决能力，对于其所讲述的任何与笔者观点相符或者相悖的理念都不予置评。在开始访谈之前会询问被访者是否有什么额外要求，遵循双方身份平等原则。例如，在与某位儿童保护服务提供者的访谈中，他明确表示在将来的报告撰写中不可以有任何不利于其所在单位的曲解型言论，笔者表示尊重其意见；此外笔者也曾考虑到"公平回报"问题，在访谈中向所有的受访者表达了想要感谢的意愿，但是正如有些国内学者所言，这样的讨论显得十分"西化"，中国的人际交往型互动回报是笔者在访谈过程中反复体会到的。

（二）伦理困境

伦理困境是在两种可能的道德义务之间做出决策的问题②，这种复杂性产生于情境冲突，在这种冲突中，服从一个会导致违反另一个。本研究在确定受访者名单的过程中遇到了这样的问题。本研究的研究对象是儿童"保护制度"实施现状，这里所指的保护是针对全体中国儿童的，不存在

---

① Jonathan Herring, *Medical Law and Ethics*, Oxford University Press, 2016, p. 483.
② Oxford Dictionaries, Definition of ethical dilemma in English by Oxford Dictionari-es, https：//en. oxforddictionaries. com/definition/ethical_dilemma. (2017 - 11 - 03).

强弱的差别性对待，因为在暴力面前，所有儿童都是弱势者。同时，保护的内容是保障儿童远离来自成人的暴力侵害，确保儿童能在安全的环境中健康成长。基于此，从制度政策制定及制度实施所需的执行机构框架来看，不仅需要采访制度执行者，还需要访谈制度受益者，当然这二者不能完全区分开，政府机构工作人员也同时是家庭中的成员，学校里的教师与工作者亦然，儿童及其家庭是制度实施的最直接的受益者。笔者此时已经确定了制度执行者访谈名单以及无差别焦点团体访谈名单。

此外，笔者与儿童保护研究专家教师就研究目的展开讨论时，提出了这样的一个问题："暴力侵害儿童事件的处理效果究竟如何？该通过哪些访谈对象获得信息？"显然，去访谈遭受过暴力的儿童及其监护人可以获得答案。在初期讨论中，对于是否要访谈受害儿童及家长这一问题产生了分歧，如果对受害家庭及儿童做深入访谈（这些内容很可能是曾经已被媒体多次报道过），那么很可能会给受害人及其家庭带来再次伤害，如果研究的成行是以给受伤儿童带来伤害为代价，那么就违背了本研究的初衷，此时的伦理困境已经十分明显。后来笔者选择找一些仅遭受轻微暴力的同时受到过媒体关注的案主，希望能够获得访谈机会，先后与相关的妇联、儿童福利院、儿童救助机构以及儿童服务社会机构进行了多次联系，绝大多数的单位拒绝了请求，最后仅获得了三位案主的联系方式，但是在与其交谈之后，均以失败告终。笔者又去某儿童服务社会组织参与了为期20天的实习，在此期间跟进一例"家庭暴力后遗症女童矫治"案，笔者数次以辅助者的身份参与了矫治，在矫治中做观察及记录从而为研究收集资料。在实习期尾声，实习单位的心理康复师同人认为此个案大概需要半年时间才能完成初步的矫治，而笔者没有足够的时间参与整个矫治过程，为了不影响案主的恢复，笔者退出了矫治小组。在经过为期5个月的伦理困境讨论与解决办法探索之后，笔者决定不访谈遭受暴力侵害的儿童及家庭，而是从逐年案例中筛选出了28例有完整前因、经过、结果及后续跟进的暴力侵害儿童案件作为研究。

二、资料来源

(一) 文献资料

文献数据的搜集与甄别在研究初始阶段起到了十分重要的作用。在研究过程中，文献数据的搜集与整理工作都保持着持续更新的状态。文献资料种类包括学术期刊、官方文件、专业书籍、网络文件等内容。

(二) 案例资料

2010年被儿童研究学者称为中国儿童福利元年[①]，我国儿童保护制度自此开启了专业化构建阶段，故本研究将案例选取的起始时间节点确定为2010年。采用"效标抽样"的方法筛选2010年到2020年发生的暴力侵害儿童案例，第一阶段设定三条标准，明确三个标准后开始搜集，从各大网络媒体平台以及纸媒筛选出了影响力较大的、具有一定代表意义的86件网络案例，逐一追踪后进行第二轮筛选，第二轮筛选所依据的标准有六条，经过两轮筛选最后确定了25件网络案例作为个案研究对象。案例筛选效标如下（表3-1）。

表3-1　　　　　　　　　案例筛选标准

第一阶段	第二阶段
时间效标：发生在2010—2020年间	时间效标：发生在2010—2020年间
结果效标：已有判罚结果	结果效标：已有判罚结果
案主条件效标：施暴者为成年人，受虐者为儿童[②]	案主条件效标：施暴者为成年人，受虐者为儿童
—	案例条件效标 a：案例的前因、经过、处理结果以及后续跟进完整
—	案例条件效标 b：案例真实性可查证且具有多样性，互相不重复
—	案例条件效标 c：案例在网络和社会上产生一定的影响与震动

资料来源：作者自制。

---

① 陆士桢：《中国儿童社会福利研究》，《社会保障研究》2006年第2期。
② 儿童同辈群体暴力即施暴者为未成年人的暴力侵害儿童事件，与施暴者为成年人的暴力事件在发生原因、处理经过、结果以及后续综合服务上大相径庭，研究论域与理论支撑差异明显，故本研究不探讨儿童同辈群体暴力事件。

（三）深入访谈资料

为达到给研究问题提供最大信息量的目标，本研究采取了"目的性抽样"，即按照研究设计的理论指导进行抽样。陈向明在其质性研究相关专著中引用了皮埃尔·布迪厄（Pierre Bourdieu）在场域理论概念下对于一项质性研究的样本抽取方法与原则的描述①：

"一旦我把'专门职业'这个观念看成一个场域，……在这个场域里，你怎么去抽取样本？如果你按照方法论教科书所规定的教条，做一个随机抽样，就会支解了你想要去建构的对象。比如说，在研究司法场域时，你没有抽选最高法院的大法官，……或者在研究美国学术界时，你忽略了普林斯顿大学。但只要这些人物类型或制度机构还在独当一面，占据着一个举足轻重的位置，你的场域就是个残缺不全的场域。某种场域或许有不少位置，但它却允许一个位置的占据者控制整个结构。"

对于深入访谈对象的筛选与抽取，选择目的性抽样中的效标抽样策略获得。在联系被访谈对象的过程中发现这是一个双向选择的过程，访谈话题的敏感性以及对陌生人（研究者本人）的不信任是面临的主要难题。

第一轮访谈对象的选择以大量文献阅读为基础，在文献阅读过程中掌握当前我国儿童保护制度实施要涉及的工作种类包括政策制定者、政策执行者（民政局、妇联、检察院、法院、警察、儿童保护工作人员等）以及儿童服务提供者（儿童医生、儿童社会工作者、儿童保护服务机构工作人员、儿童福利机构工作人员、教师、监护人等）等人员，此外在学术文献浏览过程中对于儿童保护研究的学术专家也有较为深入的了解。基于此，在第一轮访谈对象选取时所设定的标准有如下几点。

①通过网络查询与实际人脉联系能够获取到联系方式的工作人员，主要为两类：儿童保护制度实施整个流程涉及的工作人员与儿童保护研究学术专家。

---

① ［法］皮埃尔·布迪厄、华康德：《实践与反思：反思社会学导引》，中央编译出版社1998年版，第21页。

②从业务能力上来看：热衷本行业并有一定经验的工作人员；曾进行过长期的儿童福利与儿童保护研究，并参与过相关科研项目的学术专家。

在对访谈者第一轮的查找、联系时共发送邮件 76 封，获得同意回复的为 5 人，获得拒绝回复的为 8 人，其余邮件在多次咨询后仍未获得任何回复。拨打电话咨询约 40 次，获得同意的为 12 人，其余电话均未接通。面谈同意的为 4 人。由此完成了第二轮筛选，筛选条件即在第一轮筛选的基础上再加上一条"同意访谈的人"。国内访谈共 21 人。访谈了解了受访者的工作经历、生活经验、儿童观、儿童暴力的个人认识、儿童保护制度构建与完善的个人意见等内容。

（四）焦点团体访谈资料

由于研究课题的特殊性以及研究对象的局限性，本研究采取了目的性随机抽样方法来确定焦点团体访谈对象。目的性随机抽样即按照一定的研究目的对研究现象进行随机抽样，这里选取一定数量的样本是为了解释"发生了什么事情"以及"发生的原因是什么"，而并非为了表达其数据有多少或多频繁。这其中不可避免的是研究者根据自己"主观"分析来选择和确定研究对象。当研究者对某一群体做调查时，可以根据其了解的群体情况选取某些样本作研究。

首先，明确焦点团体访谈对象是 18 周岁及以下的儿童，在与小学、初中以及高中的学生与教师交流后，笔者发现 15 岁及以下的儿童对于这样的话题有较大的抵触情绪，于是将访谈对象的年龄定义在 16—18 周岁；其次，与数位高中教师交流探讨后，认为将高三学生当作访谈对象最合适，他们大都已经成人并且有主见敢于表达；最后，较为理想的焦点小组的构成应该包含数个参与者是曾经接触过或遭受过暴力事件的儿童，然而这样的筛选敏感度太高，所以采用无差别访谈来获取数据，为此笔者将起初针对性较强的初稿主持纲目进行了修改，以适应于所有儿童参加。在访谈大纲制定的过程中，笔者先后参考了父母教养方式量表（EMBU）、家庭环境观察量表（The Home Observation for Measurement of the Environment Inventory，HOME）、亲子关系量表（Parental Bonding Instrument）、师生关系量表、儿童期虐待问卷（CTQ-SF）等。

确定焦点团体访谈目的与基本方向后，笔者最先在自己熟悉的 L 省 S 市的一些高中进行了咨询，未获得任何准许，便放弃了在 S 市作调查的计划。随后笔者与 S 省 X 市相熟的高中教师 Y（此教师同时担任高三年级主任职务）交谈后，确定 C 高中的全体高三学生可以作为焦点团体访谈对象①。向高三年级学生发放同意书，同意参与焦点团体访谈的学生共 228 人，约占全体高三年级人数的四分之一。在焦点团体访谈工作正式开启之前，先请 9 名高中生参与了试访，检视出访谈大纲存在的问题，与学科专家老师商讨后，修改并确定了访谈纲目的最终稿。由于高三学生学业任务较重，所以在多方沟通后确定暑假为整个焦点团体访谈时间。除去试访学生，暑假期间，实际参加访谈人数为 196 人，缺席 23 人，每次团体访谈人数保持在 9—12 人。访谈分为封闭式问卷填写阶段和半开放式问卷访谈阶段，访谈过程采取视频录像的方式留下记录，笔者充当主持人角色，Y 教师充当录像及观察角色，另有其他三名教师在 Y 教师忙碌时轮流充当录像角色。焦点团体访谈对象数量较多，访谈内容丰富，访谈主线基本围绕儿童对于暴力的认识以及儿童保护制度感知等话题展开。

三 编码设计与资料分析

（一）编码设计

施特劳斯和科宾提出对资料的编码分为三个阶段，即"一级开放式编码，二级关联式编码（轴心编码）以及三级核心式编码"②。为保证编码的准确度，先将所有案例资料用 Excel 软件进行开放式编码，随后进行整理

---

① X 市在全国范围内属于极普通的一个地区，人们固然知晓当前发达地区如北京、上海、深圳等地的儿童保护理念普及与政策执行处于国内较为先进的水平，但是就中国整体而言，绝大部分城市属于普通城市，大部分儿童生活在普通地区，所以，如果连普通地区的儿童也可以获得良好的知识科普与政策保护，则我国的大部分儿童才可能生活在较为理想的环境之中。

② Strauss, A. &Corbin, *J. Basics of Qualitative Research, Grouded Theory Procedures and Techniques*, Newbury Park: sage, 1990.

以达到编码饱和。之后使用 Nvivo12 软件完成轴心编码以及核心编码。案例是以文本的形式呈现，访谈类的语音数据均转录成文字类资料，不同资料所要反映的问题不同，所以在编码过程中，依据研究问题分别进行编码，最后将研究结果进行整合分析。对于案例资料，由于在搜集过程中已有明确的研究方向与目的，所以对于文献数据和案例的编码采用了从上至下的预设代码节点的编码方式。对于所有的访谈材料，通过反复阅读，自下而上地形成大量自由节点，在多次确认已达到编码饱和状态后，得出与研究问题吻合的节点，形成孙节点，继续归纳形成了子节点与父节点。具体的编码细节会在各章的资料分析小节中做出陈述。本研究对所有材料的编码节点的设置都参考了 J. 罗夫兰（J. Lofland）和 L. 罗夫兰（L. Lofland）的九类思考单位（表 3 – 2）。

表 3 – 2　　　　　　J·罗夫兰和 L·罗夫兰的九类思考单位

	九类思考单位
第一类	被研究对象群体或个人的意识形态和世界观、他们定义自己生活世界的方式
第二类	被研究者的行为规范、规则一级意义构建，包括那些他们明确说出来的、隐蔽的和有意拒绝回答的意义
第三类	被研究者的社会事件，包括他们平时行为中最小的单位一级那些对于他们来说具有戏剧性和特殊性的事件
第四类	被研究者的社会角色，包括先赋的角色（如种族、性别、年龄等）和正式的角色（如职业、职务等）、人格特征、交往角色、角色策略、当事人故意做出某种角色姿态的原因和动机
第五类	人际交往、社会系统中的人际关系、社会成员之间的邂逅性以及交往的主要阶段如相遇、相知、共同构建关系、关系低落、重新恢复关系、分手等
第六类	群体（如社会阶层、团伙和正规社会组织）及其适应社会环境的功能
第七类	居住地（由复杂的、相互关联的人、角色、群体和组织所组成）、居住地的边界领域及其维持生命的功能
第八类	社会世界（由一个巨大的但边界模糊的人群所组成，中心权威比较弱，具有高频度的社会变迁，人们的社会角色不正规）
第九类	生活方式（一大群居住在同类环境下的人们为了适应生活而采取的一种方式）

资料来源：Lofland, J&Lofland, L. H. . Analyzing Social Settings：A Guide to Qualitative Observation and Analysis. 2nd Ed. Belmont, CA：Wadsworth（Original work pulished 1971）. 1984, pp. 72 – 91.

（二）编码信度检验

迈尔斯等提出检验代码的方法应包括内部一致性和外部一致性的信度值检验。笔者先后三次在编码不同阶段以不同的用户组身份进行内部编码比较查询，在 Nvivo12 软件的探索选项卡中选择"编码比较"项，对"所有节点"进行比较，选择 Kappa 系数结果，三次结果分别为 0.862、0.889、0.965。一般规定，Kappa 值低于 0.40 则说明编码一致性极低，Kappa 值处于 0.4—0.75 则其一致性合理，Kappa 值高于 0.75 则其一致性较好。从三次内部一致性检验结果可知，本研究的节点编码内部一致性较好。

此外，迈尔斯与休伯曼建议编码外部一致性检验应请一名以上的编码者各自为同样一份 5—10 页的札记编码，然后对比分析结果①。笔者请两位其他研究者对不同研究主题下的 2 份 10 页的札记进行编码，编码节点预先给定，在未互相沟通编码准则的情况下，分别将笔者与其他两位研究者的 4 份编码节点进行编码比较，检验所得 Kappa 值在两个主题下分别为 0.755、0.612 以及 0.865、0.765，在沟通后，对编码差异较大的部分以及编码准则进行了商讨，三人重新进行编码，通过编码修正，Kappa 值在两个主题下分别达到了 0.985、0.915 以及 0.934、0.912。与其他两位研究者的商讨增进了编码定义的清晰度。经过内部一致性与外部一致性的信度值检验，结果表明本研究的编码信度较高。

（三）资料分析

文献资料、案例资料以及访谈资料均采用了 Nvivo12 软件进行分析，其中焦点团体访谈资料的部分数据采用了 SPSS 软件进行剖视。

1. 文献资料的整理与分析

研究课题在探讨与确立的过程中由于其初期的不确定性，会收集大量的相关资料，当研究课题确定后首先进行了资料的审核，通过对原始资料

---

① ［美］迈尔斯、［美］休伯曼：《质性资料的分析：方法与实践》，张芬芬译，重庆大学出版社 2008 年版，第 91 页。

进行初步审阅，将相关度较低的资料剔除，将相关度高的资料进行分类。文献资料在确定研究课题、厘清研究范畴、充实研究背景等方面发挥了巨大的支持作用，其后所有的文献资料都为研究报告的撰写提供了借鉴，文献资料贯穿研究的整个过程。文献资料的整理与分析主要通过传统电脑办公软件和人工编码实现。

2. 案例的整理与分析

主要采用Nvivo12软件进行编码分析。Nvivo12是一种用于分析各种形式非结构化数据的研究工具，是一种质性分析软件，数据分析的流程是：首先，将要分析的材料导入软件中；其次，多次详读材料，对材料熟悉后进行编码，编码方式可以是边阅读边创建节点或者是提前创建好节点再将编码内容拖入节点中，本研究的编码方式为后者；最后，通过软件运行将研究内容可视化，以获得最终结果。

3. 访谈资料的整理与分析

深入访谈采用了半结构式访谈法，对于不同身份的访谈者列出了不同的有针对性的访谈大纲，有的是面对面访谈，有的是通过网络视频访谈。访谈目的是通过儿童保护制度实施工作者的角度反映当下制度实施的效果如何。被访谈者在各自领域都有相当丰富的工作经验，同时他们也是母亲、父亲，也曾是儿童，所以访谈内容不仅局限于其专业工作领域。对于担任受访者其专业工作领域的访谈内容的深度分析可以反映出当前中国儿童保护制度政策框架结构合理度以及制度执行机构设置有效性等情况，这直接关乎儿童保护制度实施过程中制度整合性功能发挥效果。此外，受访者在多样性角色扮演之下会表达出其个人以及身边朋友的儿童保护观，这种观念不只拘泥于一个文化板块中，还存在于家庭、校园、社区以及社会之中；儿童保护制度实施的目的是保护儿童远离暴力、健康成长，所以对儿童保护制度实施现状进行探讨需要调查被保护对象的态度，即儿童保护制度的实施是否达到了其目的，儿童作为直接受益对象，是最具有发言权的一个群体，此类研究数据可从焦点团体访谈资料的研究中获得。

本研究主要通过 Nvivo12 以及 SPSS 两个软件进行数据分析，其中文献资料与深入访谈材料主要采用 Nvivo12 进行编码分类；焦点团体访谈材料采用 Nvivo12 案例编码功能，为每一个参与者创建案例，在案例节点分类中进行编码分类并形成矩阵表格后导出，采用 SPSS 对数据进行描述性分析。

制度篇

第四章　社会系统——儿童保护制度实施的整合功能

帕森斯认为在高度分化的社会中，整合功能（Integration）的主要焦点在于法律规范体系以及法律规范体系与其他相关机构的配合。其中，儿童保护制度实施的政策框架以及儿童保护暴力事件处理程序的完备性与整合性决定了儿童保护制度实施的整合功能发挥作用。

本章主要探析中国儿童保护制度实施过程中法律政策框架的现状和儿童保护制度中暴力事件处理程序的执行现状，以此来讨论当前中国儿童保护制度实施中社会系统的整合功能发挥的效果。

第一节　儿童保护法律政策框架的整合功能分析

儿童保护法律政策是儿童保护制度的重要组成部分。儿童保护需要法律依据，法律包含在政策之中，政策包括国家法律、行政法规、部门规章。这里的政策框架是狭义的，儿童保护法律政策框架所包含的法律、法规以及政策都是为了惩治违法犯罪行为、保护儿童远离暴力侵害而设。儿童保护的对象是指可能受到或已经受到暴力侵害的儿童。对儿童的保护散落在中国儿童保护法律体系的各法律法规与政策之中。儿童保护制度法律法规的完备性直接影响到儿童保护制度实施效果。

以法律法规与规章制度的制定与颁布主体为分类依据，中国目前的儿童保护法律政策框架包括的内容有全国人大及其常委会立法的法律法规；国务院制定、颁布实施的行政法规、条例、规定、纲要、办法和其他政策规定；国务院各职能部门如国家发改委、教育部、卫生部、民政部等制定、颁布实施的部门规章与政策规定；地方人大与地方政府职能部门制定、颁布、实施的各类地方法规、部门规章和政策规定；国际条约、协定等。中国目前正进行着在宪法指导下的儿童保护法律体系的创建工作（图4-1）。

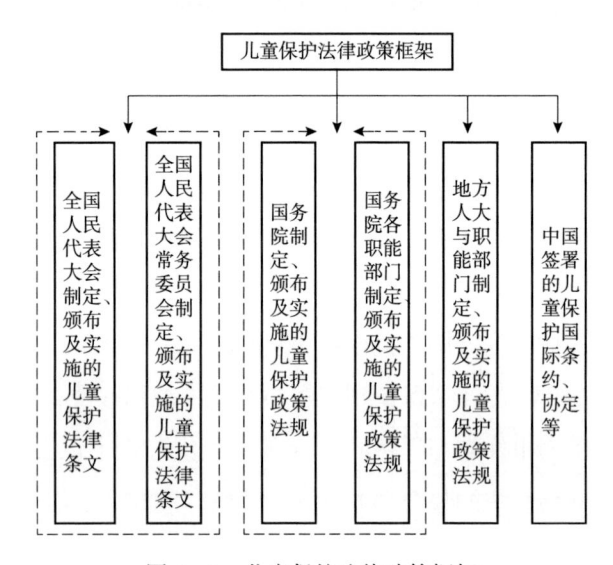

图4-1 儿童保护法律政策框架

资料来源：作者自制。

（一）全国人大及其常委会制定、颁布及实施的儿童保护法律条文

全国人民代表大会和全国人民代表大会常务委员会行使国家立法权，二者制定的法律、行政法规里包含有许多儿童保护的法律条文。其中，全国人民代表大会主要制定和修改刑事、民事、国家机构的和其他的基本法律，而全国人民代表大会常务委员会则制定和修改除应当由全国人民代表大会制定的法律以外的其他法律[①]。这些法律法规明确了在儿童保护方面，

---

① 最高人民检察院：《中华人民共和国立法法》，《中华人民共和国最高人民检察院公报》2015年第5期。

政府的职责和社会民众的权利与义务，明确规定政府在特定问题领域中从法律角度保护儿童的基本原则、政策目标和手段。

根据《中华人民共和国立法法》规定，以下事项只能制定法律：犯罪和刑罚；对公民政治权利的剥夺、限制人身自由的强制措施和处罚；民事基本制度；诉讼和仲裁制度；必须由全国人民代表大会及其常务委员会制定法律的其他事项。这些事项可能涉及儿童保护法律的相关内容，其立法目的不仅仅是保护儿童远离暴力侵害，还可能包括儿童学习与成长的其他方面。

（二）全国人民代表大会制定、颁布及实施的儿童保护法律条文

由全国人民代表大会制定、颁布及实施的法律具有广覆盖的特征，对暴力侵害儿童事件的针对性较弱，本文主要对几个影响力强、相关性高且具有代表性的法律条文进行详述。

1.《中华人民共和国宪法》中的儿童保护

《中华人民共和国宪法》于1982年12月4日第五届全国人民代表大会第五次会议通过，这是我国的根本法，具有最高的法律效力。《宪法》第三十三条规定，我国尊重和保障人权。《宪法》第四十九条规定，婚姻、家庭、母亲和儿童受国家的保护；父母抚养教育未成年子女是其应当承担的义务与责任；同时规定，禁止虐待老人、妇女和儿童。

全体国民都必须以宪法为根本的活动准则[1]，因此宪法在根本上保证了儿童作为独立个体的基本人权，明确禁止虐待儿童以及明确父母有抚养儿童的义务，这是暴力侵害儿童行为惩罚约束体系的总根据。

2.《中华人民共和国刑法》中的儿童保护

《刑法》（1979年通过，2015年修正）同一切犯罪行为作斗争，保护公民的人身权利、民主权利和其他权利，维护社会秩序、经济秩序，保障社会主义建设事业的顺利进行。刑法中没有明确设立虐待儿童罪，暴力伤

---

[1] 全国人民代表大会：《中华人民共和国宪法》，《人民教育》1975年第2期。

害儿童罪等，但是有可间接用于判罚虐待儿童行为的条文。其中，《刑法》第二百三十二条规定了故意杀人罪，第二百三十四条规定了故意伤害罪，第二百三十六条规定了强奸罪，第二百三十七条规定了强制猥亵、侮辱罪、猥亵儿童罪，第二百三十八条规定了非法拘禁罪，第二百三十九条规定了绑架罪，第二百四十条规定了拐卖妇女、儿童罪，第二百六十条规定了虐待罪，第二百六十条之一规定了虐待被监护、看护人罪，第二百六十一条规定了遗弃罪，第二百六十二条规定了拐骗儿童罪、组织儿童乞讨罪、组织未成年人进行违反治安管理活动罪，第三百零一条规定了引诱未成年人聚众淫乱罪，第三百五十八条规定了组织卖淫罪、强迫卖淫罪、协助组织卖淫罪，第三百五十九条规定了引诱幼女卖淫罪[①]。上述法律条文对《儿童权利公约》中规定的四种暴力侵害儿童行为类型都做出了对应式规范，即涵盖了躯体暴力、精神暴力、性暴力以及忽视暴力，从儿童保护分类来看是较为全面的。有些暴力侵害儿童行为即使没有明确的"虐待"之名但是有虐待之实，如对儿童的精神虐待等行为。刑法将这些行为归入其他犯罪类型加以规制[②]，在事实上同样起到了惩治警示作用。刑法的使用同时贯穿于其他专门性法律之中，其他法律在法律责任一章中会指明违反该法并构成犯罪的，依法追究刑事责任，这里的"刑事责任"需要依靠刑法来做出判定。

3. 《中华人民共和国民法总则》中的儿童保护

《民法总则》由中华人民共和国第十二届全国人民代表大会第五次会议通过，自 2017 年 10 月 1 日起施行[③]。此法规定了民事活动的基本原则和一般规定，可与刑法专门性法律法规共同使用，用于解决民事活动中的一些问题。例如，《未成年人保护法》第六章第六十条规定，违反本法规定，

---

① 最高人民检察院：《中华人民共和国刑法》，《中华人民共和国最高人民检察院公报》1997 年第 2 期。

② 邓多文：《虐待儿童刑法规制的文化选择模式转换》，《重庆大学学报》（社会科学版）2014 年第 2 期。

③ 全国人民代表大会：《中华人民共和国民法总则》，《中华人民共和国全国人民代表大会常务委员会公报》2017 年第 2 期。

第四章　社会系统——儿童保护制度实施的整合功能

侵害未成年人的合法权益，造成人身财产损失或者其他损害的，依法承担民事责任。此处"民事责任"即《民法总则》中规定的相关内容。

由全国人民代表大会制定、颁布及实施的法律中，明确涉及儿童保护的除了以上三个以外还有《中华人民共和国行政处罚法》可作为间接保护儿童的法律，该法的制定是为了规范行政处罚的设定和实施，维护公共利益和社会秩序，保护公民、法人或者其他组织的合法权益。在《未成年人保护法》第六十条规定侵害未成年人的合法权益其他法律、法规已规定行政处罚的，从其规定。二者可以配套使用。

（三）全国人民代表大会常务委员会制定、颁布及实施的儿童保护法律条文

1.《中华人民共和国未成年人保护法》中的儿童保护

全国人民代表大会通过的法律由国家主席签署主席令予以公布。1991年我国通过了《中华人民共和国未成年人保护法》，2020年第十三届全国人民代表大会常务委员会第二十二次会议第二次修订《中华人民共和国未成年人保护法》，自2021年6月1日起施行。修订后的未成年人保护法分为总则、家庭保护、学校保护、社会保护、网络保护、政府保护、司法保护、法律责任和附则，共九章132条。此法保护对象是未满十八周岁的公民，立法目的是为了保护未成年人的身心健康，保障未成年人的合法权益。该法第三条规定未成年人享有生存权、发展权、受保护权、参与权等权利，同时国家会根据未成年人身心特点给予特殊、优先保护，维护未成年人的合法权益。该法总则中所表达出的儿童保护观与《儿童权利公约》相一致。该法中涉及保护未成年人免受暴力侵害的法律条文有：第十七条规定禁止对未成年人实施家庭暴力，禁止虐待、遗弃、残害未成年人的一切行为（家庭保护）；第二十七条规定学校、幼儿园、托儿所的教职员工应当尊重未成年人的人格尊严，不得对未成年人实施体罚、变相体罚或者其他侮辱人格尊严的行为（学校保护）；第五十四条规定禁止拐卖、绑架、虐待未成年人，禁止对未成年人实施性侵害。第五十四条规定禁止拐卖、

绑架、虐待、非法收养未成年人，禁止对未成年人实施性侵害、性骚扰，禁止胁迫、引诱、教唆未成年人参加黑社会性质组织或者从事违法犯罪活动，禁止胁迫、诱骗、利用未成年人乞讨（社会保护）；第七十七条规定任何组织或者个人不得通过网络以文字、图片、音视频等形式，对未成年人实施侮辱、诽谤、威胁或者恶意损害形象等网络欺凌行为（网络保护）；第八十八条规定公安机关和其他有关部门应当依法维护校园周边的治安和交通秩序，设置监控设备和交通安全设施，预防和制止侵害未成年人的违法犯罪行为（政府保护），此外该法的第十一条、第二十条、第三十九条、第六十二条、第六十六条、第九十八条以及第一百一十一条（司法保护）也对保护儿童免受暴力侵害做出了规定。

2.《中华人民共和国反家庭暴力法》中的儿童保护

2015年12月27日全国人民代表大会常务委员会通过了《中华人民共和国反家庭暴力法》，2016年3月1日起施行。此法是为了预防和制止家庭暴力，保护家庭成员的合法权益，维护平等、和睦、文明的家庭关系，促进家庭和谐、社会稳定而制定。此法涵盖了家庭暴力的预防、处置、人身安全保护令、法律责任等内容，在保护儿童免受暴力侵害方面起到重要作用。

《反家庭暴力法》的设计中，一定程度上纳入了儿童保护视角，借鉴了国际相对成熟的反家庭暴力和儿童保护立法经验[①]，其在中国儿童保护制度形成发展过程中起到重要作用。该法是我国第一部对强制报告制度做出详细规定的法律，其中第三章第十四条规定，学校、幼儿园、医疗机构、居民委员会、村民委员会、社会工作服务机构、救助管理机构、福利机构及其工作人员在工作中发现无民事行为能力人、限制民事行为能力人遭受或者疑似遭受家庭暴力的，应当及时向公安机关报案。公安机关应当对报案人的信息予以保密；第五章第三十五条规定，学校、幼儿园、医疗机构、居民委员会、村民委员会、社会工作服务机构、救助管理机构、福

---

① 张雪梅：《解读〈反家庭暴力法〉对未成年人等无民事行为能力人和限制民事行为能力人的特殊保护》，《预防青少年犯罪研究》2016年第1期。

利机构及其工作人员未依照本法第十四条规定向公安机关报案，造成严重后果的，由上级主管部门或者本单位对直接负责的主管人员和其他直接责任人员依法给予处分。

除以上详述法律条文外，《中华人民共和国预防未成年人犯罪法》《中华人民共和国婚姻法》等法律中也囊括了一些儿童保护法律条文。

二 国务院制定、颁布及实施的儿童保护政策法规

国务院根据宪法和法律制定行政法规。儿童保护法律政策框架中涉及制度运行、法律执行等关键内容多来自国务院制定、颁布的行政法规、条例、规定、纲要、办法和其他政策规定。

从20世纪末我国就开始制定与儿童发展有关的儿童发展纲要，《九十年代儿童发展纲要》是相关系列的第一部，此纲要未提及虐待、暴力等问题，在20世纪90年代之前，中国没有"家庭暴力""虐待儿童"的概念。我国对家庭暴力和虐待儿童的研究开始于1995年前后[①]。2000年至2010年是中国经济社会发展的重要时期，从儿童期着手保障儿童健康全面发展，为提高国民素质、培育全面型人力资源队伍打好基础，这是完成我国21世纪人才战略任务的第一步。《中国儿童发展纲要（2001—2010）》中曾提到，我国"坚持儿童优先原则，保障儿童生存、发展、受保护和参与的权利"。其中传达出的儿童观较之前我国主流儿童观有了较大的进步，这里将儿童看作人，使儿童回归儿童，将儿童看作应受尊重的个体，儿童的需求应被关注和满足，国家和社会应为儿童提供合适的支持。随着儿童观的不断进步，"虐待儿童"事件逐渐受到国家关注。纲要指出要严厉打击杀害、强奸、摧残、虐待、拐卖、绑架、遗弃等侵害儿童人身权利和引诱、教唆或强迫未成年人犯罪的刑事犯罪。保护儿童免遭一切形式的性侵犯；教育儿童父母或其他监护人依法履行监护职责和抚养义务。禁止对儿

[①] 尹力：《良法视域下中国儿童保护法律制度的发展》，《北京师范大学学报》（社会科学版）2015年第3期。

童实施家庭暴力及其他形式的身心虐待。2010年国务院颁布了《中国儿童发展纲要（2011—2020年）》，儿童保护方面，在之前纲要的基础上明确传达出保障儿童人身权利的信息，同时强调了为儿童成长提供良好的家庭环境的基本要求，倡导平等、文明、和睦、稳定的家庭关系，提倡父母与子女加强交流与沟通。预防和制止家庭虐待、忽视和暴力等侵害儿童事件的发生。目前，2021年国务院颁布了《中国儿童发展纲要（2021—2030年）》，立足于新发展阶段，在构建新发展格局中推动儿童保护事业的高质量发展，对如何进一步反家庭暴力工作做出新的安排，新《儿纲》提出将反家庭暴力作为保障妇女儿童合法权益的重要内容，以对家庭暴力"零容忍"的态度明确提出了深入实施反家庭暴力法，依法严惩家庭暴力等侵犯未成年人人身权利的违法犯罪行为的目标，并提出了一系列针对性、操作性很强的实施办法。在健全完善反家庭暴力制度机制方面，提出健全完善预防和制止家庭暴力多部门的合作机制，最大限度防止儿童遭受家庭暴力，其中为进一步保障儿童安全健康成长，预防和控制儿童伤害，新《儿纲》增加了"儿童与安全"领域等，为保障儿童免受伤害提供新的准则。

近年来，我国陆续发布了一些促进儿童福利发展的法规文件。2010年被誉为中国福利元年，同年11月11日，国务院发布了《国务院办公厅关于加强孤儿保障工作的意见》，文件明确了孤儿的内涵定义并就如何帮助、爱护孤儿提出了具体详细的政策意见，此文件在儿童福利制度建设中具有基础性、开创性的划时代意义；2016年2月4日国务院颁发了《国务院关于加强农村留守儿童关爱保护工作的意见》，此意见对留守儿童进行了定义并明确提出了对留守儿童的帮扶、保护措施意见，至此儿童福利照拂面得到了扩大，服务内容也更加充实；2016年6月16日，国务院印发了《国务院关于加强困境儿童保障工作的意见》，儿童福利覆盖面明确由孤儿与农村留守儿童扩大为困境儿童。此意见在中国儿童福利制度发展史上有深化拓展性意义，标志着我国儿童福利制度进入了一个崭新发展的新阶段。完善儿童保护制度对于完善儿童福利制度具有重要意义。时代快速发展的今天，建立与我国社会经济发展相适应的现代化的儿童福利制度是必然趋势，儿童福利制度与儿童保护制度应体现儿童优先、儿童利益最大化的中心思想，《国务院关于加强困境儿童保障工作的意见》所宣扬的儿童福利观念与世界《儿童权利公约》的保障儿童利益最大化、生存和发展权的思想相吻合，是我国认同《儿童权利公约》价值观、遵循其原则保障儿童健康成长的集中体现。对困境儿童的保护与关爱是我国儿童福利发展的关键性步骤。《国务院关于加强困境儿童保障工作的意见》中明确提出鼓励支持社会力量参与以建立健全困境儿童保障工作体系。这些意见虽然没有专门性地针对狭义儿童保护的内容，但是其间接地对儿童忽视问题进行了关注，儿童忽视是暴力侵害儿童行为中最广泛存在的且最不容易被发现的问题。

三 国务院各职能部门制定、颁布及实施的儿童保护政策法规

国务院各职能部门如国家发改委、教育部、卫生部、民政部等制定、颁布实施了与儿童保护相关的部门规章与政策规定。

为依法惩治性侵害未成年人犯罪，保护未成年人合法权益，最高人民法院、最高人民检察院、公安部、司法部于2013年10月23日联合发布了《关于依法惩治性侵害未成年人犯罪的意见》《关于依法处理监护人侵害未成年人权益行为若干问题的意见》，充分体现对未成年人进行特殊、优先保护的司法理念，就办理性侵害未成年人犯罪案件的一些突出法律适用和政策把握问题作了明确规定。该意见的发布说明我国政府与社会已经开始意识到对未成年人实施奸淫、猥亵、诱骗、组织、强迫未成年少女卖淫等违法犯罪活动给未成年人身心健康造成严重伤害，在社会上造成极为恶劣的影响，在网络发达的今天，类似的恶性事件尤其容易引起民众的强烈反应。《关于依法处理监护人侵害未成年人权益行为若干问题的意见》突出体现对未成年被害人的特殊、优先保护，明确了针对未成年人的性侵害行为的认定原则；对于相关行为的处理办法、执行机构做出了规定，在处理

过程中融入了对儿童性格敏感易受伤害的心理特性的考虑，在办案工作中强调要尽量避免对儿童造成"二次伤害"；为被害人提供法律援助、法定代理人代为出庭陈述意见、加大民事赔偿和司法救助力度等方面进行了规范。但是受立法层级影响，该意见的法律约束性不足。

2014年由最高人民法院、最高人民检察院、公安部、民政部四部联合发布的《关于依法处理监护人侵害未成年人权益行为若干问题的意见》在中国儿童保护的发展历程中具有里程碑式的意义。该意见为切实维护未成年人合法权益，加强未成年人行政保护和司法保护工作，确保未成年人得到妥善监护照料而制定。有学者视此意见为"良法"，认为其遵循了儿童权利最大化原则，基于公平正义的价值标准体现了儿童保护的特殊性与优先性，其法律用语准确、明晰且操作性强[①]。该意见从内容上来说十分详尽，较以前的法律法规意见等可操作性高。意见共四十四条，首先对监护侵害行为做出了定义，对于暴力事件的处理机构做出了明确规范，而不再是"有关机构"；报告明确指出了针对暴力事件的报告制度，明确了报告主体、报告部门、报告情形等内容，但是这里的报告不是强制报告，缺乏法律责任的约束，报告制度在2016年的《反家庭暴力法》中收到了更进一步的详细规定；意见还对临时安置和永久性安置进行了明确规范，合理的安置对于受虐儿童的长久保护最为有效；意见明确了人身安全保护令适用情况，列举了撤销监护人资格的申请条件、审理过程及审判结果；意见第二条表明处理监护侵害行为，应当遵循未成年人最大利益原则，充分考虑未成年人身心特点和人格尊严，给予未成年人特殊、优先保护。这是中国自签署《儿童权利公约》之后首次将"儿童最大利益原则"写入我国法律法规，在中国儿童保护制度建立与发展的过程中书写了浓墨重彩的一笔。

---

① 尹力：《良法视域下中国儿童保护法律制度的发展》，《北京师范大学学报》（社会科学版）2015年第3期。

此外，最高人民法院发布的《关于办理未成年人刑事案件的若干规定》、2018年2月27日最高人民检察院印发《最高人民检察院关于全面加强未成年人国家司法救助工作的意见》等其他儿童保护政策法规均在儿童保护制度实施过程中发挥了重要的指导作用。

四 地方人大与职能部门制定、颁布及实施的儿童保护政策法规

国家制定出全国统一性的儿童保护制度政策需要落实到各省、市、区、县等地，此时地方人大与地方政府职能部门制定、颁布、实施的各类地方法规、部门规章和政策规定为儿童保护政策的"落地"起到了关键作用。

以《中华人民共和国反家庭暴力法》的地方性办法为例。2018年年末，山东省发布了《山东省反家庭暴力条例》，明确了四个落实方向，落实"预防和制止家庭暴力培训和统计工作"囊括在内[1]；2019年年初陕西省拟制定了反家庭暴力法实施办法，该办法除对具体的实施细则做出规定外，还指出"经常性谩骂也算家暴"这样的明确规定[2]；2019年年初深圳市发布了《家庭暴力告诫制度实施办法（试行）》，为反家暴法中的"告诫制度"的实行制定出了本地试行措施[3]，以维护遭受家暴受害人的合法权益。2018年12月24日云南省出台《家庭暴力强制报告制度实施办法》，成为全国首个出台家庭暴力强制报告制度实施办法的省份[4]。截至2020年

---

[1] 山东人大：《山东省反家庭暴力条例》，http://www.sdrd.gov.cn/articles/ch0002 3/2018 11/a4829404-87a1-4d83-9ca4-711f4110e4d2.shtml, 2018-11-30。

[2] 中国法院网：《陕西拟制定反家暴运行办法——经常性谩骂算家暴》，https://www.chinacourt.org/article/detail/2019/03/id/3803196.shtml, 2019-03-15。

[3] 深圳市公安局、深圳市中级人民法院、深圳市妇联：《深圳市家庭暴力告诫制度运行办法（试行）》，http://www.szlh.gov.cn/qgbmxxgkml/fl/gzwj/zcfg/201810/t20181029_14434035.htm, 2019-03-01。

[4] 云南日报：《我省出台〈家庭暴力强制报告制度实施办法〉为家暴受害者撑起"保护伞"》，http://www.yn.gov.cn/ywdt/bmdt/201901/t20190105_127435.html. 2019-01-05。

10月底，已经有27个省、自治区和直辖市出台省级或县市级的强制报告制度[①]。

以《未成年保护法》的地方性规定为例，2009年江苏省发布《江苏省未成年人保护条例》，条例作出了对下列对象实施特殊保护：（一）残疾未成年人；（二）弃儿、孤儿、流浪乞讨等生活无着未成年人；（三）留守未成年人；（四）外来人员未成年子女。对有严重不良行为的未成年人，应当有针对性地采取教育和保护措施。2019年广东省公布《广东省未成年人保护条例》修订版，条例修订旨在解决侵害未成年人合法权益犯罪上升、未成年人司法保护不足、相关法律法规滞后等问题，提出加大对残障女童关爱保护，建立网络欺凌预防应对机制等新措施。2009年安徽省颁布《未成年人保护条例》修订版，修订后条例首次提出关爱留守儿童权益问题，为预防和制止留守儿童遭受身体和心理欺凌提供保护，对特殊群体例如残疾未成年人群体进行保护，指出任何组织和个人不得歧视、侮辱、虐待、遗弃、迫害残疾未成年人，不得通过大众传播媒介或者其他方式歧视或者损害其人格尊严。

各地方人大与职能部门遵循国家层面法律法规的基本引导方向，广泛吸取本地区社会各界人士意见，结合本地实际情况制定、颁布及实施了地方性的儿童保护政策法规，对儿童保护制度的实施起到了保驾护航的作用。

五　中国签署的儿童保护国际条约、协定等

联合国大会于1989年决议通过了《儿童权利公约》（Convention on the Rights of the Child），这是第一部保障世界儿童权利且具有法律约束力的国际性公约。中国在1990年批准了《儿童权利公约》。1991年我国签署了《儿童生存、保护和发展世界宣言》以及《执行90年代儿童

---

① 中国公益研究院：《新发展阶段社会政策｜强制报告制度出台半年，成效几何？》，https://www.sohu.com/a/454824676_120063265，2021-03-09。

生存、保护和发展世界宣言的行动计划》以推动《儿童权利公约》的执行①。

2000年9月联合国首脑会议上有189个国家签署了《联合国千年宣言》，世界各国领导人就消除贫困、疾病、文盲、环境恶化和对妇女的歧视，商定了一套有时限的目标和指标。联合国千年发展目标所要关注的首要问题是解决世界范围内儿童的贫困现状，世界级别的综合性儿童纲要需要考虑到每个国家的情况，谋求全球合作，为儿童的美好明天共同努力。

当前儿童生存与发展问题已经被摆在了联合国议程的核心位置，儿童健康成长不再仅仅是家庭的责任，而是逐渐上升到了国家级甚至全球级。

第二节 暴力事件处理程序的整合功能分析

程序性儿童保护制度的执行主要通过与儿童保护法律政策的互动实现，行动者是主要操作者，暴力侵害儿童事件处理程序的综合性执行实情集中体现了儿童保护制度整合功能发挥效果。当前，各国在处理暴力侵害儿童事件时都有一套本土化程序，从欧美发达国家的经验来看，处理程序的每个步骤都以专业指导文件为依据。例如，早在1963年美国联邦政府儿童局（Children's Bureau）即制定了《通报法范例》（Model Reporting Law），到1967年美国各州政府都制定了受虐儿童举报法。据法律规定，与儿童密切接触人员有义务在发现儿童已经或可能遭受虐待和忽视时及时向儿童保护部门报告，对于知情不报者应给予处罚②。又如，1999年瑞典国家卫生和福利局从英国引进BBIC（Chil-

---

① 新华网：《儿童生存、保护和发展的世界宣言》，http://news.163.com/09/1119/17/5OGFSAEL00013U8R_mobile.html，2018-06-01。

② 北京师范大学社会发展与公共政策学院家庭与儿童研究中心：《儿童保护制度建设研究——目标、策略与路径》，社会科学文献出版社2017年版，第142页。

dren in need）评估工具以改良儿童服务质量，在该系统的运行过程中，向社会服务部门报告、向警方报案是首要程序①。中国对于暴力侵害儿童事件的处理办法于 2014 年出台，除了对于一般暴力事件处理办法的规范，还专门对于性侵犯儿童事件的处理办法列出单行意见，它们分别是《关于依法处理监护人侵害未成年人权益行为若干问题的意见》以及《关于依法惩治性侵害未成年人犯罪的意见》。这两个文件着重规定了公安机关、民政部门、人民法院以及人民检察院的办事程序。在暴力侵害儿童事件的报告方面，《关于依法处理监护人侵害未成年人权益行为若干问题的意见》明确了报告主体、报告部门、报告情形等内容，但并未要求强制报告，缺乏法律约束性。

2016 年 3 月 1 日正式施行的《中华人民共和国反家庭暴力法》将未成年人作为特殊保护对象，赋予报告行为强制性与法律规范性，该法的颁布将之前文件中提到的一些内容如"强制报告制度"以法律的形式做出了规定，加强了执行力度。2017 年民政部在中华人民共和国民政行业标准中发布了《受监护侵害未成年人保护工作指引》，此标准适用于未成年人救助保护机构开展受监护侵害未成年人的保护工作。2020 年 5 月，最高人民检察院等九部门发布了《关于建立侵害未成年人案件强制报告制度的意见（试行）》，标志着侵害未成年人案件强制报告制度在我国全面建立②。截至 2020 年 10 月底，已经有 27 个省、自治区和直辖市出台省级或县市级的强制报告制度③。2020 年 10 月《未成年人保护法》经第十三届全国人大常委会第二十二次会议修订通过，对"强制报告"做出了明确规范。正规的

---

① The BBIC Primer, *Artikel nr. NBHW（National Board of Health and Welfare）Socialstyrelsen. Social barnavård i förändring. Slutrapport från BBIC-projektet. Child Welfare in Transformation.* Final Report, Stockholm：Socialstyrelsen：2007.

② 唐兴琴：《我国侵害未成年人案件强制报告制度的文本解读与制度完善——兼评〈关于建立侵害未成年人案件强制报告制度的意见（试行）〉》，《青少年学刊》2020 年第 5 期。

③ 中国公益研究院：《新发展阶段社会政策｜强制报告制度出台半年，成效几何？》，https：//www.sohu.com/a/454824676_120063265，2021-03-09。

第四章 社会系统——儿童保护制度实施的整合功能

儿童保护指引文件对于行业规范和制度完善起到巨大的推动作用。从目前中国存在的法律法规以及儿童保护实务工作来看,中国儿童保护制度处理程序包括的内容有报告、调查与干预、行政裁决与司法审判以及安置与综合服务。

本书主要通过对案例中暴力事件处理程序相关内容进行分类与编码,从而对儿童保护制度实施中暴力事件处理程序的实际状况做出探讨。在具体操作方面,首先将28个真实网络案例在Nvivo12软件中设置为"案例",将施暴人、受害人、举报人以及事件处理者的相关内容作了突出分类的Excel表格导入软件中,设置对应的案例属性,将每个案例下的属性进行赋值。此外,将各案例相关的所有Word文档导入内部材料中并与案例群组匹配,将案例以发生时间为分类依据分别放入2011—2020年的10个文件夹中。结合定性资料编码步骤,第一步是开放式编码,即先设置一些主题,将最初的代码分配到资料中,以便将零散混杂的资料转变成不同的类别,此项工作在Excel表格梳理中完成,在暴力事件处理程序的初级编码中共出现221个自由节点,按照处理程序步骤分类,将其最后归纳为45个自由节点;第二步,进行轴心编码,即从初步的主题或初步的概念中进行细化编码,根据处理儿童暴力事件的关键点将45个自由节点归到16个小组中,将这些节点小组进行命名,所得节点为"子节点",编码为B01-B016;第三步,进行核心编码,将所有编码所得的概念类属归到几个"核心类属"中,此时的编码节点能够将大部分材料编码囊括在一个比较宽泛的范围之内,先以儿童暴力事件的处理程序为依据确定了5个节点主题,即确定了5个"父节点",编码为B1-B5。儿童保护制度实施中暴力事件处理程序的编码节点设置情况如下(表4-1)。

表 4-1　　　　　　　　　　处理程序编码

核心编码（父节点）	轴心编码（子节点）	开放式编码（孙节点）
B1 调查与干预流程	B01 民政部门	—
	B02 教育部门	B001 学校
		B002 相关教育部门
	B03 检察机关	B003 检察机关搜集证据
		B004 检察机关人文关怀
	B04 一线政府机构及群众组织	B005 社区、村镇居民委员会等
		B006 妇联部门
		B007 其他群众或组织
	B05 公安机关	B008 公安机关搜集证据、拘留
		B009 公安机关将儿童带离
B2 行政和司法程序	B06 公安机关	B0010 批评教育或开具告诫书
		B0011 行政处罚
		B0012 刑事案件处理
	B07 人民检察院	B0013 批准逮捕、公诉
		B0014 司法救助
	B08 人民法院	B0015 刑事判决
		B0016 民事判决
		B0017 民事裁定
B3 安置流程	B010 永久安置	B0020 永久安置地点
		B0021 永久安置监护人
	B09 临时安置	B0018 临时安置的监护人
		B0019 临时安置地点
B4 综合服务	B011 医疗救治	—
	B012 心理疏导	B0022 对施暴者心理疏导
		B0023 对受害人亲属（非施暴人）心理疏导
		B0024 对受害人心理疏导，情感抚慰
	B013 教育保障	—
	B014 儿童社工介入	—
	B015 监护人强制矫正	—
	B016 持续跟踪帮扶	—
B5 官方处置与社会影响		

资料来源：作者根据 Nvivo12 软件编码结果绘制。

一 报告与处置

获得政府支持是一项制度良好运行的必要条件，儿童保护相关的制度政策应当安全、对儿童需求敏感、广为人知、便于利用且为儿童保密，其工作人员应得到专门培训。联合国儿童基金会认为报告制度是消除儿童暴力的一个有效途径，应在儿童居住的每一个地区和每一个环境提供服务，使儿童和其他人能够报告对儿童的暴力行为迹象。许多针对儿童的暴力行为未被报道，即使在网络系统高度发达的国家，大多数受暴力侵害的儿童在童年时期没有与任何人交谈或接触过儿童保护服务，究其原因，有的儿童不知道去哪里寻求帮助、有的地区儿童服务匮乏、有的儿童对服务缺乏信任以及害怕罪犯的报复。报告制度的积极意义在于，意识到儿童易受伤害和威胁的身心，成年人的积极报告可以给儿童建立勇敢面对暴力事件的信心，同时报告所获得数据也可用于衡量暴力问题发生的严重程度，每年的同期报告也有助于评估与分析制度实施效果。

（一）报告对象样态维度：向谁报告

向谁报告是指在发生应当报告的情形时，应该向哪个机构报告，以使暴力行为得到制止和推动事件的后续处理。表4-2显示了28个案例报告对象的统计情况，从中可见暴力侵害儿童事件发生时人们首选向警方报案（共22例）；其次是通过网络平台曝光（5例）和向居委会举报（1例）。通过网络平台曝光是近几年"兴起"的补充型暴力侵害儿童事件报告途径，而且许多暴力事件在警察首先接到报告后，由于案件的特殊性在网络上广泛传播而获得大量关注。当然，暴力侵害儿童事件的报告不论通过何种方式，其最终落脚点依然是由公安机关接手处理。

表4-2　　　　　案例中"向谁报告"的统计

举报途径	案例数
报警	22
网络曝光	5
向居委会举报	1

资料来源：作者根据Nvivo12软件编码结果绘制。

（二）报告主体样态维度：报告者是谁

当暴力侵害儿童事件发生时，包括学校、幼儿园、医疗机构、居民委员会、村民委员会、社会工作服务机构、救助管理机构、福利机构及其工作人员等在内的一切组织和个人都有义务充当报告者。表4-3统计了28个案例的"报告者身份"，从中可知，由直系亲属（主要是父母）报告的案例为11例，警察作为报告主体的4例，陌生人、邻居、教师及医生为报告者的均为3例，受虐者本人报告的1例。其中一些案件由多个报告人进行了多次报告，本文均以首次报告人的身份为统计标准。

表4-3　　　　　　　案例中"报告者身份"的统计

举报者与受虐者关系	案例数
直系亲属	11
警察	4
邻居	3
师生	3
陌生人	3
医患	3
自己	1

资料来源：作者根据Nvivo12软件编码结果绘制。

家庭中与儿童生活在一起的亲属最易发现儿童遭受暴力侵害，直系亲属对（孙、外孙）子女具有天然的保护意识，在发现儿童受到侵害时会及时报警；此外，社会各界人士通常也会主动保护儿童，充当报告者的角色；儿童自身缺乏自我保护意识与能力，在遭受暴力侵害后由于害怕报复的心理很少主动报告，此现象暴露出我国当前对于儿童自我保护意识培养的不足。案例相关材料显示，与儿童接触较为密切的老师、医生、邻居等在发现暴力侵害儿童事件时也能够承担报告的义务，但是报告的前提是儿童遭受了较为严重的可视性伤害，而儿童的非可视性伤害当前尚未受到人们的重视。

将报告者与报告途径两个特定属性值进行组合（表4-4），可发现直系亲属以及其他确定发生暴力的民众大多选择向警方报告来保护儿童。教师、医生、邻居等在不确定暴力发生情况以及受虐者身份时会通过网络曝光、向居委会举报等方式来引起大众和有关部门对于事件的关注。此种方法虽不可取，但有报告人表示，在不确定受虐者个人信息、受虐者所处处境的情况下，这是一种较为迂回的暴力报告方式。

表4-4　　　　　　　　　案例中特定组合报告的统计

举报者与受虐者关系	举报途径	具有特定属性值组合的作用域项数
直系亲属	报警	11
警察	报警	4
陌生人	网络曝光	3
师生	报警	3
警察	报警	3
医患	报警	3
邻居	报警	2
直系亲属	网络曝光	1
邻居	向居委会举报	1
自己	报警	1

资料来源：作者根据Nvivo12软件编码结果绘制。

（三）报告内情形态维度：报告案例详情

《关于依法处理监护人侵害未成年人权益行为若干问题的意见》规定，相关工作人员发现未成年人受到监护侵害的，应当及时向公安机关报案或者举报。此规定没有强制性，且只是在已经发生侵害的情况下才要求报告。该意见规定的报告情形较为宽泛，包括发生家庭暴力和其他的监护侵害行为时。《反家庭暴力法》规定的报告情形是发现无民事行为能力人、限制民事行为能力人遭受或者疑似遭受家庭暴力时，此处的报告具有强制性，且聚焦于发生家庭暴力的情形；《未成年人保护法》在之前两个文件的基础上将儿童保护报告制度的报告主体、报告情形等内容作了进一步扩充，规定任何组织和个人在发现任何侵害未成年人的行为时都应报告；《关于建立侵害未成年人案件强制报告制度的意见（试行）》作为目前我国强制报告制度最为明确与全面的执行性规范，在报告情形方面用九条意见内容对侵害行为做出了具体的报告规定，归纳来看主要从躯体、精神、性暴力三方面进行了罗列，忽视暴力暂未列入其中。

在本研究的 28 个案例中，每一案例的"报告情形"节点至少有一处以上的编码点，即同一案件在不同时间节点有来自不同报告人的不同报告，并非单一暴力行为引发了报告行为（表 4-5）。

表 4-5　　　　　　　　案例中"报告情况"的统计

案例编号	是否为家庭暴力	报告的情况	儿童遭受暴力种类
A1	否	女童因被怀疑盗窃超市食物而被绑在超市门口的电灯柱上	躯体与精神暴力
A2	否	教师在表现不好的学生脸上盖章以示批评	精神暴力
A3	否	男童失踪，被找到时眼球被挖掉	躯体暴力
A4	是	女童饿死在家中	躯体与忽视暴力
A5	否	儿童失踪	性暴力
A6	是	男童被其母用剪刀剪耳朵，脸被划破，脖子被火烧伤，反复遭受虐待	躯体与精神暴力
A7	否	教师发现学生异样主动报案	性与精神暴力
A8	否	邻居看到一孩子倒在地上抽搐	躯体与忽视暴力
A9	是	儿童身上有多处表皮伤，班主任发现男童伤情日渐严重，性格大变，出现畏惧人等行为	躯体暴力
A10	否	儿童失踪	性与躯体暴力
A11	否	女童失踪	性与躯体暴力
A12	否	受害儿童身上的红点类似针扎痕迹	躯体暴力
A13	否	女童长期被辅导教师猥亵、性侵	性与精神暴力
A14	否	18 岁男子当众抠摸猥亵女童胸部	性与精神暴力
A15	否	男子通过 QQ 威胁、恐吓未满 14 周岁女童按其要求自拍裸照发送给其观看，继而要求与其开房	性与精神暴力
A16	否	在离家出走的 48 小时内遭遇一六旬陌生男子多次侵害，且致怀孕	性暴力

续表

案例编号	是否为家庭暴力	报告的情况	儿童遭受暴力种类
A17	是	儿童长期被继父殴打、母亲忽视	躯体与忽视暴力
A18	否	教师听学生们无意间说起晚上会被生活教师摸	躯体与精神暴力
A19	否	女童下体撕裂流血不止	性与躯体暴力
A20	是	警察主动追捕偷窃者发现受害儿童	精神暴力
A21	否	教师给孩子喂食芥末并殴打儿童	躯体暴力
A22	是	父亲虐打女童视频曝光	躯体与精神暴力
A23	是	女童被父亲暴力管教后报警	躯体与精神暴力
A24	是	男童遭继母殴打成植物人	躯体与精神暴力
A25	是	女童被双亲殴打视频曝光	躯体与精神暴力
A26	是	男童被虐待至昏迷	躯体与精神暴力
A27	是	女童送医急救	躯体暴力
A28	是	女童被虐待昏迷送医	躯体与精神暴力

资料来源：作者根据 Nvivo12 软件编码结果绘制。

现实中，针对儿童的暴力行为呈现复合型状态，单一暴力行为往往存在于单次恶性事件中，家庭中的暴力侵害儿童行为常以躯体暴力为主，伴有精神暴力、性暴力及忽视暴力，长期家庭暴力行为会给儿童造成严重且影响深远的身心伤害。研究显示，一般民众对于家庭事务的介入持保留态度，只有在家庭暴力行为比较频繁、儿童受到极其严重的暴力伤害时才会报警。人们对于非监护人暴力侵害儿童行为的容忍度较低，对该类行为的敏感度较家庭暴力更高。实践中，家庭外陌生人员一旦对儿童实施暴力侵害，便常常会造成极其严重的后果，在本研究的 28 个案例中非监护人实施暴力导致儿童死亡的案例有 3 起，造成 6 名儿童死亡；导致儿童遭受严重身体伤害的有 8 例。涉及性暴力的案例由于较敏感，受虐者出于羞愧、自我保护等心理很少主动报案，往往有待于与儿童密切接触的亲属、教师、医生等人及时发现儿童的心理与生理变化，因此提高儿童保护相关人员的暴力伤害识别能力有助于及时制止暴力行为、将儿童从暴力旋涡中救出。

二 调查与干预

公安机关接到涉及监护侵害行为的报案、举报后，应当立即出警处置，制止正在发生的侵害行为并迅速进行调查。案例研究发现，对于一些长期发生的邻里熟知的儿童受到家庭暴力的案件，有的人出于以调解为先的心态，会向当地的街道办事处、妇联等机构报告，例如 A6 仙游母亲虐童案例中反复多次报告即属于这种情况。干预制度一般不仅包括对于受虐者及其他家庭成员的干预（心理干预服务），还包括对施暴者的干预，以阻断可能发生的后续暴力侵害儿童行为。

接到报警后并不意味着暴力事件一定会发生，警察出警首先根据调查排除掉虚假报案，再开展下一步工作。由于我国尚不存在"暴力事件可能发生"的评判标准，所以目前在实际操作中依然以暴力事件实际发生为判断依据。暴力事件真实发生的，符合刑事立案条件的，应当立即立案侦查。公安机关在办理监护侵害案件时，应当依照法定程序，及时、全面收集固定证据，保证办案质量。公安机关工作人员应尽可能地接触事件的相关人员（如其他亲属、邻居、教师、社区工作者），了解家庭真实情况，观察儿童生活环境。询问儿童，应当考虑其身心特点，采取和缓的方式进行，防止造成进一步伤害。监护人的监护侵害行为构成违反治安管理行为的，公安机关应当依法给予治安管理处罚，但情节特别轻微不予治安管理处罚的，应当给予批评教育并通报当地村（居）民委员会；构成犯罪的，依法追究刑事责任。

研究案例中，由于施暴对象身份的不同，在处理程序上有一定的差别，将案例编码为 AX（X 为案例的数字名称，按照发生年限排列）。施暴者为儿童监护人的案例有 13 个，施暴者为非儿童监护人的案例有 15 个（表 4-6）。

表 4-6　　　　　　　　网络案例名目及其编码情况

监护人实施暴力案例

名称	发生年份	编码节点数①	编码参考点数②
A4 母亲饿死女童	2013	8	10
A6 仙游母亲虐童	2014	16	22
A8 留守儿童自杀	2015	4	8
A9 南京养母虐童	2015	11	13
A17 男童遭继父虐打	2017	8	9
A20 "两怀"家长唆使儿童盗窃	2017	7	7
A22 扭曲父亲虐打女童	2018	15	18
A23 父亲家暴女童	2018	11	17
A24 渭南继母暴力侵害儿童	2018	7	10
A25 深圳女童被双亲虐待	2019	11	13
A26 男童被继母虐待成植物人	2019	12	14
A27 黑龙江女童被父亲及其女友虐打	2020	9	12
A28 抚顺女童被母亲及其男友虐打	2020	8	10

非监护人实施暴力案例

名称	发生年份	编码节点数	编码参考点数
A1 女童疑似偷窃被捆绑示众	2011	4	4
A2 小学生表现不好被教师在脸上盖章	2012	1	1
A3 男童被挖双眼	2013	4	6
A5 校长带女童开房	2013	5	8
A7 网吧猥亵男童	2015	4	4
A10 缓刑期保安猥亵杀害女童	2016	5	7
A11 民工猥亵杀害女童	2016	4	4
A12 幼儿园虐童	2016	9	16
A13 名师强奸女童	2017	5	6
A14 养女被哥哥猥亵	2017	5	9

① 编码节点数是指此案例中涉及调查与干预流程下的可配套编码节点数量。编码节点数小于等于编码参考点数。

② 编码参考点数是指符合此节点的案例中其可编码内容有几处，有的单个案例在同一参考节点下会出现 1 个或 1 个以上编码参考点数。

续表

名称	发生年份	编码节点数	编码参考点数
A15 网络猥亵女童	2017	6	7
A16 轻微智障女童遭性侵怀孕	2017	12	17
A18 留守女童遭宿管教师性侵	2017	4	5
A19 留守女童遭"伪亲情"性侵	2017	11	16
A21 亲子园教师暴力侵害儿童	2018	9	13

资料来源：作者根据 Nvivo12 软件编码结果绘制。

（一）调查与干预机构"角色"识别：基于案例详情的编码节点

案例可以清晰展现出暴力侵害儿童事件的调查与干预流程是如何实施的。将调查与干预流程编码设为父节点 B1，子节点包括 B01 - B05，子节点以下的自由节点包括 B001 - 009（见图 4 - 2）。

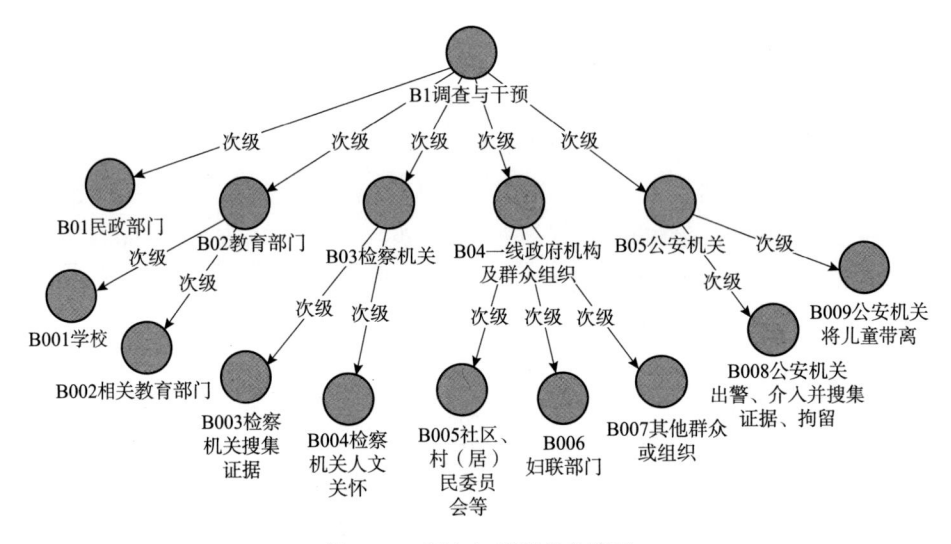

图 4 - 2 调查与干预节点关系

资料来源：作者根据 Nvivo12 软件编码结果绘制。

以上所有的节点均属于描述型节点，即所编码的内容交代了干预流程中的哪些步骤。节点的编码内容可以较为清楚地展现在实践中相关机构的具体执行与参与情况。

在监护人对被监护人实施暴力时，需要多个相关机构合作才能对事件

第四章 社会系统——儿童保护制度实施的整合功能

进行完整的处理。调查与干预流程节点编码参考点数和编码项数可以反映出实际案例中参与调查与干预的相关机构的基本情况（表4-7），从案例总结中可以发现在干预过程中，实际处理过程中发挥作用的机构包括民政部门、教育部门如学校、检察机关、妇联部门、社区与村（居）民委员会以及公安机关等。

表4-7　　　　　　调查与干预流程中各机构编码点数汇总

代码	编码参考点数	编码项数①
B1 调查与干预流程 \ B01 民政部门	4	3
B1 调查与干预流程 \ B02 教育部门 \ B001 学校	4	4
B1 调查与干预流程 \ B02 教育部门 \ B002 相关教育部门	5	3
B1 调查与干预流程 \ B03 检察机关 \ B003 检察机关搜集证据	7	6
B1 调查与干预流程 \ B03 检察机关 \ B004 检察机关人文关怀	5	3
B1 调查与干预流程 \ B04 一线政府机构及群众组织 \ B005 社区、村（居）民委员会等	9	5
B1 调查与干预流程 \ B04 一线政府机构及群众组织 \ B006 妇联部门	18	9
B1 调查与干预流程 \ B04 一线政府机构及群众组织 \ B007 其他群众或组织	4	2
B1 调查与干预流程 \ B05 公安机关 \ B008 公安机关出警、介入并搜集证据、拘留	37	23
B1 调查与干预流程 \ B05 公安机关 \ B009 公安机关将儿童带离	2	1

资料来源：作者根据Nvivo12软件编码结果绘制。

（二）调查与干预机构"角色"聚焦：基于案例现实的差异性解读

在选定分类项下对所有代码进行层次图表分析，可以根据选定的文件编码数量来探索各主题节点间的排列关系，如果某些节点比其他节点有更多的编码参考点，则其在层次图标中的面积越大，说明该节点下的主题更为突出，其中子代码会自动嵌套在父代码之内。调查与干预流程节点编码

---

① 编码项数指符合此节点的案例编码来自几个案例单位。编码项数小于等于编码参考点数。

参考点数越多，则说明此节点的案例覆盖面越广，即该编码下的工作机构出现的频率越高，其在调查与干预工作中发挥的作用越大。对监护人实施暴力案例群组和非监护人实施暴力案例群组分别做层次图表比较（详见图4-3、图4-4）。

```
B1调查与干预（监护人施以暴力）
┌─────────────────────────────────┬───────────────────────┬──────────────────┐
│ B04 一线政府机构及群众组织      │ B05 公安机关          │ B03 检察机关     │
│ ┌────────┬────────┬──────────┐  │ ┌──────────┬───────┐ │ ┌──────────────┐ │
│ │ B006   │ B005   │ B007     │  │ │ B008     │ B009  │ │ │ B003 搜集证据│ │
│ │ 妇联   │ 社区、 │ 其他     │  │ │ 公安机关 │ 带离  │ │ ├──────────────┤ │
│ │ 部门   │ 村(居) │          │  │ │ 搜集     │       │ │ │ B004 人文关怀│ │
│ │        │ 民委员 │          │  │ │ 证据、   │       │ └─┴──────────────┘ │
│ │        │ 会等   │          │  │ │ 拘留     │       │   B02 教育部门     │
│ │        │        │          │  │ │          │       │   B001 学校        │
│ │        │        │          │  │ │          │       │   B01              │
│ │        │        │          │  │ │          │       │   民政部门         │
│ └────────┴────────┴──────────┘  │ └──────────┴───────┘ │                    │
└─────────────────────────────────┴───────────────────────┴────────────────────┘
```

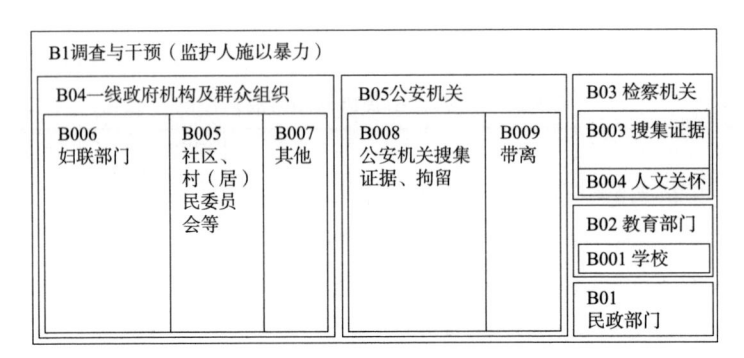

图4-3 监护人暴力侵害儿童事件调查与干预流程各工作机构编码层次
资料来源：作者根据Nvivo12软件编码结果绘制。

在图4-3中，编码出现频次较高的工作机构有公安机关、妇联部门以及社区、村（居）民委员会等，同时学校、民政部门等发挥了配合作用，统计结果与《关于依法处理监护人侵害未成年人权益行为若干问题的意见》中对各机构职能的规定较为相符①。

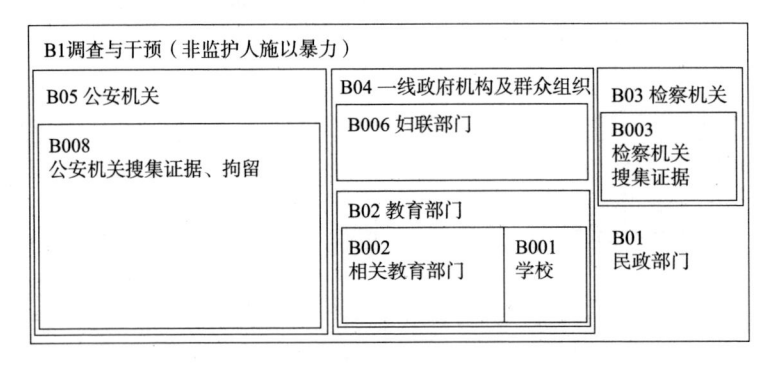

```
B1调查与干预（非监护人施以暴力）
┌───────────────────────┬─────────────────────────┬──────────────────┐
│ B05 公安机关          │ B04 一线政府机构及群众组织 │ B03 检察机关    │
│                       │ B006 妇联部门           │ B003             │
│ B008                  │                         │ 检察机关         │
│ 公安机关搜集证据、拘留│                         │ 搜集证据         │
│                       │ B02 教育部门            │                  │
│                       │ ┌──────────┬──────────┐ │ B01              │
│                       │ │ B002     │ B001     │ │ 民政部门         │
│                       │ │ 相关教育 │ 学校     │ │                  │
│                       │ │ 部门     │          │ │                  │
│                       │ └──────────┴──────────┘ │                  │
└───────────────────────┴─────────────────────────┴──────────────────┘
```

图4-4 非监护人暴力侵害儿童事件调查与干预流程各工作机构编码层次
资料来源：作者根据Nvivo12软件编码结果绘制。

---

① 社会事务司：《〈关于依法处理监护人侵害未成年人权益行为若干问题的意见〉解读》，http://www.mca.gov.cn/article/gk/jd/shsw/201504/20150415808677.shtml，2015-04-28。

第四章 社会系统——儿童保护制度实施的整合功能

在图4-4中，主要工作机构依然为公安机关、教育部门、妇联部门、检察机关及民政部门，公安机关的作用在施暴人不是监护人的案例中同样十分突出。两者的差异主要在于三点：其一，在干预过程中，监护人施暴案例涉及公安机关将儿童带离监护人[①]这一环节；其二，与对非监护人施暴事件的干预相比，政府部门及群众组织在对监护人施暴事件的干预中提供了更加多样的服务；其三，在对监护人施暴事件的干预中检察机关除了搜集证据以外还提供了人文关怀服务。

1. 监护人暴力侵害儿童事件中的调查与干预

我国通过多个文件对监护人暴力侵害儿童事件的调查与干预流程做出了规定，在调查与干预流程中承担主要工作责任的机构包括公安部门、司法部门、民政部门、妇联、儿童社会工作机构、村（居）民委员会等。以相关文件的规定为蓝本，可明确监护人暴力侵害儿童事件调查与干预流程的具体内容（见图4-5。虚线框为后续工作流程，本研究不涉及）。

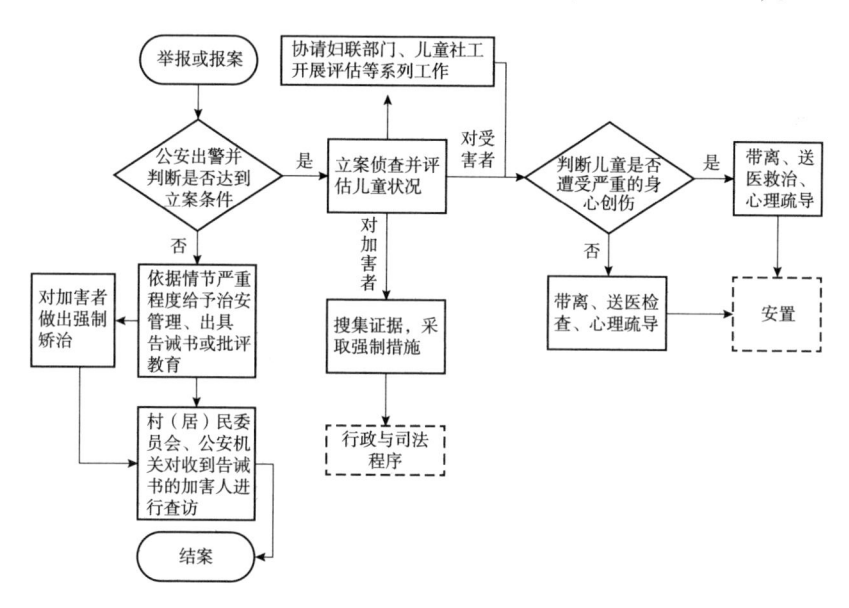

图4-5 监护人暴力侵害儿童事件调查与干预流程
资料来源：作者根据相关官方文件总结绘制。

---

① 这里是指公安机关首次接到报案并确认暴力存在后即做出的带离行为。

为探讨我国当前儿童保护制度实施中监护人暴力侵害儿童事件调查与干预流程的实施情况，本研究从10个施暴者为监护人的案例中挑选编码节点数以及编码参考点数最多的两个案例作为分析样本，这两个样本是其中调查与干预流程最为完整的案例。在不易判断案例的调查与干预流程完备与否的情况下，如果样本案例都不具备完备的调查与干预流程，则其他案例更不具备调查与干预的完整流程。从表4-6可知，2014年的A2仙游母亲虐童案例以及2018年的A22扭曲父亲虐打女童案例的编码节点数与编码参考点数分别为（16，22）、（15，18），可作为典型案例进行分析，其各机构编码词频分别见图4-6、图4-7。

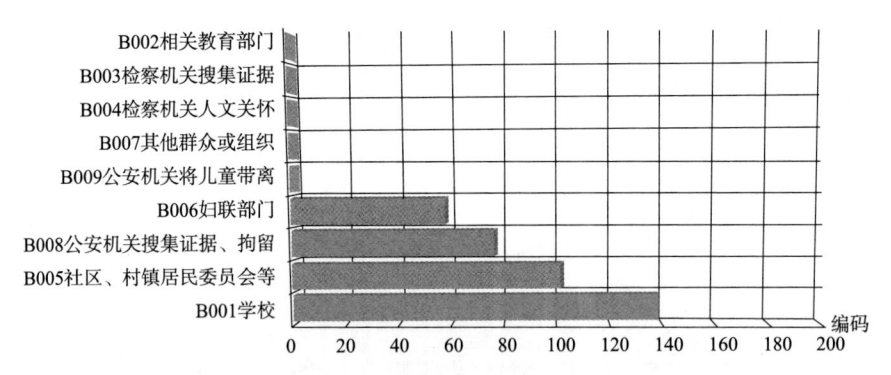

图4-6 A2仙游母亲虐童案例中各机构编码词频

资料来源：作者根据Nvivo12软件编码结果绘制。

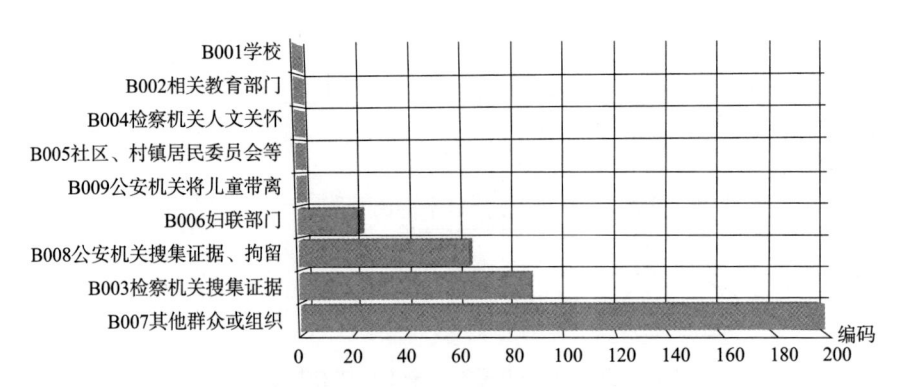

图4-7 A22扭曲父亲虐打女童案例中各机构编码词频

资料来源：作者根据Nvivo12软件编码结果绘制。

第四章 社会系统——儿童保护制度实施的整合功能

以上两个案例柱状图的纵轴为编码节点,横轴为编码词数,编码词数的多少可以体现该节点在案例描述中出现的次数,如果次数多,则说明其出现的频次较高,工作量亦较大。从图4-6、图4-7可见,在干预阶段,妇联部门、公安机关、社区与村(居)民委员会等机构基本上按照规定参与了干预工作,在两例个案中,提供儿童服务的社会组织机构的工作人员(儿童社会工作者)也参与到了干预过程中。

2. 非监护人暴力侵害儿童事件的调查与干预

《刑法修正案(九)》增设暴力侵害被监护、看护人罪,此前刑法规定的虐待罪仅限于发生在家庭成员之间,家庭以外人员如对儿童施以暴力行为,只有当受害人的伤情达到故意伤害罪的立案标准时才能追究施暴人的刑事责任[①],所以一般的施暴者仅需承担民事赔偿的责任,然而鉴定标准下的轻伤对于儿童来说已经可以算作较为严重的可视性伤害。新增设的暴力侵害被监护、看护人罪对非监护人暴力侵害儿童的行为进行了惩处,加强了对儿童等弱势群体的保护。弱势群体在心理与生理上具有脆弱性,应当对暴力侵害弱势群体事件的处理规定统一标准,否则易给受害人带来二次伤害。

表4-6显示,与监护人侵害儿童案例相比,非监护人暴力侵害儿童案例调查与干预流程的编码参考点数与编码节点数普遍较少,说明在后者的调查与干预流程中各机构出现的频次较低,其中没有统一的、可供参考的官方工作流程是不可忽视的一个原因。比较而言,2016年的A21幼儿园虐童案例(图4-8)以及2017年的A16轻微智障女童遭性侵怀孕案例(图4-9)的编码节点数与编码参考点数分别为(9,16)、(12,17),可作为典型案例进行分析,其各机构编码词频分别见图4-8、图4-9。

---

① 最高人民检察院:《中华人民共和国刑法修正案(九)》,《中华人民共和国最高人民检察院公报》2015年第6期。

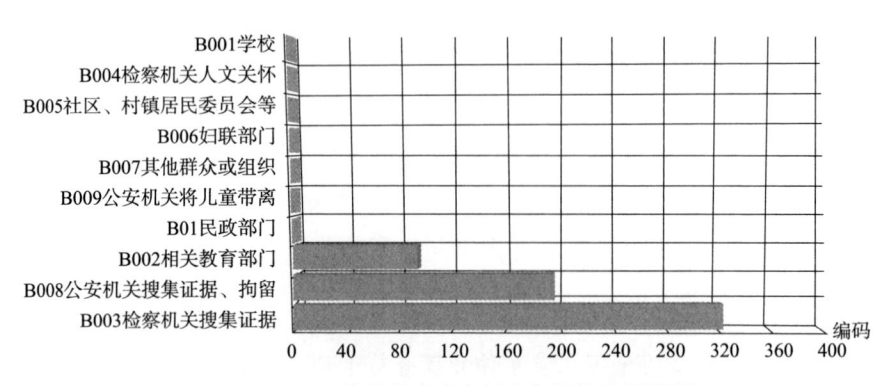

图 4-8 A21 幼儿园虐童案例中各机构编码词频

资料来源：作者根据 Nvivo12 软件编码结果绘制。

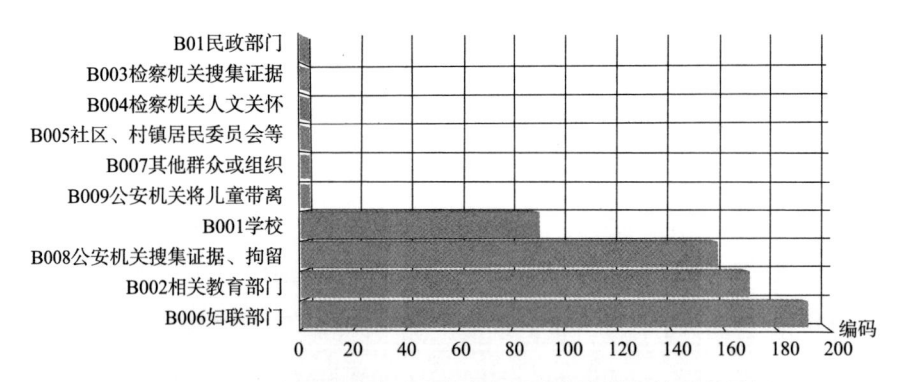

图 4-9 A16 轻微智障女童遭性侵怀孕案例中各机构编码词频

资料来源：作者根据 Nvivo12 软件编码结果绘制。

可见，在非监护人暴力侵害儿童事件的调查与干预工作中，公安机关仍然发挥主力作用，教育部门也为儿童回归正常生活发挥了重要作用，妇联、检察机关等部门起到了辅助作用。总的来说，由于缺乏可供参考的非监护人暴力侵害儿童事件调查与干预流程的官方指引，虽然我国目前的儿童保护制度框架已经涵盖了所有可供采用的处理办法，但各机构在不同案例、不同地区中发挥的作用差异较大，扮演的角色比较混乱，当前我国对于非监护人暴力侵害儿童事件的处理缺乏完整的综合性解决方案。

三 行政裁决与司法审判

行政裁决是指行政机关或法定授权的组织，依照法律规定，对当事人之间发生的、与行政管理活动密切相关的、与合同无关的民事纠纷进行审查，并作出裁决的具体行政行为。司法审判是司法机关根据现有法律对客观事实进行审判。我国是成文法国家，司法审判的依据是各部门法。《关于依法处理监护人侵害未成年人权益行为若干问题的意见》规定监护人的监护侵害行为构成违反治安管理行为的，公安机关应当依法给予治安管理处罚，但情节特别轻微不予治安管理处罚的，应当给予批评教育并通报当地村（居）民委员会；构成犯罪的，依法追究刑事责任。这里的规定仅是监护人对儿童施加暴力的处理办法，对于监护范围以外的其他暴力侵害儿童事件的处理情况未做出规定。

本研究从案例与访谈中获得研究资料，从案例节点编码内容可以详细地获知不同案例的判罚情况。行政裁决与司法审判的执行机构包括公安机关、检察机关以及人民法院。在编码节点中，父节点为 B2 行政和司法程序，其包括三个子节点分别是 B06、B07 与 B08，子节点下的孙节点包括编码为 B0010 至 B0017 的 8 个项目，节点名称以及层级关系如下（图 4 – 10）。

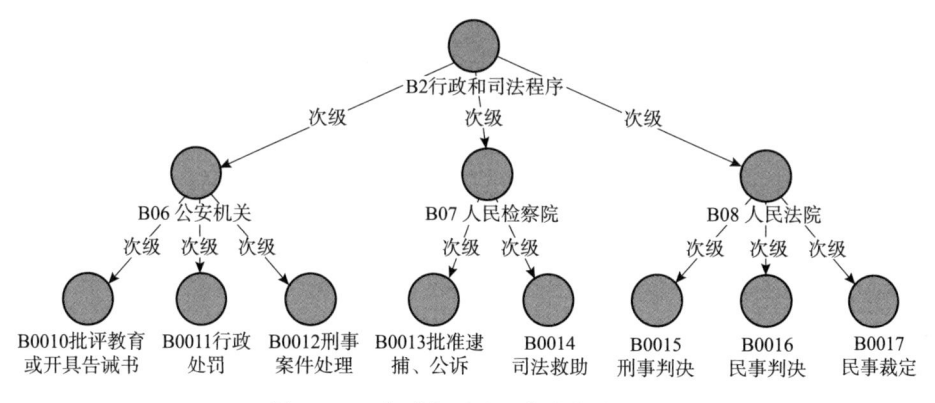

图 4 – 10　行政与司法程序节点关系图

资料来源：作者根据 Nvivo12 软件编码结果绘制。

儿童保护中的行政和司法程序包括立案、调查、审讯、判决及执行等内容。行政裁决与司法审判是对暴力侵害儿童行为的有效惩罚，一方面为受害儿童主张了正义，同时还对有可能发生的危害儿童的行为起到了法律震慑的作用，在儿童保护的预防方面发挥了积极作用。

（一）儿童保护中公安机关的工作情况

公安机关工作内容编码为 B0010、B0011 以及 B0012（表4-8）。在暴力侵害儿童事件的行政和司法处理程序中，公安机关主要负责侦查工作，在接警之后应立即出警并制止暴力，对于首次发生的、轻微暴力的行为主要以批评教育或开具告诫书为处理办法，对于儿童来说，最好的成长环境是家庭。公安机关以调解矛盾，保证儿童处在安全的生活环境为主要的处理目标；对于侵害行为违反行政法规、尚未构成犯罪的行为人给予行政处罚；对于构成犯罪的行为人，依法追究刑事责任，公安机关进入侦查阶段。

表4-8　　　　　　　　公安机关工作内容编码文本

编码名称	编码文件数	编码参考点数	名称	编码文本
B0010 批评教育或开具告诫书	3	4	A6 仙游母亲虐童	派出所民警多次对林丽姐进行批评教育
			A17 男童遭继父虐打	派出所对陶某出具了告诫书
			A23 父亲家暴女童	警方依据初步的伤情鉴定结果，对黄先生发出了家庭暴力告诫书
B0011 行政处罚	3	3	A6 仙游母亲虐童	公安局对林丽姐处以行政拘留十五日并处罚款人民币一千元的行政处罚
			A1 女童疑似偷窃被捆绑示众	公安机关对当天捆绑小兰示众的超市员工做出了拘留十日，罚款五百元的处罚决定
			A22 扭曲父亲虐打女童	嫌疑人被公安机关行政拘留，接受调查审讯

第四章 社会系统——儿童保护制度实施的整合功能

续表

编码名称	编码文件数	编码参考点数	名称	编码文本
B0012 刑事案件处理	19	21	A4 母亲饿死女童	警方将犯罪嫌疑人抓获归案，案件仍在进一步调查处理中
			A5 校长带女童开房	公安局侦查终结以涉嫌强奸罪移送至人民检察院审查起诉
			A6 仙游母亲虐童	派出所以涉嫌故意伤害罪，对其母予以十五日刑事拘留
			A7 网吧猥亵男童	民警在某棋牌室抓获被告人李某，并依法扣押了存有一些学生照片及淫秽照片等内容的手机一部
			A9 南京养母虐童	公安局以李某涉嫌故意伤害罪向区检察院提请批准逮捕
				李某因涉嫌故意伤害罪被公安机关依法刑事拘留
			A10 缓刑期保安猥亵杀害女童	公安机关侦破结束后抓捕了耿某
			A11 民工猥亵杀害女童	警方立案侦查
			A12 幼儿园虐童	涉事教师被警方刑拘
			A13 名师强奸女童	警方立案
			A14 养女被哥哥猥亵	警方将嫌疑人段某抓获。段某已以涉嫌"猥亵儿童罪"被警方刑事拘留
			A15 网络猥亵女童	罗某被警方抓获，手机中保存的裸照被当场收缴
			A16 轻微智障女童遭性侵怀孕	警方随即赶到
			A17 男童遭继父虐打	派出所多次调查后认为其继父故意严重伤害男童，依法对其逮捕
			A18 留守女童遭宿管教师性侵	警方立案
			A19 留守女童遭"伪亲情"性侵	警方立案并开展了调查
			A21 亲子园教师暴力侵害儿童	警方以涉嫌虐待被监护、看护人罪对亲子园三名工作人员及实际负责人郑某依法予以刑事拘留

续表

编码名称	编码文件数	编码参考点数	名称	编码文本
B0012 刑事案件处理	19	21	A22 扭曲父亲虐打女童	犯罪嫌疑人黄某某以涉嫌虐待罪被批准逮捕
			A24 渭南继母暴力侵害儿童	男童继母因涉嫌虐待罪，目前处于羁押状态
				男童生父在失踪约一年半之后被警方抓获
			A25 深圳女童被双亲虐待	女童父母已被刑事立案侦查并被采取刑事强制措施
			A26 男童被继母虐待成植物人	施暴者涉嫌虐待罪被警方刑拘
			A27 黑龙江女童被父亲及其女友虐打	"继母"和生父被批捕
			A28 抚顺女童被母亲及其男友虐打	警方将施暴者抓获并采取刑事拘留强制措施

资料来源：作者根据 Nvivo12 软件编码结果绘制。

案例研究发现公安机关对于不同程度案件有不同的处理办法。公安机关对于案件性质的初始甄别和后续的侦查可以厘清案件的基本事实，在这过程中警察工作的技巧因城乡差异、地域经济发展水平、警员专业化培训程度不同而呈现出一定的差别，这直接影响受虐者在案件结束后的恢复情况。例如，A18 留守女童遭宿管教师性侵案例中，某受害人提到其曾先后四次被叫到公安局问话且每次都是同样的问题，孩子坦言这让她十分痛苦，感觉很不好。儿童在这样的反复询问中多次受到伤害，对于儿童的心理健康十分不利。与之相反，在 A16 轻微智障女童遭性侵怀孕案例的处理过程中，警察遵循了儿童利益最大化原则，案件调查期间，民警没有开警车、穿警服，刻意保护女童的隐私。在女童需要到医院进行相关鉴定时，民警也全程陪同。访谈中，在高校研究家庭暴力课题并兼职公安部门顾问的访谈者曾谈到当前公安部门对于儿童遭受家庭暴力处理流程的现状。

F014：家庭暴力处理的具体流程如果说没有专门的特殊规定，警察一

第四章　社会系统——儿童保护制度实施的整合功能

般情况下就会按照一般的案件来处理，就是说，接到110报警电话出警，有时间限制。现场对正在发生的暴力制止，还要对当事人进行询问，循证伤情，做伤情鉴定，医疗救助等，严重情况的还要勘察。有些到了严重刑事的程度，要做勘察笔录，询问员做询问笔录，还有就是记录，要整理出专门的卷宗，这样一个流程，就是一般案件。但是个别警察觉得这是家庭纠纷，是家务事，受传统观念的影响，他们可能连一般处理案件的流程都没有达到，也许更有甚者会说你们家庭打架管孩子以后不要再报警了，还有说你去找妇联去这样的，各种情形都是存在的。人们没有把家庭暴力特别强调成一个专项工作去做，一直被边缘化。但是接受过反家暴的专门培训工作人员这方面有比较强的专业意识，首先对接警员就是有要求的……接警后，对于家庭暴力案件后呢，如果有女警察，最好是一男一女去比较好……尽量避免二次伤害，就是从接警的第一步到最后一步全部要专业。处理的时候，人们不要大张旗鼓，到了现场以后制止暴力也要讲究方法，现场警察一定要表明立场，要对施暴者进行震慑。警察自己也要有自我保护的安全意识，同时对孩子询问要有技巧……对于家庭暴力案件有转介的问题，家庭暴力的解决是需要多机构合作的，转介到妇联、庇护所、医疗机构、法院、司法所等。在处理家庭暴力中人们一般会用到调解，更多的是震慑的作用。

随着各项处理办法与意见的出台，公安机关在暴力事件处理工作过程中其规范性正在逐步提升，但是仍然需要在全国范围内做出统一培训从而促进工作流程合理化普及。

（二）儿童保护中人民检察院的工作情况

人民检察院工作内容编码节点为B0013与B0014（表4-9）。人民检察院在暴力侵害儿童事件的处理中，作为侦查监督机关对于犯罪嫌疑人逮捕与否做出决定。人民检察院作为公诉部门对案件是否提起公诉做出判断，同时对于案件的侦查活动做出监督。人民检察院对人民法院已经发生法律效力的判决、裁定，发现违反法律、法规规定的，有权按照审判监督程序提出抗诉①。

表4-9　　　　　　　　人民检察院工作内容编码文本

编码名称	编码文件数	编码参考点数	名称	编码文本
B0013 批准逮捕、公诉	14	19	A4 母亲饿死女童	人民检察院以故意杀人罪对被告人乐燕提起公诉
			A5 校长带女童开房	市检察机关已对两名嫌犯批捕
				人民检察院提起公诉
			A7 网吧猥亵男童	检察机关指控
			A9 南京养母虐童	区检察院就此案举行审查逮捕听证会
			A10 缓刑期保安猥亵杀害女童	检方指控耿某犯故意杀人罪
				检察院经审查认为，该判决重罪轻判，量刑明显不当，决定提出抗诉
			A11 民工猥亵杀害女童	市检察院以强奸罪、故意杀人罪提起公诉
			A12 幼儿园虐童	区人民检察院经依法审查，对幼儿园教师刘某某以涉嫌虐待被看护人罪批准逮捕
				涉案的四名教师被以虐待被监护人罪提起公诉
			A14 养女被哥哥猥亵	检察院依法以涉嫌猥亵儿童罪，对实施猥亵儿童行为的犯罪嫌疑人段某批准逮捕
			A15 网络猥亵女童	检察院以猥亵儿童罪对罗某提起公诉
			A17 男童遭继父虐打	检方决定对其做出批准逮捕决定
			A19 留守女童遭"伪亲情"性侵	人民检察院提起公诉

---

① 最高人民检察院:《人民检察院的性质、职权和职能部门主要职责》, http://www.spp.gov.cn/spp/jcbk/201802/t20180206_364935.shtml, 2018-02-06。

第四章　社会系统——儿童保护制度实施的整合功能

续表

编码名称	编码文件数	编码参考点数	名称	编码文本
B0013 批准逮捕、公诉	14	19	A21 亲子园教师暴力侵害儿童	人民检察院依法对亲子园工作人员郑某、吴某、周某某、唐某、沈某某以涉虐待被看护人罪批准逮捕
				人民检察院依法以涉嫌虐待被看护人罪对携程亲子园工作人员郑某等8名被告人提起公诉
			A22 扭曲父亲虐打女童	人民检察院依法对事件犯罪嫌疑人黄某某以涉嫌虐待罪批准逮捕
			A24 渭南继母暴力侵害儿童	人民检察院提起公诉
B0014 司法救助	3	4	A16 轻微智障女童遭性侵怀孕	检察部门为女童申请了系统内相关帮扶基金一万元以外，还发函教育局，请求为儿童上学给予支持
			A19 留守女童遭"伪亲情"性侵	承办检察官马上和人民检察院的案件管理部联系司法救助。与女童家人沟通，帮女童申请法律援助
				检察官在嫌疑人监狱服刑期间去看望她
			A4 母亲饿死女童	检察官说道："我和同事给了死亡儿童的母亲更多的司法人文关怀，再面见、再交谈，了解其心理状态，安抚、舒缓其紧张情绪。开庭前两天恰逢中秋前一天，我和同事特意准备了月饼、水果等食物前去看望她，聊了很多生活的话题。"

资料来源：作者根据Nvivo12软件编码结果绘制。

为了给儿童提供优先且专业的司法保护，我国最高人民检察院、共青团中央在2018年初签署了《关于构建未成年人检察工作社会支持体系合作框架协议》，其工作流程是在案件处理过程中，首先由检察机关通过委托或服务申请等形式向本地未成年人司法社会服务机构提出工作需求，带服务机构收到委托后，提供针对儿童的专业性支持服务，或者可以做出转介服务①。在 A16 轻微智障女童遭性侵怀孕案例中,检察机关本着儿童利益最大化原则为受害女童提供了十分有益的帮助。为了避免办案给儿童带来的二次伤害,我国各级检察机关开始探索并建立儿童性侵案件"一站式"询问工作机制,目前,全国检察机关已经建立"一站式"询问办案区 323 个②。以历史发展角度来看儿童案件中检察机关的相关工作,可以发现检察机关在执行基本的司法程序工作之外,还会给施暴者与受虐者以人文关怀,尤其是对于受害儿童及家庭的法律援助十分人性化。我国检察机关在处理暴力侵害儿童事件中尊重儿童权利,坚持了儿童利益最大化原则。

(三)儿童保护中人民法院的工作情况

人民法院工作内容编码为 B0015、B0016 以及 B0017(表 4 - 10)。案件到达法院判决这一步时已基本明晰,涉及儿童的案件均在少年法庭中判罚,不公开审理以保护儿童的隐私。对于不同性质的案件分别做出民事判决与刑事判决,在诉讼过程中会对一些实体问题做出裁定,例如人身安全保护令的裁定即为了保护遭受家庭暴力的特定人群而做出的。

表 4 - 10　　　　　　　人民法院工作内容编码文本

编码名称	编码文件数	编码参考点数	名称	编码文本
B0015 刑事判决	14	14	A4 母亲饿死女童	中级人民法院当庭判决乐某犯故意杀人罪,判处无期徒刑,剥夺政治权利终身
			A5 校长带女童开房	人民法院不公开开庭审理,并当庭公开宣判。以强奸罪,分别判处被告人陈某有期徒刑 13 年 6 个月,剥夺政治权利 3 年;判处被告人冯某有期徒刑 11 年 6 个月,剥夺政治权利 1 年

---

① 新华社:《最高检、团中央联合构建未成年人检察社会支持体系》,https：//baijiahao.baidu.com/s？id=1630521814319774364&wfr=spider&for=pc,2018 - 04 - 11。

② 最高人民检察院谢文英:《最高检答复代表:加快建设功能齐备信息互通的一站式询问场所》,http：//www.spp.gov.cn/spp/zdgz/201811/t20181126_400304.shtml,2018 - 11 - 26。

·122·

第四章 社会系统——儿童保护制度实施的整合功能

续表

编码名称	编码文件数	编码参考点数	名称	编码文本
B0015 刑事判决	14	14	A7 网吧猥亵男童	被告人以猥亵儿童罪被判处有期徒刑4年8个月
			A9 南京养母虐童	李某一审被判处有期徒刑6个月
			A10 缓刑期保安猥亵杀害女童	一审被判死刑的耿某提起上诉再审改判死缓
			A11 民工猥亵杀害女童	法院一审判决李某因强奸罪、故意杀人罪被判死刑立即执行
			A12 幼儿园虐童	法院依法判处四被告人有期徒刑2年6个月至2年10个月
			A13 名师强奸女童	法院宣判被告人数罪并罚,判处有期徒刑12年零6个月,剥夺政治权利2年。宣告自刑罚执行完毕或者假释之日起5年内,禁止从事与未成年人相关的教育工作
			A15 网络猥亵女童	一审法院以犯罪未遂判处罗某1年有期徒刑,检方以判决认定事实及适用法律错误提起抗诉,得到二审法院支持,罗某最终被认定犯罪既遂,改判为有期徒刑2年
			A16 轻微智障女童遭性侵怀孕	法院判决犯罪嫌疑人犯强奸罪,判处有期徒刑11年
			A18 留守女童遭宿管教师性侵	人民法院做出一审判决:被告人谭某犯猥亵儿童罪,被判处有期徒刑4年
			A19 留守女童遭"伪亲情"性侵	人民法院一审判决,对杨某某实行数罪并罚,判处有期徒刑12年
			A21 亲子园教师暴力侵害儿童	八名被告人因犯虐待被看护人罪被判处刑罚
			A24 渭南继母暴力侵害儿童	渭南市临渭区法院一审开庭,并当庭宣判。法院以故意伤害罪和虐待罪两罪并罚,判处孙某有期徒刑16年

续表

编码名称	编码文件数	编码参考点数	名称	编码文本
B0016 民事判决	5	5	A12 幼儿园虐童	法院判决幼儿园赔偿受害儿童精神损害抚慰金3万元
			A16 轻微智障女童遭性侵怀孕	判赔的直接经济损失项目中首次包含3000元的心理康复费用
			A17 男童遭继父虐打	撤销被申请人赵某对小晗的监护人资格,并指定第三人曲靖市儿童福利院担任监护人。本判决为终身判决
			A1 女童疑似偷窃被捆绑示众	由于此前双方调解不成功,人民法院做出终审判决,令超市老板及两名员工赔偿被侵权女孩医疗费用3649.18元、精神抚慰金20000元,并以书面形式赔礼道歉,在超市和被侵权女孩就读的学校门口张贴道歉声明7天
			A6 仙游母亲虐童	人民法院当庭宣判撤销被申请人林某对小龙的监护人资格,另行指定申请人村民委员会担任监护人
B0017 民事裁定	2	2	A22 扭曲父亲虐打女童	孩子母亲向法院提交变更抚养权申请、保护令申请,待裁定
			A25 深圳女童被双亲虐待	人身安全保护令待裁定

资料来源:作者根据Nvivo12软件编码结果绘制。

《关于依法处理监护人侵害未成年人权益行为若干问题的意见》以及《反家庭暴力法》的颁布对于儿童遭受监护人保护的司法判罚有极大的意义,以A6仙游母亲虐童案为例,此案例的判罚在此两个文件出台以前,案主小龙长期遭受来自母亲的严重的躯体暴力与精神暴力,孩子的身体有严重的可视性伤害并且被剥夺了上学的权利,虽然此案做出了撤销监护人资格的突破性判处,但是在监护人施以了严重暴力的情况下,只走了民事法律程序,施暴者实施的行为是否构成虐待罪,是否应当追究刑事责任却一直没有厘清。在上述两个文件出台后,A9 南京养母虐童,A22 扭曲父亲虐打女童，A23 父亲家暴女童，A24 渭南继母暴力侵害儿童，A25 深圳女童被双亲虐待这几个案件的立案侦查以及法院判罚都较之前加大了力度。随着针对儿童保护的实用性更强的法律法规的不断出台，在法院方面也不断出现了突破性判罚。例如在 A16 轻微智障女童遭性侵怀孕案例中，除了做出刑事处罚外法院首度在儿童性侵案中判赔了心理康复费①；在 A15 网络猥亵女童一案中，在施暴者没有直接接触受虐者的情况下做出了犯罪既遂的判定，这样的判罚无疑会给披着网络保护外衣的潜在施暴人产生巨大震慑，在儿童保护方面起到很好的警示预防作用。

相比较监护人实施暴力，对非监护人实施暴力做出的刑事判罚要更为普遍。在家庭亲子关系与法律判罚方面人们普遍因为担忧儿童今后的长久稳定生活而有更多的顾虑，从 A6 仙游母亲虐童案例开始激活的撤销监护人资格条例开始，对于遭受严重家庭暴力的儿童而言，他们似乎有了更多的可供选择的安全成长方式。

（四）安置与综合服务

《关于依法处理监护人侵害未成年人权益行为若干问题的意见》中指出，遭受暴力侵害的儿童被临时安置时，负责接收儿童的单位和人员应当对儿童予以临时紧急庇护和短期生活照料，保护儿童的人身安全。儿童救助保护机构可以采取家庭寄养、自愿助养、机构代养或者委托政府指定的寄宿学校安置等方式，对儿童进行临时照料，并为儿童提供心理疏导、情感抚慰等服务。儿童因临时监护需要转学、异地入学接受义务教育的，教育行政部门应当予以保障。儿童救助保护机构可以组织社会工作服务机构等社会力量，对监护人开展监护指导、心理疏导等教育辅导工作，并对儿童的家庭基本情况、监护情况、监护人悔过情况、儿童身心健康状况以及儿童意愿等进行调查评估。监护人接受教育辅导及后续表现情况应当作为调查评估报告的重要内容。有关单位和个人应当配合调查评估工作的开

---

① 何勇海：《性侵案首判心理康复费有破冰意义》，《法制日报》，http：//opinion.people.com.cn/n1/2017/1130/c1003-29676768.html，2017-11-30。

展。对于为儿童提供综合服务的具体执行办法，民政部在 2014 年的《儿童社会工作服务指南》以及 2017 年的《受监护侵害儿童保护工作指引》中以专业规范的形式为儿童工作者做出了指引。

1. 对儿童的安置

在本研究选取的案例中，涉及安置流程的案例共九例。将案例文件设为横坐标，将安置编码节点设为纵坐标，可制定出二者相互比对的矩阵编码表（表 4-11），其中的数字代表二者相交情况下出现的次数。

表 4-11　　　　　　　　安置流程矩阵编码表

节点名称	A6 仙游母亲虐童	A9 南京养母虐童	A17 男童遭继父虐打	A19 留守女童遭"伪亲情"性侵	A20 "两怀"家长唆使儿童盗窃	A22 扭曲父亲虐打女童	A23 父亲家暴女童	A24 渭南继母暴力侵害儿童	A25 深圳女童被双亲虐待
B0020 永久安置地点	1	0	1	0	1	1	0	0	0
B0021 永久安置监护人	1	0	1	0	0	1	0	0	0
B0018 临时安置监护人	1	1	0	1	0	0	1	0	1
B0019 临时安置地点	1	1	0	1	1	0	2	1	1

资料来源：作者根据 Nvivo12 软件编码结果绘制。

当前在我国监护制度实施中，对于监护人疏于监护的情况，相关机构会对被监护人的权利进行维护。通过案例矩阵编码以及编码内容发现，涉及的安置流程基本遵照了官方发布文件规定的内容，案例中儿童安置情况并非是单一的，而是根据暴力事件的发生情况而定，如果在多次调和亲子矛盾失败的情况下，会坚持儿童权利优先原则而将儿童带离原来生活的家庭，做重新安置。例如 A6 仙游母亲虐童一案在法院没有对监护权归属做出最后判定之前，出于对儿童安全的考虑，先给儿童安排了临时监护人，并将其安置到临时监护地点以摆脱暴力，所以此案例在四个安置相关节点上都有编码内容。此外还有一些有安置地点却无安置监护人的情况，例如A20"两怀"家长唆使儿童盗窃案例中，有些孩子是被拐卖跟随外出盗窃的，其亲生父母的寻找还需要一定时间，如果找不到父母，儿童可以申请法律裁决，由民政部门对其施行监护，防止其再次落入犯罪分子手中。

对于遭受暴力侵害儿童的临时安置与永久安置的关键点在于确定儿童的替代监护人。《民法总则》对于儿童监护权的归属做出了规定。公安机关出警后确认儿童受到了暴力侵害，应第一时间将儿童带离危险区域。儿童有表达能力的，在征求其意见后将其临时安置在暴力侵害区域以外的安全地点，儿童没有表达能力的，就近护送到其他监护人处，或者是儿童救助保护机构，机构临时监护责任一般不超过一年。当有其他近亲属、朋友要求对儿童主动进行监护的，在获得儿童父母所在单位、居民委员会、村民委员会或者民政部门同意的，机构可以终止临时监护。当危险状态经各方评估后认定已消除的，监护人可将儿童领回。《关于依法处理监护人侵害未成年人权益行为若干问题的意见》规定监护人领回儿童的，儿童救助保护机构应当指导村（居）民委员会对监护人的监护情况进行随访，开展教育辅导工作。

解除临时安置后应对儿童进行永久安置，对于给儿童带来巨大伤害的监护人，在人民法院判决撤销其监护人资格一年后对儿童进行送养等永久安置。解除临时安置的儿童一般有四种归宿：①父母家庭能保证儿童安全时，儿童回家；②父母被剥夺监护权，且有家庭愿意收养的，儿童被收养；③无法收养（父母有监护权或者没有合适的收养家庭）的儿童被家庭寄养；④在儿童福利机构生活至成年。家庭寄养与收养其形式都是儿童生活在家庭中，被收养儿童的监护人是收养家庭的家长，寄养家庭的儿童的监护人是民政部门。进入收养家庭的儿童其日常管理与一切生活开销都是收养家庭负责，而寄养家庭的儿童的管理与生活开销是由县级以上地方人民政府民政部门、儿童福利机构和寄养家庭共同负责的。不管是何种永久安置模式，其目的都是为了保证儿童健康成长。

2. 为儿童及家庭提供综合服务

依据案例中涉及的综合服务内容,将综合服务编码为 B4,其子节点包括 B011 – B016,其中 B012 下包含 3 个孙节点。其关系项目图如下(图 4 – 11)。

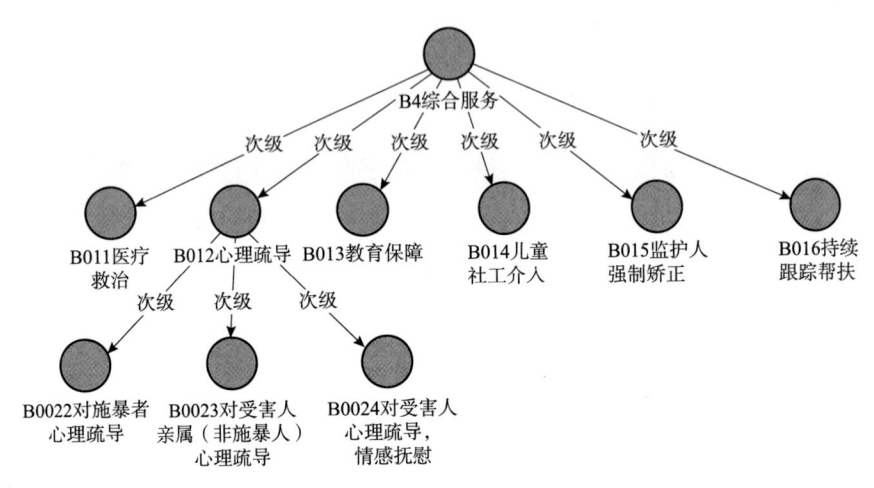

图 4 – 11　综合服务节点关系图

资料来源:作者根据 Nvivo12 软件编码结果绘制。

将综合服务编码节点设为横坐标,将案例文件设为纵坐标,可制定出二者相互比对的矩阵编码表(表 4 – 12),其中的数字代表二者相交情况下出现的次数。

表 4 – 12　　　　　　　综合服务矩阵编码表

案例名称	B011 医疗救治	B0022 对施暴者心理疏导	B0023 对受虐者亲属的心理疏导	B0024 对受虐者心理疏导,情感抚慰	B013 教育保障	B014 儿童社工介入	B015 监护人强制矫正	B016 持续跟踪帮扶	总计
A6 仙游母亲虐童	1	0	0	3	2	1	0	1	5
A22 扭曲父亲虐打女童	2	1	1	1	0	1	0	1	5
A25 深圳女童被双亲虐待	1	0	0	1	0	1	0	1	4
A23 父亲家暴女童	0	0	0	1	0	1	2	0	4

第四章 社会系统——儿童保护制度实施的整合功能

续表

案例名称	B011 医疗救治	B0022 对施暴者心理疏导	B0023 对受虐者亲属的心理疏导	B0024 对受虐者心理疏导,情感抚慰	B013 教育保障	B014 儿童社工介入	B015 监护人强制矫正	B016 持续跟踪帮扶	总计
A19 留守女童遭"伪亲情"性侵	2	0	2	3	0	1	0	0	4
A16 轻微智障女童遭性侵怀孕	1	0	1	1	0	0	0	1	4
A3 男童被挖双眼	2	0	0	0	1	0	0	1	3
A24 渭南继母暴力侵害儿童	2	0	0	0	0	0	0	1	2
A21 亲子园教师暴力侵害儿童	1	0	0	2	0	0	0	0	2
A20 "两怀"家长唆使儿童盗窃	0	0	0	0	0	0	1	1	2
A9 南京养母虐童	0	0	0	1	2	0	0	0	2
A12 幼儿园虐童	0	0	0	1	0	0	0	0	1
A13 名师强奸女童	0	0	0	1	0	0	0	0	1
A8 留守儿童自杀	0	0	1	0	0	0	0	0	1
A1 女童疑似偷窃被捆绑示众	1	0	0	0	0	0	0	0	1
编码节点出现频次	9	2	4	10	3	5	2	7	—

资料来源：作者根据 Nvivo12 软件编码结果绘制。

横轴总计项数体现出各案例中案主获得综合服务的项目数种类，其中获得综合服务较多的前 6 个案例中，有 5 个是家庭暴力虐待儿童案件，1 例为社会案件。A16 轻微智障女童遭性侵怀孕案例中，女童获得了家庭的支持，但是女童家庭情况较为困难，各儿童保护相关机构都采取了积极的帮扶措施。按照纵向时间线来看案例中案主获得的综合服务变化，可发现国家已逐步展开介入家庭中的服务工作。

第五章　文化系统——儿童保护制度的模式维持功能

人类借助文化介质在社群间展开互动，构成复杂的人类社会[①]。儿童保护制度的有效运行需要儿童保护文化作为依托，文化蕴含内容广阔繁杂，不同的分类依据可将文化划分为不同的组成部分，我国的《中华人民共和国未成年人保护法》将儿童保护分为了家庭保护、学校保护、社会保护以及司法保护，本研究探索的是中国儿童保护制度文化下的制度实施情况，所以依照《未成年人保护法》的章节分类以及保护主体身份的不同将对家庭文化、学校文化、社会文化（将司法文化归于此类中）背景下的儿童保护制度实施情况进行探讨。

第一节　家庭文化系统的模式维持功能分析

家庭文化（Family Culture）是指家庭价值观念及行为形态的总和。个人处在家庭中，扮演家庭角色，吸收家庭文化，逐渐养成特殊的能力，衡量自身家庭文化在社会整体文化中的地位，这是个人社会化的过程，也是个人形成独特人格特征的过程。家庭是教育子女使其有良好人格的社会化

---

① 杨明华：《有关文化的100个素养》，驿站文化2009年版，第36页。

第五章 文化系统——儿童保护制度的模式维持功能

单位[①]。儿童保护制度在家庭文化环境下运行，主要探究的是与儿童保护相关的家庭文化，可以从亲子关系、育儿观念、家庭教育子女现状、家长对儿童保护认识的态度等方面来看，家庭文化丰富多样，本研究只从相关性较强的一些方面进行深入分析。

中国的家庭育儿理念在改革开放的 40 年来发生了翻天覆地的变化，中国的家庭是以家族为本位的宗法集体主义文化，儒家思想在中国文化中占有主导地位，中国家庭文化与西方是有较大差异的文化类型。近代中国传统文化受到了西方文化的冲击，发生了一些变迁[②]，但总的来说其内部的文化内涵具有较强的稳定性。儿童保护制度实施现状的探究主要涉及近几年的儿童保护制度执行情况，对于历史性资料在此不做探讨。

对视频资料与翻录的文字资料采取三级编码，设置初始自由编码孙节点 16 个（W001 - W0016），将其归类到 4 个子节点之下（W01 - W04），最终获得编码父节点 2 个（W1、W2）。通过分析不同节点下的编码文字与图像并结合受访者个人情况，将从家庭内部与家庭周边全域视角对儿童家庭保护文化现实样态进行解析。

一 家庭内部儿童保护文化样态

家庭内部文化涉及的儿童保护是指家庭内部成员在个体行动中所展现出的儿童保护理念。深入访谈资料中家庭内的儿童保护相关编码内容含设了 1 个父节点，2 个子节点以及 9 个孙节点（图 5 - 1）。通过对深入访谈资料的编码分类，可明确：

[①] 顾明远：《教育大辞典》（增订合编本），上海教育出版社 1998 年版，第 1587 页。
[②] 王思斌：《社会学教程》（第 3 版），北京大学出版社 2010 年版，第 44 页。

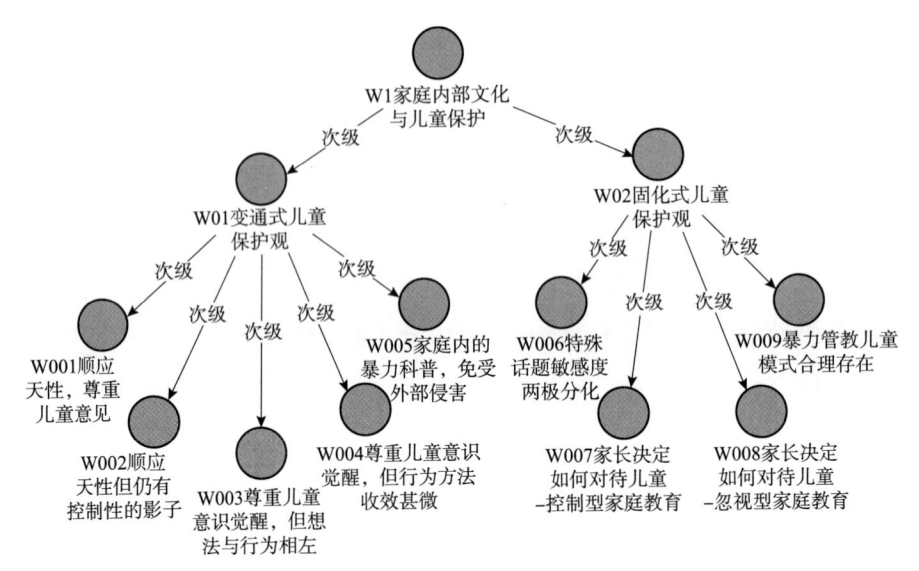

图 5-1　家庭内部文化与儿童保护节点分布图

资料来源：作者根据 Nvivo12 软件编码结果绘制。

（一）认知纳新：家庭内儿童保护文化的良性变通

在中国，过去最常见的家庭是"复合家庭"，即在核心家庭的基础上还包括了祖父母、外祖父母的三代同堂的家庭，当前也有一些家庭保持着这样的组成结构。随着社会的发展，儿童养育观念越来越多样化，家庭结构简化，我国当前最常见的是核心家庭的组成，即由一对夫妇及未婚子女（无论有无血缘关系）组成的家庭。法国学者弗朗索瓦·德·桑格利（François de Singly）认为："人们的社会越是变得包罗万象，那么个体之间就越容易产生分歧，所以人们只能在一个更小的范围内才能达成共识，这种趋势无法遏止，并且会继续发生并得到肯定"[1]，从实际中来看，家庭内部的个性化发展遵循了这样的规律。通过对访谈资料的分析发现，当前我国家庭文化中开始潜移默化地出现了一些变通性的儿童保护理念。

---

[1]　[法] 弗朗索瓦·德·桑格利：《当代家庭社会学》，房萱译，天津人民出版社 2012 年版，第 7 页。

第五章 文化系统——儿童保护制度的模式维持功能

在家庭中的变通性儿童保护文化节点下的关键词除去儿童、家长、孩子等高频词汇外，出现频次较高的单词中，来自家长养育模式的"改变"、重视儿童的"感觉"与"需求"，"尊重"与"支持"儿童的内心"思想"都多次出现在受访者的表述中（表5-1）。

表5-1　　　　　家庭内儿童保护文化词频统计（1）

单词	长度	计数	加权百分比（%）	相似词
改变	2	32	2.72	变化，发生，树立，完成，影响，支持
感觉	2	17	2.48	感觉，觉得，接触，情绪
需求	2	9	1.37	要求
谈话	2	8	1.21	交谈，教育，谈话
尊重	2	7	1.06	重视，尊重
比较	2	6	0.91	对比
经验	2	6	0.91	感受，工作，经验，受到
思想	2	5	0.64	观念，询问
支持	2	4	0.51	养育，支持

资料来源：作者根据Nvivo12软件编码结果绘制。

将W001至W005节点与编码相关性较高的访谈对象（表5-2）材料进行分组查询组合研究发现，年轻家长同时从事教育与儿童服务事业的女性在访谈中谈到了对于儿童保护的个人经验性看法，儿童权利保护意识开始在家庭中觉醒（W003），年轻家长尤其是从事儿童保护相关事业的女性强调在家庭中应该对儿童展开针对暴力预防的自我保护科普教育（W005），这不仅有来自女性家长的风险高识别性，同时也有一定的职业敏感度。

表5-2　　　　　W001-W005节点对应访谈对象

编码	F001	F003	F004	F005	F006	F007	F010	F013	F017
性别	女	女	女	女	女	女	女	女	男
年龄	25—30	18—20	25—30	25—30	25—30	20—25	40—45	35—40	25—30
职业	高中教师	大一新生	幼儿园教师	初中教师	医院行政人员	性教育工作者	儿童保护研究学者	妇联工作人员	心理站教师

资料来源：作者根据Nvivo12软件编码结果绘制。

在家庭中，因为养育观念不同而出现"分裂"，使得复合家庭简化为核心家庭，隔代教育理念的冲突会让日常居住在一起的家庭成员更加简化，家庭成员的个性开始受到更多重视。《儿童权利公约》主张将儿童当作独立个体来看待，尊重儿童的权利（W004），从访谈内容中可以看到，大部分的家庭成员同意尊重儿童的权利，但是他们并不完全认可儿童可以成为独立个体（W001），至少在成年之前其生活、学习等方面都依赖于家庭，依赖性导致儿童的独立性降低。当前中国家庭中成员身份开始由整体向个体逐渐过渡，个体差异导致家庭成员开始重视个体个性，受访者不同程度地提到了"教育孩子要看孩子的性格是什么，承受情况如何"这样的表达（W002）。可见在当前家庭中儿童权利开始得到主张，儿童保护制度的一些内容的实施在家庭中可以收到效果。

（二）认知惯性：家庭内儿童保护文化的稳定固化

当下，虽然大部分成年人有更为开阔的信息获取途径，其观念在不知不觉中受外界影响而出现变化，但是仍然不能彻底摆脱原生家庭所带来的教育影响，所以实际生活的某些场景下，还会以固化思想来处理儿童相关事务。

固化式的家庭文化中涉及儿童保护内容的关键词相较于变通式儿童保护的关键词显得有些"不近人情"，在处理儿童事务时，或采取极其"重视"的态度以成人"权威"来"支配"儿童的日常生活，或采取"忽视"的方式来解决儿童"问题"，这是以成人思维为中心的儿童事务处理模式（表5-3）。

表5-3　　　　　　家庭内儿童保护文化词频统计（2）

单词	长度	计数	加权百分比（%）	相似词
限制	2	19	2.65	控制
没有	2	15	1.35	不许
权威	2	12	1.29	威严，影响
重视	2	12	1.29	看重，培养
支配	2	10	1.18	包括，规则，控制，限制
惩罚	2	10	1.18	处罚

第五章 文化系统——儿童保护制度的模式维持功能

续表

单词	长度	计数	加权百分比（%）	相似词
问题	2	9	1.09	麻烦
忽视	2	7	1.06	忽略
严格	2	7	1.06	严厉

资料来源：作者根据 Nvivo12 软件编码结果绘制。

将 W006 至 W009 节点与编码相关性较高的访谈对象（表 5 - 4）材料进行分组查询组合研究发现，由于受访者工作性质决定他们在接触儿童保护相关事宜时也会对儿童所处的家庭情况有一定的掌握，所以受访者除了表达个人的儿童家庭保护观念外，还会通过转述他人故事等方式来阐释多样化的儿童家庭保护观，如对于经常接触到儿童教育工作的老师与社会工作者来说，他们普遍发现当前很多家庭认为一些暴力管教儿童行为的存在具有一定的合理性（W009）。不同的受访者都谈到，当前中国固化的家庭模式往往会出现控制型与忽视型这两类（W007、W008），这样的经验不仅来自受访者的童年经历，同时由于受访者们都从事与儿童保护事业相关性高的工作，日常接触到的家庭也往往会呈现出这样的特点。

表 5 - 4　　　　　　　　W006 - W009 节点对应访谈对象

编码	F001	F002	F003	F004	F007	F010	F014	F015	F017
性别	女	女	女	女	女	女	男	男	男
年龄	25—30	25—30	18—20	25—30	20—25	40—45	40—45	35—40	25—30
职业	高中教师	初中教师	大一新生	幼儿园教师	性教育工作者	儿童保护研究学者	公安系统顾问	儿童社工	心理站教师

资料来源：作者根据 Nvivo12 软件编码结果绘制。

此外还存在儿童保护文化"传递"困境，例如对于儿童保护相关的敏感话题，年龄稍长的家长普遍表示类似于儿童性教育、性保护等知识很乐意教给儿童，但是无从下手，尤其是母亲对于男童的教导更为棘手。对于这种敏感性问题往往呈现出两种极端态度，一种是高度敏感，家长们羞于涉足，尽量避免谈论；另一种是家长对于此类知识十分不敏感，对于儿童的性别意识培养淡漠，认为孩子到了年龄自然会懂了（W006），家长们态度两极分化，导致难以灌输给儿童正确的自我保护性知识。

二 家庭"周边"[①] 儿童保护文化样态

家庭"周边"文化的儿童保护可从两个角度来认识，家庭成员对于家庭"周边"事件的态度以及家庭"周边"其他社会成员对于他人家庭的态度。深入访谈资料中，家庭"周边"的儿童保护相关内容含设了 1 个父节点，2 个子节点以及 7 个孙节点（图 5-2）。

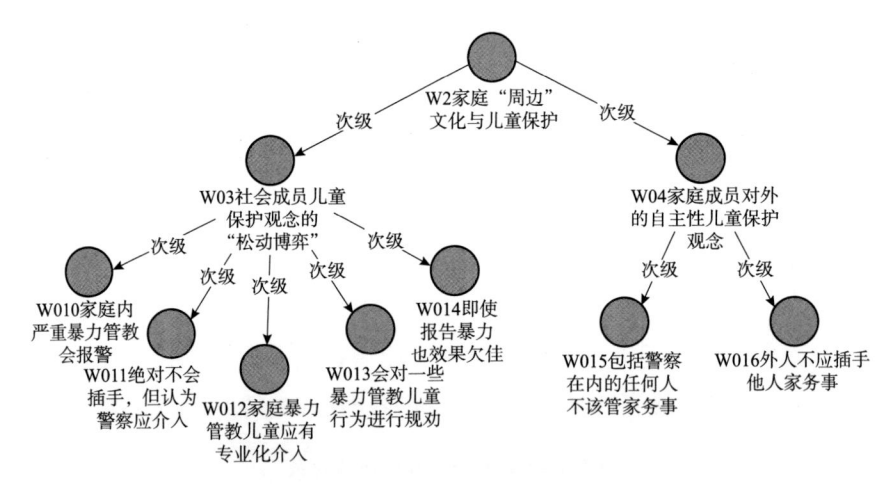

图 5-2 家庭"周边"文化与儿童保护节点分布图

资料来源：作者根据 Nvivo12 软件编码结果绘制。

（一）松动博弈：家庭周边儿童保护观念的缓慢嬗变

此节点下的儿童保护文化节点涵盖五条（表 5-5），主要从受访者以家庭外社会成员身份的儿童家庭保护"局外人"的反向视角来展开探讨，展现了人们身处家庭之外，"看向"他人家庭中的儿童保护行为时所传递出的儿童家庭保护观念。

受访者在自己的家庭中是家庭成员，相对于其他家庭则扮演邻居、朋

[①] 家庭"周边"指以家庭为核心的，存在于家庭周围的儿童保护文化。主要从两个角度出发，一个角度是社会成员对于某个家庭内部的儿童保护文化认知；另一个角度是指在家庭内部的成员对于其他某个家庭内部儿童保护文化的认知。

友、村民等角色。家庭以外的如邻里、其他社会成员对于他人家庭事务的态度比较一致。他们普遍认为他人家庭事务不应过多干涉，如果家庭"周边"的人去介入是不明智的行为。当强调受访者以家庭"周边"社会成员的身份来发言时，观点会出现一些"波动"。例如有的人觉得遇到家庭内儿童侵害事件应该报警（W010），但是报警的效果可能不佳，所以为避免"大张旗鼓"去解决反而会失败的情况发生，他们有可能会选择不报警，而选择观望的态度。人们在对于他人家庭暴力教育子女的认识大多仍归在"管教"的范畴内，只有少数几个专业儿童保护研究者与服务提供者表示不管是什么程度的暴力管教儿童行为，都应该获得专业化矫正（W012），不能让"为你好，教育你"这样的借口成为暴力管教儿童的"护身符"。在访谈中，相当一部分受访者明确表示当自己遇到他人暴力管教儿童的行为时，会主动进行规劝（W013）。

表5-5　　　家庭"周边"儿童保护文化节点数统计[①]（1）

名称	编码文件数	编码参考点数	覆盖率
W010 家庭内严重暴力管教会报警	4	4	0.0219
W011 绝对不会插手，但认为警察应介入	2	2	0.0244
W012 家庭暴力管教儿童应有专业化介入	3	5	0.1206
W013 会对一些暴力管教儿童行为进行规劝	6	7	0.1054
W014 即使报告暴力也效果欠佳	5	5	0.0772

资料来源：作者根据 Nvivo12 软件编码结果绘制。

总结发现，受访者处于对儿童保护认知的不同阶段，相较于传统儿童家庭保护观念，人们在吸收文化多样性带来的"营养"后，与当代儿童发展相悖的所谓"传统理念"出现了松动，儿童家庭保护文化正在发生着不易察觉的文化变迁。

（二）双重标准：家庭自保式认知"退缩"

家庭成员对外的自主保护观念不仅包含了受访者作为家庭内部成员的

[①] 编码文件数即提到此观点的受访者人数，编码参考点数即人们谈到此观点的总次数，覆盖率即此节点表述部分的文字占总访谈资料文字的百分比数。

观点，同时也包括了受访者以他人家庭"周边"社会成员身份所发表的观点。W015 与 W016 这两个节点下的编码文件数与编码参考点数分别为（3，4）与（7，11），在二者对于已编码文件的比较示意图中可看出其关联性（表 5–6）。

受访者中除去专业社会工作者以及儿童保护研究专家学者转述的他人的"固化式"儿童保护观点以外，有一些受访者表达出了"外人不应插手他人家务事"的个人观点，有个别受访者认为，警察也应列入"禁止插手的外人"之列（W015）。当家庭成员在暴力管教儿童时，人们会认为家庭自主的内部事务具有家庭自我独立性，家庭以外其他社会成员没有权利介入。在今天，人们也总能听到这样的言论："我打我自己的孩子你管什么闲事。"家长认为孩子是"自己的"，是属于家庭的财产，家长作为一家之主有权决定如何管理家庭"财产"。同时，家长认为家庭外他人来劝阻的行为属于"多管闲事"，外人不应该介入他人家庭事务（W016），不管以何种借口插手都是错误行为（见图 5–3）。

表 5–6 家庭"周边"儿童保护文化节点编码点数统计（2）

名称	编码文件数	编码参考点数	覆盖率
W015 包括警察在内的任何人不该管家务事	3	4	0.0261
W016 外人不应插手他人家务事	7	11	0.1905

资料来源：作者根据 Nvivo12 软件编码结果绘制。

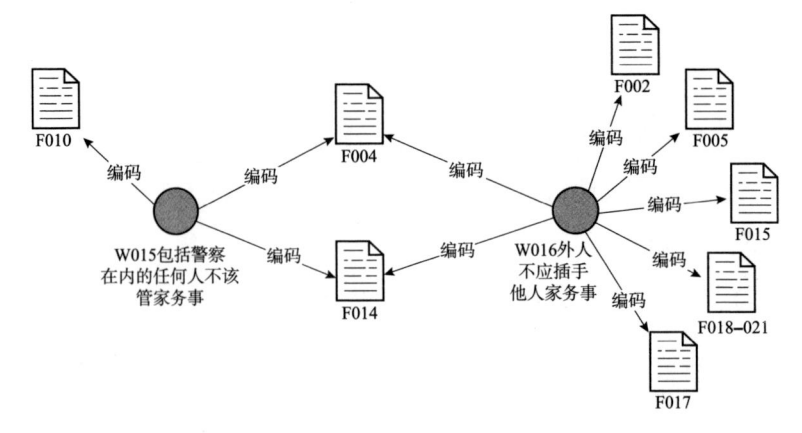

图 5–3 W015 与 W016 的关联比较示意图

资料来源：作者根据 Nvivo12 软件编码结果绘制。

第五章　文化系统——儿童保护制度的模式维持功能

当受访者扮演家庭外的邻居、朋友等角色时，他们阐述了个人对于"是否应介入暴力管教儿童行为"的看法。大部分人表达出应该介入的个人观点。反之，当受访者扮演家庭成员角色时，只有极个别成员认为如果自己家庭中出现暴力管教儿童事件，也应该有专业人士介入，事实上，大部分人不愿意接受他人介入自己的家庭事务。受访者在个人访谈观点身份变化时出现了家庭内、外双重标准，对于个人家庭事务展现出了自保式的认知"退缩"。

第二节　学校文化系统的模式维持功能分析

学校文化（Campus Culture）即校园文化，指学校内有关教学及其他一切活动的价值观念及行为形态。是学校物质文明和精神文明的总的体现[①]。学校中的文化生活、师生关系、心理氛围是学校文化深层次的核心内容。儿童入学以后，其日常生活的大部分时间在校园中度过。儿童在校园里学习知识、结交朋友、明辨是非观念，度过了迈入社会之前最重要的成长阶段。学校文化应发挥积极的正面功能，与此同时，学校中的文化冲突为儿童保护带来隐患，学生之间、学生与教师之间的矛盾是每一个人在成长过程中都可能遇到过的。本研究通过对小学、初中、高中以及大学教师的访谈获得"成人视角"的校园文化信息，通过焦点团体小组访谈了解"儿童视角"的学校文化，本研究不探讨同辈群体暴力（学生之间的校园暴力）。

一　学校的儿童保护知识教学

儿童保护制度实施过程中最关键的一环即对暴力的预防与科普，儿童除了在家庭中接收相关的知识以外，学校教育是更为重要的信息来源。2017年4月28日，国务院办公厅发布了《国务院办公厅关于加强中小学

---

① 顾明远：《教育大辞典》（增订合编本），上海教育出版社1998年版，第4350页。

幼儿园安全风险防控体系建设的意见》，文件指出加强中小学、幼儿园的安全工作是全面贯彻党的教育方针，保障学生健康成长、全面发展的前提和基础，关系广大师生的人身安全，事关亿万家庭幸福和社会和谐稳定。学校应将可能对学生身心健康和生命安全造成影响的各种不安全因素和风险隐患全面纳入防控范畴，在教育中要适当增加反欺凌、反暴力、反恐怖行为、防范针对未成年人的犯罪行为等内容，引导学生明确法律底线、强化规则意识。学校要根据学生群体和年龄特点，有针对性地开展安全专题教育，定期组织地震、火灾等情况的应急疏散演练[①]。儿童保护有了可供依据的文件资料，还需要教育机构的进一步落实。

(一) 儿童免受暴力侵害的保护类知识的输入

儿童在成长过程中，会同时受到来自家庭与学校的合作教育，由于与家人的亲密关系，在传授知识方面，家长的权威性有时会低于学校教师。校园内的暴力知识科普以及预防办法的传授对儿童而言至关重要。

访谈数据研究显示，人们认为当前学校在儿童保护教学方面的教育投资匮乏，没有设定明确的教学目标，导致了任务驱动力不足，关于暴力知识教育投入资源匮乏的描述以较高频次出现在访谈中（表5-7）。在实际访谈过程中，教师们对于学校的暴力知识科普情况谈道：

表5-7　　　　　　　学校儿童保护教学现状编码统计

名称	编码文件数	编码参考点数	覆盖率
教育投入资源匮乏	7	17	1.0487
目标性设定不明确	4	4	0.0418
任务驱动力不足	4	5	0.25121

资料来源：作者根据Nvivo12软件编码结果绘制。

F001："咱们都是讲思想品德课，不说这个，下来一起交流的时候，有教师就会说这个你们还是私下里说一下吧，压下来，不要公众场合说。"

[①] 国务院办公厅：《国务院办公厅关于加强中小学幼儿园安全风险防控体系建设的意见》，《中华人民共和国国务院公报》2017年第13期。

第五章　文化系统——儿童保护制度的模式维持功能

F002："学校真的是需要安排这个教师，我们学校现在有心理教师，给上安全教育课，现在有一个学校的安全教育平台，中小学安全教育平台，他是需要小学生和中学生去观看学习然后去做题的，但是这个事情已经流于形式，而且学生都是为了出成绩，根本不愿意上这个课。"

F003："反对性科普的力量比支持的力量多得多了。"

F004："学生们的目的都是升学，教师们上课会占课，占什么课，当然是最没用的。安全课尤其是咱们小地方更不能正常开展了，都被占了，北上广可能还行。"

F005："我感觉我对于这个话题吧，尤其是我现在在一个乡镇中学，可能比较避讳，非得让我普及这种知识的话，我感觉我会用播放视频或是宣传片的方式。"

F007："至少你这个你要给教师科普要讲清楚的吧，但是也是没有的。法律意识和责任意识都不强烈。"

关于相关的访谈内容不做过多罗列，仅从以上几条便可看出，当前在学校中有关儿童保护知识教育的资源投入极少，大部分教师都没有接受过专业培训，即使安排了相关课题的知识普及课程，教师们也会手足无措。

（二）儿童免受暴力侵害的保护类知识的输出

学校内暴力知识科普程度直接影响学校内人员对于导致暴力的危险因素的敏感度。对暴力的敏感度即人们对于暴力事件的预判能力以及对暴力发生的容忍程度。从目前的访谈材料来看，校园内的大部分人员都普遍缺乏对暴力的认识，对于暴力有较低的敏感度。此外，学生作为暴力知识接收者，其对暴力的认识水平可以探究儿童免受暴力侵害的保护类知识的输出情况。

将学校儿童获得暴力科普的方式以及频率两个属性值做交叉总结发现，学生们最常获取暴力科普的方式是"偶尔从传媒信息中获取"暴力知识科普，焦点团体访谈中儿童们最常提到的传媒信息来源有微博、QQ空间、电视节目如《焦点访谈》等；其次是"偶尔从学校中获取"暴力知识科普，一般是开学时候所发的册子、主题班会等方式来获得知识。大部分儿童都是偶尔接触到相关知识科普，极少一部分儿童表示可以经常接收知识普及，对于儿童的暴力知识科普总的形式不太乐观（图5-4）。

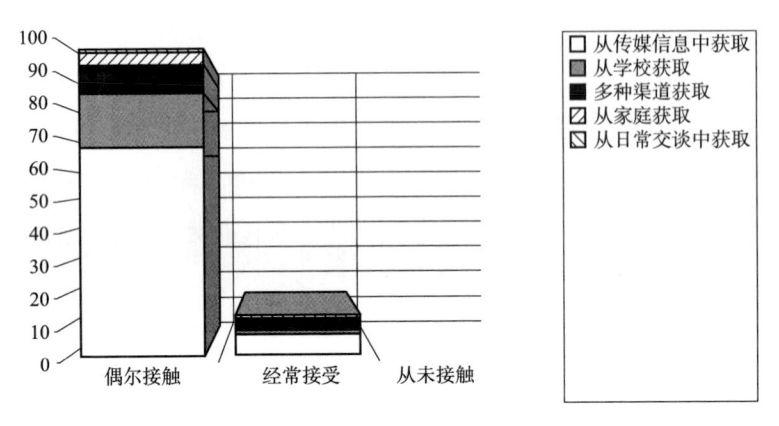

图5-4 儿童接受暴力知识科普的方式与频率统计
资料来源：作者根据Nvivo12软件编码结果绘制。

二 学校成员关系与儿童保护

校园内的所有个体在生活学习的过程中会建立一种赖以交流的关系，这种关系存在于教师之间、师生之间、学生之间以及其他工作人员之间。学校内形成的约定俗成的各类关系，维持校园的运作，保证校园内每个个体的正常活动，关系互动形成校园文化，同样地，校园文化会对校园内关系的形成产生反作用，蕴含着校园文化的关系归根结底是由校园内的所有人共同创造形成的。儿童保护制度的实施在校园中同样是以这种关系为依托，与儿童相关的校内关系组合有师生关系、家校关系（教师与学生家庭）、学校工作人员与学生关系。

师生关系是指教师和学生在教育教学过程中结成的相互关系，包括彼此所处的地位、作用和相互对待的态度等。我国早在战国晚期就开始遵循"尊师重教"[1]的传统。师生之间除了教育关系、师生情以外还有基本的

---

[1] 乐爱国、冯兵：《〈礼记·学记〉的教育伦理思想及其现代启示》，《西南民族大学学报》（人文社科版）2009年第8期。

第五章 文化系统——儿童保护制度的模式维持功能

伦理关系。教师以德教学,学生从教师那里获习道德观念,师生之间存在和谐的关系场域。一旦其中一方打破了这种和谐,会使得师生关系矛盾凸显。从学生的角度来看,学生犯错后教师的体罚与语言暴力是导致学生可能再次犯错的原因,学生并不认为采用暴力形式管教可以达到教育目的。

校园性暴力事件在儿童所在的学校中往往是敏感性话题,教师之间出于工作上的信任,缺乏对性暴力危险因素的识别意识。学生出于对教师的信任,容易忽略成年人的语言与行为暗示所表达出来的危险讯号。

案例研究中,学生遭到生活教师猥亵的案例触目惊心,这类事件具有较强的隐秘性,可能持续的时间会长达数年,且往往非单一偶发事件,遭受侵害的儿童数量较多。学校中除了授课教师之外,学校行政与管理方面的工作人员、学校门卫、学生的生活教师、学校卫生清洁人员、学校食堂的工作者等都会经常性地接触学生。当前我国对于教师资格的审核已经进入了较为规范的领域,但是学校教师以外的其他工作者的资格审核却做得并不到位,这会带来一些暴力侵害学生的危险因素。随着教师培养专业化以及国家教育理念的转变,现在教师体罚学生的现象已经呈现下降趋势,但语言暴力仍然是不可忽视的一个现象。目前,教师们逐渐认识到与学生沟通的重要性,但是,访谈中教师们普遍认为学生不会将个人心理变化情况跟教师述说,主要是学习交流:

F001:孩子们绝对不会主动跟我说家里打他啦啥的这些事情,他们跟家长的关系绝对不会跟教师说,还是觉得家长比教师更亲。

教师们普遍希望能与学生建立信任友好的关系,这不仅有利于教学任务的开展,同时对于儿童的安全发展十分有益。

在焦点团体访谈中,学生们认为当下教师对于高年级学生的体罚等较少,躯体暴力行为不显著,但是比较明显的是来自精神方面的差别性对待(图 5-5)。

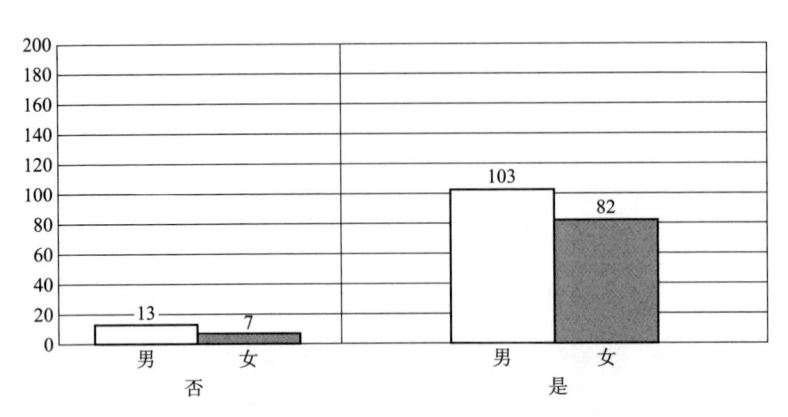

图 5-5　儿童认为自己是否在学校中遭受过精神暴力的统计
资料来源：作者根据 Nvivo12 软件编码结果绘制。

访谈中，至少有九成以上的学生认为自己在学校中遭受过来自教师的精神暴力，由于儿童对于忽视暴力的定义不甚明了，所以有时来自教师的忽视也被认为属于精神暴力的范畴。一些认为自己学习能力不强的学生在这方面有更多的倾诉欲望，儿童的细腻心思展露无遗。例如"老师有时候拍拍同座的肩膀却没有拍我的"，会让儿童产生自我失落感，在成年人看来的一些小事会给学生带来精神上的压力，儿童会由此而开始做自我检讨。对于精神暴力的定义儿童也有各自的看法，但总的来说，焦点团体访谈中大部分人认为并非一定是批评性、侮辱性的语言才能够得上是对儿童的精神暴力。例如当众让学生下不来台的"杀鸡儆猴"型管束、"指桑骂槐"型批评、眼神怒视轻视等表情、长久以来的忽视等行为都可以被看作是精神暴力，且他们普遍认同精神暴力相对比一般的躯体暴力而言给儿童带来的伤害要大得多，这也是导致儿童疏远教师的一个原因。

从总体来看，当下在校园中，教师年龄呈年轻化趋势，师生关系的处理有多种模式，开放思想的教师对于在校儿童有更多的同理心，躯体暴力以及变相体罚等管教方式正在减少。儿童在丰富的信息流通影响下，情感与心理成熟度较高，对于精神暴力有一定的敏感性，认为情感与精神交流顺畅度是决定师生关系好坏的关键因素。综上所述，营造和谐的师生关系在当前的校园文化中占主流地位，现存校园内的师生之间的关系比较有益

第五章 文化系统——儿童保护制度的模式维持功能

于儿童保护制度的稳定运行。

当今社会，教育资本占据主导地位，现代家庭不再以物质和经济遗产为中心①。中国的家庭普遍呈现少子化特征，对于家庭中一个或两个孩子的培养十分重视，家长对子女倾注大量的教育投资，同时也寄予了极大的期望。在访谈中，教师们都反复提到了学校与家庭之间的关系，在管理学生方面，与学生家长交流了解学生的性格特点，有助于采取灵活的管理方式。学生家长在管教子女方面也会与教师进行探讨。家与校呈现互相参考以及互相制约的关系。和谐的家校关系可以保证儿童以较为稳定的状态在学校学习，家校关系出现矛盾往往容易造成儿童心理焦虑，带来不必要的心理负担。所以无论从教师还是家长的角度都希望能够营造良好的家校关系以协作呵护儿童成长。

第三节 社会文化系统的模式维持功能分析

社会文化是社会生活中多样社会意识形态的统一体现，社会是人们共同生活的结合体，社会是人的社会。本研究涉及的社会文化是狭义上的，是指社会的意识形态以及与其相适应的文化制度和组织机构。社会文化之丰富多样难以用分类穷尽，本研究针对的社会文化是儿童保护相关的社会文化。《未成年人保护法》第二十七条规定全社会应当树立尊重、保护、教育未成年人的良好风尚，关心、爱护未成年人。从法律条文表述中可以判断当前中国社会所形成的保护儿童的社会风尚即可被看作社会文化中的儿童保护制度实施所依托的文化内涵。每个人都是社会中的人，家庭也是社会中的家庭，学校与司法也是社会中的一部分，如果按照保护主体的不同可将家庭保护与学校保护以外的儿童保护看作是社会保护。社会文化中保护儿童免受暴力的文化统一性有迹可循，人们生活在同样的地缘范围

---

① ［法］弗朗索瓦·德·桑格利：《当代家庭社会学》，房萱译，天津人民出版社2012年版，第19页。

内，社会中的儿童观随时可被感知到，同样地，儿童保护观也脱胎于社会文化之中。

社会的构成要素包括作为社会行动者的人、社会关系以及社会行动。人是社会的最基本的构成要素，社会关系是社会中占有一定位置的社会角色之间的关系，即它们之间稳定的、合乎社会期望的相互作用的模式。社会成员的社会行动形成了社会体系，社会行动有规律可循，社会关系及反映这种关系的行为规范为人们的行动提供了方向，扮演特定角色的人则以自己对行为规范的理解而采取行动①。社会规范是对社会成员行为的非正式理解。它们可被视为文化产品，代表个人对他人所做和认为自己应该做什么的基本知识②。业已存在的社会文化影响着社会行动者在一定的社会关系互动后形成了社会规范，在整个过程中又不断产生了新的社会文化与当下运行的社会制度相适应，社会、社会制度以及社会文化具有一定的稳定性，但同时在时间推移中又存在着渐进性，他们之间相互影响相互制约而维持着社会系统的运作。当社会制度发展与社会文化不相适应时，就需要做出调整，通常情况下是靠制度调整来适应文化背景，但是强有力的制度也可能带来制度文化的强力融入，制度文化的深入普及会进一步带来整个社会文化的嬗变。

儿童保护制度实施所依托的社会文化具有相似的构成要素。首先在儿童保护制度实施过程中涉及行动者，其次不同的行动者扮演着不同的社会角色，这些角色之间互动产生了特定的儿童保护社会关系，最后在社会成员依照社会关系活动的过程中逐渐形成了社会规范。制度实施中涉及的所有环节都依赖于当下的社会文化并且反作用于社会文化。依照横山宁夫对于人、人的社会关系以及文化这三者的运作逻辑③，可推出儿童保护相关的社会文化由人与人的关系来承担，人与人之间的关系由人来承担，而任

---

① 王思斌：《社会学教程》（第3版），北京大学出版社2010年版，第35页。
② Cialdini R. B., "Crafting Normative Messages to Protect the Environment" *Current Directions in Psychological Science*, 2003, 12 (4), pp. 105 – 109.
③ [日] 横山宁夫：《社会学概论》，毛良鸿等译，上海译文出版社1983年版，第39页；第94页。

何参与到儿童保护中的人的行为已经将儿童保护文化内化其中。儿童保护制度实施所依托的社会关系重点在于保护二字,横山宁夫对于社会关系分类所依据的文化背景与中国传统文化息息相关,本研究依据其对于社会关系的分类以及定义对儿童保护文化涉及的社会关系做出分析,认为当前中国儿童保护制度实施中的社会成员之间的协作关系、序列关系以及依法关系(法律规范)是普遍存在且应该关注的重点。

本节通过传统习俗、价值观以及社会关系的视角来探讨社会文化与儿童保护的交互影响。

一 传统的儿童保护习俗

习俗即风俗习惯的简称,又可称为风习。一个时代的社会风习是这一时代主题价值观、道德观以及思维习惯、行为方式和文明水平的综合反映[1]。不论是家庭还是学校抑或是社会中,人们在行为处事的时候很难抛开传统习俗的影响而以完全客观的眼光去看待事情的发生与发展。与儿童保护相关的较为常见的传统习俗主要是与家庭文化紧密联系的,不仅包括家庭内成员对于儿童保护所持有的态度,也包括家庭"周边"社会成员对于家庭事务的个人定义等,这些内容在上文的家庭文化中已详细阐释,此处不再赘述,以下主要对价值观影响下的儿童保护制度实施现状做出探讨。

二 儿童保护价值观

儿童保护相关的价值观所包含的内容多样,对于某一价值观的评价也并非完全基于正误两方的基础之上,在不同的地缘、文化等特定条件之下其所表达出来的价值内涵以及可能发挥的社会效应很可能呈现出迥然不同的结果。虽然文化的多样性让人们难以全面地阐明儿童保护价值观所包含的所有内容,但是有一些基本的、被人们普遍认同的价值观是较为明确

---

[1] 郑翔:《百年中国社会风习寻脉》,社会科学文献出版社2016年版,第29页。

的。《儿童权利公约》中所展现出来的与儿童保护息息相关的基础价值观至少包括了如下两点：确保儿童在安全的前提下生存与发展；尊重儿童，不忽视儿童。儿童享有基本的生存发展权、受保护权。保护儿童是所有社会成员应该承担的责任。可以通过回答以下几个简要问题来探讨社会成员是否秉承了如此价值观来处理儿童保护事务。

（一）作为成年人，你是否将"为所有儿童营造安全成长环境"视为自己应该承担的责任？

从深入访谈研究结果来看，所有的成年人都认为自己有责任为儿童营造安全成长的环境，但同时又表示在具体的行动过程中可能出现一些矛盾面。例如有子女的受访者一面表示因为有了孩子而更加看重儿童的安全生活，当他人家庭中出现暴力管教子女的情况时会进行规劝，但是另一面又不希望别人介入其个人的家庭事务中。还有一些受访者认为现在很多成年人乐意去做有益于儿童生活安全的事情，但是却无从下手。可见，成年人具有保护儿童安全的意愿，但是缺少主观能动性以及行为技巧。

（二）作为儿童，你认为自己所生活的环境足够安全吗？

在焦点团体访谈中，儿童们对于社会安全程度表达了个人感受（图5-6）。访谈结果总结发现，儿童对于社会安全程度的个人感受大致有以下四种：

①比较安全，偶尔需要注意一些特殊事项。例如夜晚女性不要独自外出，儿童在没有成年人看护的情况下外出游玩要随时与家长保持联络等。

②不太安全，经常需要注意特殊事项。有的儿童感到其只要在没有家长陪同的情况下独自外出办事就会有很多来自安全方面的担忧，不仅要保证联络畅通以备紧急时刻发出求救，而且对于交通安全等也有较多的担忧。

③很不安全，很担心。很多儿童表示，网络传播的热议案件给他们带来警示的同时，也加大了其对于社会的恐慌感，尤其是女生在个人安全方

第五章 文化系统——儿童保护制度的模式维持功能

面所表达出来的焦虑情绪要较男生而言更多，担忧面也更广。

④很安全，完全不需要担心。个别男生表示其从小到大未受到过任何伤害，加上个人性格外向，体质强健，所以对于社会安全十分信任，认为没有什么需要担心的。

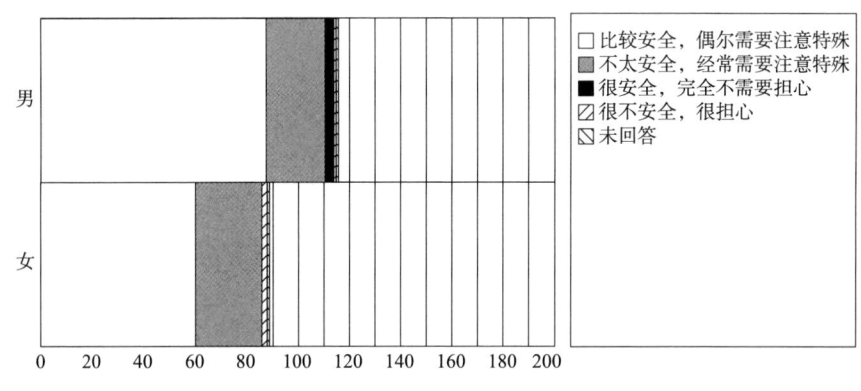

图 5-6　儿童对于社会安全程度的个人感受的统计

资料来源：作者根据 Nvivo12 软件编码结果绘制。

社会的儿童保护氛围对于不同性别、不同年龄以及不同身体状况的儿童其所呈现出来的安全系数有差别，但总的来说我国目前所营造出的儿童保护社会氛围是较为安全的，有利于儿童健康生活。

（三）作为成年人，你做到尊重儿童并且不忽视儿童了吗？

此节点在 12 个深入访谈案例中被编码，合计 17 个参考点，覆盖率达到总访谈内容的 14.27%，其被受访者谈到的频率较高（表 5-8）。

表 5-8　提到"尊重儿童"的受访者的统计

访谈材料归属文件夹名称	受访者	参考点	覆盖率
教师	F001	2	0.53%
教师	F004	1	2.32%
教师	F005	1	0.52%
其他人	F006	1	0.44%
儿童服务工作者	F008	1	1.45%
儿童保护专业研究学者	F010	5	3.34%

续表

访谈材料归属文件夹名称	受访者	参考点	覆盖率
儿童保护相关工作者	F013	1	0.40%
儿童保护专业研究学者	F014	1	0.11%
儿童服务工作者	F015	1	0.13%
儿童保护相关工作者	F016	1	3.40%
儿童保护专业研究学者	F017	1	1.08%
其他人	F018 – 021	1	0.55%
合计	12	17	14.27%

资料来源：作者根据 Nvivo12 软件编码结果绘制。

一半以上的单人受访者表达了尊重儿童意见、不忽视儿童基本需求的个人观点，他们的谈话或来自工作经验，或来自育儿生活。以儿童为中心，保证儿童需求与权利是当下整个社会的普遍趋势。但是在儿童获得高关注度的同时，却出现了对于儿童权利的"隐形忽视"，例如，当下大众传播媒介发展之迅速有目共睹，人们在提高对于暴力侵害儿童事件关注度的同时，容易忽视对于儿童隐私的保护。在获得关注与避免儿童隐私曝光这两个端点，人们往往难以做出理性的选择，在红火的"热搜"假象下，往往掩盖着儿童及家庭遭到二次伤害的冰冷真相。

（四）作为儿童，你认为自己获得尊重并且没有被忽视吗？

焦点团体小组访谈中，有至少一半的儿童表示自己曾在社会中没有被尊重，遭到了忽视。有 22 名儿童由于不能对忽视做出个人定义，不确定自己是否遭到了忽视而没有回答问题，此外剩余的约 37.6% 的儿童表示自己虽然会遇到一些不被重视的情况，但是不至于上升到忽视的高度，他们也没有感到这是一种不被尊重的行为（表 5 – 9）。

表 5-9   儿童认为自己是否在社会中遭受过忽视暴力的统计

回答情况			性别		合计
			女	男	
	未回答	计数	10	12	22
		总数的百分比	4.9%	5.9%	10.7%
	是	计数	50	56	106
		总数的百分比	24.4%	27.3%	51.7%
	否	计数	29	48	77
		总数的百分比	14.1%	23.4%	37.6%
合计		计数	89	116	205
		总数的百分比	43.4%	56.6%	100.0%

资料来源：作者根据 Nvivo12 软件编码结果绘制。

表示遭受忽视对待的儿童其对于忽视的定义有不同的看法，大部分儿童认为对于儿童向成年人表示出的求助信号不予理会是最常见的忽视行为。此外，还有一些社会不公平现象也是对儿童的忽视，如儿童在购物时会由于缺少社会经验而被"欺骗"购买到质量差的商品，或者报给儿童较高的虚假价格，他们认为这看似是在金钱上对儿童的一种剥削，其实是对儿童的隐形歧视，这样很容易让儿童对社会留下负面印象。可见，在儿童心里，至少目前我国一些社会成员还未建立起健康的儿童保护价值观。

当回答完这几个问题后，可以发现，当前中国的儿童保护价值观还未达到《儿童权利公约》所要求的良好状况，价值观的形成与改变是一个无比缓慢的过程，经济的快速发展或许能加速良性价值观的形成，但这依然不足以在短期内转变人们的观念。

三 社会关系与儿童保护

儿童保护制度实施的所有环节都需要行动者的参与，从制度制定到实施，人们以保护儿童免受暴力侵害为目的而有意识地参与其中。参与儿童保护的行动者之间存在多样的社会关系，依据横山宁夫对社会关系的分类,本研究认为,儿童保护制度实施中的社会成员之间的协作关系、序列关系以及依法关系普遍存在,关系互动过程中对儿童保护文化的形成产生了影响。

(一)协作关系与儿童保护

协作关系是指关系双方为达到目标,经过合理考虑而互相适应后所形成的相互行为及其关系,其基础是关系双方在人格上的和睦和信赖。例如为实现儿童保护的终极目标而促使所有相关人员参与到儿童保护制度实施中,政府机构工作人员、家庭成员以及社会各界人士都努力协作以形成良好的儿童保护环境。

深入访谈过程中,受访者从其工作经历出发,多次谈到了协作关系(表5-10)。

表5-10 协作关系下的儿童保护词频统计

单词	长度	计数	加权百分比(%)	相似词
方针	2	12	2.18	动作,工作
责任	2	12	1.92	地位,需要,要求,责任
协作	2	10	1.07	合作
配合	2	9	1.22	协调,支持,支援
系统	2	8	1.77	制度
顶层	2	8	1.77	领导
规划	2	6	1.33	设计,项目
报告	2	5	1.11	报告
联动	2	5	1.11	联合
保护	2	8	1.07	庇护,责任
支持	2	8	1.00	支援

资料来源:作者根据Nvivo12软件编码结果绘制。

从协作关系编码节点的关键词频统计中可以清楚地看到协作关系形成与运作的过程。首先是"顶层"机构制定出工作"方针",其次,为保证各机构的良好"协作"与"配合",依照工作需要明确各部门的工作"责

第五章 文化系统——儿童保护制度的模式维持功能

任",各部门按照详细的"规划"开展儿童"保护"相关的"联动"工作,从而能为儿童及其家庭提供"支持"服务,至此,儿童保护制度在良好的协作关系下实现了运行。

儿童保护制度实施中的协作关系会存在于各种社会成员之间。同时存在于暴力事件处理的各个阶段。在暴力预防方面,需要家庭、社区、学校、儿童社会服务组织以及政府工作机构的协作,达成对儿童及其他社会成员开展暴力预防的知识科普;在暴力发生之时,未成年受虐者与成年人之间存在信赖与支援的协作关系。受虐者应该在第一时间向成年人求助,如向公安系统的工作人员求助、向暴力发生时身边的其他成年人求助等。成年人应该积极予以回应并在必要的时候给予支援以阻止正在发生的暴力;暴力侵害儿童事件发生之后,公安机关、民政部门、人民法院以及人民检察院等政府机构需要协同合作,加强沟通,建立信息共享机制,实现未成年人行政保护和司法保护的有效衔接。所有政府机构对于暴力侵害儿童事件的处理有共同目标,他们依据可供参考的官方文件对相关事件进行合理规范处理。此外,学校、医院、村(居)民委员会、社会工作服务机构等工作人员也应该提供相配套的服务,以尽量降低暴力事件给儿童带来的负面影响。

当前我国儿童保护制度实施中的暴力事件处理办法已有了官方公布的可供参考的全部流程规范,各政府机构以及社会机构的工作者作为协作关系中的社会成员,在联合工作的过程中都秉持着儿童利益最大化原则,以保护儿童为中心思想。我国儿童保护制度实施所依托的社会文化中呈现出了能够完善机构协作关系的文化元素。

(二)序列关系与儿童保护

序列关系是指居于上位者与居于下位者的关系自然地形成序列,而居于下位者对此序列表示有感情地或传统地服从。序列关系在中国等东亚国家的存在尤其根深蒂固,并且覆盖面很广。除了家庭、学校中各成员的关系可被看作是一种序列关系外,其他社会成员之间也普遍存在序列关系。

在深入访谈中，提到序列关系的人次共13人，被提到的总频次为19次（表5-11），在儿童保护制度实施中，序列关系稳定存在。从身份为教师的受访者的访谈中发现，当下学校内的序列关系减轻，一方面当前学校内的教师处于更新换代的阶段，普遍呈现年轻化态势，教师更愿意与学生以朋友的身份相处，学生获取信息来源途径丰富，较为成熟，无形中拉近了教师与学生之间的距离，与此同时，教师们普遍认为当前教师的威严度在下降。教师不仅考虑到家校关系的和谐十分重要，还越发关注儿童学习时的心理状态，在儿童的管教方面较为慎重。除了谈到家庭中的长辈与晚辈的序列以外，更多谈到的是工作中的序列关系。儿童保护制度实施过程中的各种序列关系对于制度实施而言起到"双刃剑"的作用，合理的序列关系有助于儿童保护制度稳定运行，陈旧的序列关系会阻碍制度的合理运行。

表5-11　　　　　　　序列关系下的儿童保护词频统计

编码	F001	F002	F005	F007	F009	F010	F013	F014	F015	F018-021
性别	女	女	女	女	女	女	女	男	男	男+女
职业	高中教师	初中教师	初中教师	性教育工作者	儿童福利院社工	儿童保护研究学者	妇联工作人员	公安系统顾问	儿童社工	公务员
序列关系编码次数	1	1	1	1	2	1	1	1	5	5

资料来源：作者根据Nvivo12软件编码结果绘制。

（三）依法关系与儿童保护

社会文化中的法律规范主要通过儿童保护制度实施中的依法关系来达成，主体间的关系互动将儿童保护文化内化其中。依法关系指居于下位者合理承认居于上位者具有统治的合法性并自发地服从。例如维持社会秩序的公安机关工作者和服从社会秩序的民众就具有如此关系。这种关系以现代社会组织中所承认的法律秩序为基础。单人受访者中深入谈到儿童保护

第五章 文化系统——儿童保护制度的模式维持功能

制度实施中依法关系的人较少,这与受访者的职业息息相关。未接触过儿童暴力事件法律流程的受访者在这方面意识较弱(表5-12)。

表5-12　　　　　　　　W10节点对应访谈对象

编码	F006	F012	F014	F015
性别	女	女	男	男
年龄	25—30	30—35	40—45	35—40
职业	医院行政人员	少年法庭法官	公安系统顾问	儿童社工

资料来源:作者根据Nvivo12软件编码结果绘制。

儿童保护制度实施中参与依法关系的行动者不能仅仅看作是法律执行者与接受法律制裁者这两方。法律制定者、依据法律法规对潜在加害人员做出警告者、潜在施暴者、潜在受虐者等之间都存在依法关系。这一类社会关系所体现出来的内容即与《未成年人保护法》中"司法保护"所要表达的儿童保护文化内涵相关。当然从法律强制性来看,人们对于法律的遵循除了来自道德和秩序上的认同,还在一定程度上服从于法律制裁所带来的震慑。

编码节点出现频次数的总计中以B0024对受虐者心理疏导、情感抚慰,B011医疗救治以及B016持续跟踪帮扶为最高。这些案例都因其性质恶劣而成为网络热点案件,部分案件所产生的社会震动还推动了儿童保护制度的完善,这些案件中的儿童都遭受了较为严重的暴力伤害,有的儿童甚至被虐致死。在为遭受暴力儿童提供综合服务时,需要民政局、妇联、教育部门、儿童救助机构以及社会工作服务机构的通力合作。首先,要保证遭受躯体暴力、性暴力的儿童及时就医,保证儿童生命安全;其次,在儿童恢复身体健康的情况下对儿童进行心理疏导,尽量减少恶性事件带来的不良影响。儿童在童年期的经历与今后生活有巨大关联性,这在西格蒙德·弗洛伊德(Sigmund Freud)、爱利克·埃里克森(Erik H. Erikson)等学者的研究中获得了证实,为了儿童以后健康快乐地成长,心理疏导是不可或缺的;再次,帮助儿童恢复正常生活,回归学校,支持家庭进入正轨；最后，来自政府机构与社会机构的持续跟踪反馈，可以巩固救助成果，提供后续支持。当下我国在为儿童及家庭提供综合服务方面，不仅为儿童提供便利的生活与学习环境，还同时关注到了儿童与家庭成员的心理健康状况，儿童综合服务更加科学性与多样性。

第六章 经济系统——儿童保护制度的适应功能

第一节 人力资源的适应功能分析

儿童保护与发展目标需要依托人力资源、经费支持以及组织机构的合作来实现，人力资源是任何资源的基础劳动力，是保证资源分配以及资源有效利用的执行个体。其次，经费支持大部分来自国家的财政计划配发，国家的公共财政政策具有公平性、非营利性等特质[①]，一国的财政计划是国家根据实现其职能的需要，依据客观经济规律及社会经济发展计划，对财政收支规模、速度、结构、平衡状态进行的预计和规划。一般情况下，暴力侵害儿童事件通过国家、省地级的政府与官方机构来应对与处理，儿童保护社会组织起到辅助与补充作用。

为探讨儿童保护制度实施中经济系统的适应功能，首先通过相关法律法规文件明确儿童保护制度实施的相关工作工种、经费内容以及社会团体等组织机构的参与计划，此处涉及的一些计划与指标条目并非随意创设，而是依据《未成年人保护法》《反家庭暴力法》《中国儿童发展纲要（2011—2020年）》《关于依法处理监护人侵害未成年人权益行为若干问题的意见》《关于依法惩治性侵害未成年人犯罪的意见》《最高人民检察院关

---

① 王晓光：《财政与税收》，北京理工大学出版社2010年版，第8页。

于全面加强未成年人国家司法救助工作的意见》等文件获得；其次主要通过官方公布的数据了解当前儿童保护制度实施中经济系统的运作情况，数据来自国家年度统计报告、个别计划的中期报告、各学术统计单位发布的年度数据报告等；最后通过总结计划完成情况等分析儿童保护制度实施中经济系统的适应功能发挥效果如何。

将儿童保护制度实施过程中所需的经济支撑从散落在各部门的财政类一般支配条目中抽取出来组成儿童保护制度实施经济系统，由于这些零散条目暂时并没有详细的可供参考的数据，只能从儿童福利支出、社会服务发展统计报告等综合数据中进行"擦边"摘选参考，故本章主要列出研究结果中儿童保护制度经济系统所囊括的人力资源以及经费的具体类属与条目，详细的数据将放在后文目标达成情况中进行探讨。

一 经济系统中人力资源的适应功能分析

（一）儿童保护制度主管机构的主要配置

儿童保护制度的实施不仅要求较为完善的儿童保护制度设置，而且依赖于政府机构对制度执行的实际效果，其中儿童保护制度执行机构中的主管机构起到核心作用。儿童保护制度执行需要一个权威的具有行政能力的实体性机构自上而下地指导工作。主管机构必须有足够的权力、相应的资源和管理能力来处理受到不当对待的儿童的案例，并对儿童安排保护性监护[①]。

儿童保护的主管机构即明确哪个政府部门（或政府授权的部门）负责儿童保护的具体工作。目前，我国有关儿童保护的主管机构处于缺位状态，儿童相关事宜目前主要由国务院妇女儿童工作委员会负责。国务院妇女儿童工作协调委员会于1990年2月22日正式成立，是现今国务院妇女儿童工作委员会的前身，新的机构取代了原由全国妇联牵头的全国儿童少年工作协调委员会，成为国务院负责妇女儿童工作的议事协调机构。1993

---

① 尚晓援：《建立有效的中国儿童保护制度》，社会科学文献出版社2011年版，第46页。

第六章 经济系统——儿童保护制度的适应功能

年8月4日，国务院妇女儿童工作协调委员会更名为国务院妇女儿童工作委员会，简称国务院妇儿工委，是国务院负责妇女儿童工作的议事协调机构，负责协调和推动政府有关部门执行妇女儿童的各项法律法规和政策措施，发展妇女儿童事业。从权威性和过去的工作历史看，目前国务院妇女儿童工作委员会是一个有效的议事协调机构，负责我国妇女、儿童权益保护和发展的相关工作。但是议事协调机构对于制度执行力度是不够的。2019年年初，我国民政部新设立了儿童福利司对中国儿童福利相关工作进行统筹，此主管机构是与儿童福利相关的核心机构，其中狭义的儿童保护主管机构是此福利主管机构中的下属机构。从中国现有的政府部门来看，要想做好儿童保护工作，除了民政部与妇女联合委员会的牵头，还需要教育部、卫生计生委、公安部、司法部、人力资源和社会保障部、其他社会团体如共青团等的协同合作（见图6-1）。

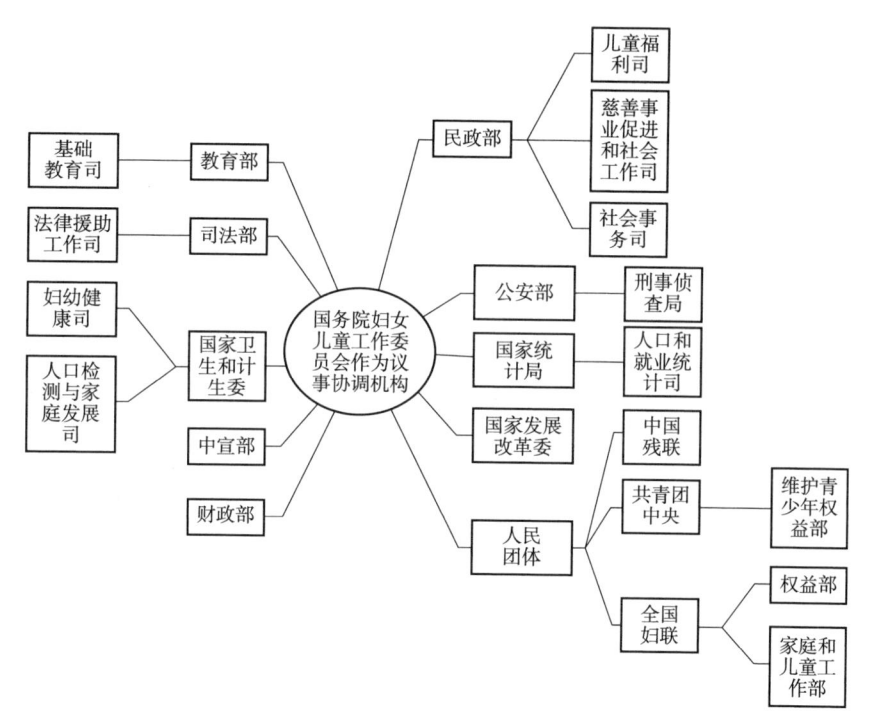

图6-1 儿童保护制度主管机构的主要配置
资料来源：作者根据儿童保护制度相关主管机构官方网站信息梳理绘制。

国务院妇女儿童工作委员会各成员单位担负不同职责，在儿童保护制度实施中各司其职，组成单位目前有35个部委和人民团体，其中与儿童保护密切相关的部门与人民团体有12个，其具体的工作职责如下（表6-1）：

表6-1　　　　　　　　儿童保护各职能部门主要工作职责

机构名称	下属部门	负责事宜
民政部	儿童福利司	拟订儿童福利、孤弃儿童保障、儿童收养、儿童救助保护政策、标准，健全农村留守儿童关爱服务体系和困境儿童保障制度，指导儿童福利、收养登记、救助保护机构管理工作①
	社会事务司	指导开展家庭暴力受害人临时庇护救助工作②
	慈善事业促进和社会工作司	拟订社会工作和志愿服务政策，组织推进社会工作人才队伍建设和志愿者队伍建设③
公安部	刑事侦查局	组织、指导、监督地方公安机关开展对刑事犯罪的侦查工作；牵头协调开展反对拐卖儿童犯罪工作④
国家统计局	人口和就业统计司	组织运行全国人口普查、人口抽样调查、整理和提供有关调查的统计数据；收集和提供人口、就业、工资和社会保障等统计数据；对有关统计数据进行检查和评估；组织指导有关专业统计基础工作；进行统计分析⑤
国家发展改革委	—	将儿童事业发展纳入国民经济和社会发展中长期规划和年度计划；在拟订并组织运行规划、制定政策中，注重协调经济社会发展与儿童事业发展的关系，维护儿童权益；加强儿童事业建设，促进儿童事业的持续发展⑥

---

① 民政部：《儿童福利司》，http://www.mca.gov.cn/article/jg/jgsz/jgsj/201901/201901-00014614.shtml，2019-01-20。

② 民政部：《社会事务司》，http://www.mca.gov.cn/article/jg/jgsz/jgsj/201901/201901-00014616.shtml，2019-01-20。

③ 民政部：《慈善事业促进和社会工作司工作职责》，http://www.mca.gov.cn/article/jg/jgsz/jgsj/201901/20190100014613.shtml，2019-01-20。

④ 民政部：《刑事侦查局》，http://www.mps.gov.cn/n2254314/n2254396/n2254397/index.html，2019-01-20。

⑤ 国家统计局：《人口和就业统计司》，http://www.stats.gov.cn/zjtj/gjtjj/jgsz/xzdw/200109/t20010907_52319.html，2001-09-07。

⑥ 国家发展改革委：《主要职责》，http://www.ndrc.gov.cn/zwfwzx/jj/，2019-01-20。

续表

机构名称	下属部门	负责事宜
教育部	基础教育司	承担基础教育的宏观管理工作①
司法部	法律援助工作司	指导社会组织和志愿者开展法律援助工作②
国家卫生和计生委	妇幼健康司	拟订妇幼卫生健康政策、标准和规范,推进妇幼健康服务体系建设③
	人口监测与家庭发展司	人口监测预警工作并提出人口与家庭发展相关政策建议④
财政部	—	根据儿童事业发展的需要和国家财力,提供必要的经费,并监督检查经费的使用情况⑤
中宣部	—	协调和指导地方宣传机构、新闻媒体,通过大众化的信息手段,宣传男女平等基本国策和儿童优先原则⑥
全国妇联	家庭和儿童工作部	负责参与有关保护儿童的法律、法规草案的拟定;开展女童工作,促进女童发展;指导妇联系统自办园所及儿童活动阵地的工作;负责家庭教育工作的协调与服务;参与推进校外教育,协调、推动全社会为儿童的健康成长创造良好的社会环境⑦
	权益部	代表全国妇联参与国家有关维护妇女儿童权益政策和法律、法规草案的拟定与修改;参与有关的普法工作;指导、推动各级妇联依法维护妇女儿童权益工作⑧

---

① 教育部:《基础教育司介绍》,http://www.moe.gov.cn/s78/A06/moe_892/201704/t20170405_301893.html,2017-04-05。
② 司法部法律援助司:《主要职能》,http://www.moj.gov.cn/organization/content/2017-07/12/flyzgzs_3695.html,2017-07-12。
③ 妇幼健康司:《主要职责》,http://www.nhc.gov.cn/fys/pzyzz/new_lmtt.shtml,2017-07-01。
④ 人口监测与家庭发展司:《主要职责》,http://www.nhc.gov.cn/rkjcyjtfzs/pzyzz/lists.shtml,2019-01-20。
⑤ 中华人民共和国财政部:《本部职能》,http://www.mof.gov.cn/zhengwuxinxi/benbugaikuang/bbzn/,2019-01-20。
⑥ 国务院妇女儿童工作委员会:《机构设置》,http://www.nwccw.gov.cn/node_2660.htm,2019-01-20。
⑦ 中国妇女网:《家庭和儿童工作部》,http://www.women.org.cn/col/col14/index.html,2019-01-20。
⑧ 中华全国妇女联合会权益部:《部门职能》,http://www.women.org.cn/col/col14/index.html,2019-01-20。

续表

机构名称	下属部门	负责事宜
共青团中央	维护青少年权益部	研究制定青少年权益工作的意见、规划，提出青少年权益问题的对策；参与制定青少年法律法规和政策并推动落实；承担未成年人保护和预防青少年犯罪方面的青少年事务，参与处理侵害青少年权益的重大案件；构建青少年维权工作体系[1]
中国残联	—	依法维护残疾和儿童的合法权益；参与和推动保护残疾和儿童法律、法规的制定和完善；促进和提高残疾儿童的康复、教育和发展水平[2]

资料来源：作者根据儿童保护制度相关主管机构官方网站信息梳理绘制。

全国妇联下属的国务院妇女儿童工作委员会办公室承担国务院妇女儿童工作委员会日常工作，在儿童保护制度实施过程中发挥着统筹协调作用，国务院妇女儿童工作委员会中的民政部、公安部、司法部、财政部以及全国妇联在儿童保护工作中发挥了较为核心的作用，同时其他部门的辅助配合也大力促进了儿童保护制度的良好运行。中宣部对儿童保护观念的普及是儿童保护制度制定与运行的基础。教育部可以为儿童提供安全的学习环境，学校是儿童遭受暴力的高发场所，施暴者可能是师长与学校的工作人员，为儿童营造良好的学习成长环境，需要教育部发挥积极的管理与监督作用。国家卫生和计生委在儿童保护制度框架中扮演着重要角色，从WHO的官方数据来看，遭受暴力侵害的儿童面临着严峻的健康卫生问题，虐待儿童的预防要像"打疫苗"一样植入社会与人们的心里，这样才能从源头上杜绝暴力侵害儿童事件。国家统计局在儿童保护制度实施中起到穿针引线的作用，官方权威数据统计是做好儿童保护的前提，所谓"知己知彼，百战不殆"，了解详细数据情况才能对儿童保护的后续工作做出合理的预估，同时掌握全国性数据也有利于监督儿童保护制度实施情况，便于及时调整，避免损失。

---

[1] 中国共青团维护青少年权益部：《部门职能》，http://www.ccyl.org.cn/organs/institution/200612/t20061204_3504.htm，2006-12-04。

[2] 中国残疾人联合会：《机构概况》，http://www.cdpf.org.cn/zzjg/jggk/，2019-01-20。

综合发展阶段、国情等状况对我国儿童保护制度的组织机构建设进行本土化审视。从访谈以及文献阅读资料分析来看，许多人认为，当前我国在儿童保护制度的组织机构设置方面，是向着专业化道路发展的。例如，当前我国最高检设立了专门负责未成年人检察工作的第九检察厅；民政部成立了儿童福利司等。对此，儿童保护研究专家佟丽华认为"伴随国家层面这两个司局级机构的设立，省、市、县也会设立相应具体机构，这些机构既是未成年人保护法修改的积极力量，也会是法律落实的重要力量"①。

（二）儿童保护制度实施的人员配置

儿童保护制度实施在主管机构的管理指引下要具体落实到各省市之中。人民法院、人民检察院、公安机关、民政部门应当加强与妇女儿童工作委员会、教育部门、卫生部门、共青团、妇联、关工委、村（居）民委员会等的联系和协作，积极引导、鼓励、支持法律服务机构、社会工作服务机构、公益慈善组织和志愿者等社会力量，共同做好受监护侵害的未成年人的保护工作。

通过政府制度来应对暴力侵害儿童事件是儿童保护的第一步，经历过暴力事件之后，对于儿童及其家庭的"修复"工作是更为巨大的挑战。在暴力事件发生的前、中、后期为儿童提供儿童服务的相关工作者扮演着十分重要的角色，预防暴力发生的重要性无须赘述，暴力事件的发生对儿童及其家庭必然造成了不可挽回的伤害，儿童服务工作者在后续支持服务中通过个人专业服务来降低暴力伤害给儿童和家庭带来的持续性负面影响。基于上述情况，将官方及社会组织发布的儿童保护制度实施相关的文件进行编码分析，可明确官方及社会组织提供儿童保护服务时的人员配置情况。

1. 政府发布的官方文件中的人员配置

将 30 余篇政府发布、公告的儿童保护相关文件导入 Nvivo12 软件中进

---

① 蒲晓磊：《公安机关设立未成年人保护专门机构》，《法制日报》，https://wap.cnki.net/touch/web/Newspaper/Article/FZRB201903260051.html，2019-03-26。

行分析，此处设"儿童保护制度实施法律法规文件以及工作意见、指引等官方文件"群组，对所有文件进行关键词频分析，在词频查询时分别设单词长度为2至7，剔除"儿童、家长、未成年人"等描述性高频词汇，将人员配置相关词汇的6次运行结果进行综合，可从各类官方文件中对于儿童保护制度实施中政府机构人员配置的基本情况做出分析总结（表6-2）。

表6-2　　　　　政府发布官方文件词频统计：人员配置

单词	长度	计数	加权百分比（%）
监护人	3	282	0.27
班主任	3	145	0.14
人民法院	4	99	0.09
委员会	3	98	0.09
基金会	3	70	0.07
幼儿园	3	68	0.06
民政部门	4	67	0.06
检察院	3	59	0.06
人民政府	4	45	0.04
志愿者	3	31	0.03
共青团	3	30	0.03
公安部	3	20	0.02
教育部	3	13	0.01
福利院	3	12	0.01
司法部	3	6	0.01
财政部	3	6	0.01

资料来源：作者根据Nvivo12软件编码结果绘制。

在儿童保护相关法律法规文件下，官方机构工作人员的配置至少包括人民法院、民政部门、检察院、人民政府、共青团、公安部、教育部、福利院、司法部、财政部等几个部门机构中的工作人员。其中委员会的一级树状结构图显示（图6-2），与其关联性最高的词语为"居民"和"村民"，所以除去上述官方架构内的工作人员，村（居）民委员会的工作人员也在儿童保护服务的提供中充当了重要角色。

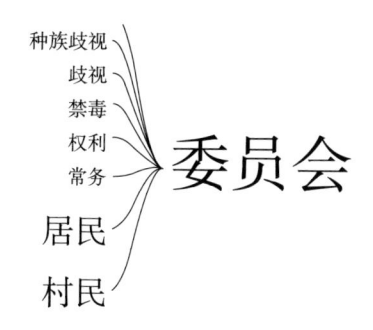

第六章 经济系统——儿童保护制度的适应功能

```
种族歧视 ╲
歧视    ╲
禁毒    ─→ 委员会
权利    ╱
常务    ╱
居民    ╱
村民    ╱
```

图6-2 "委员会"一级树状结构图

资料来源：作者根据 Nvivo12 软件编码结果绘制。

官方机构工作人员以外的其他人员如监护人、学校班主任、儿童保护基金会工作者、幼儿园的工作人员等也被高频提到，其中监护人、班主任以及幼儿园工作者与儿童保护有高度关联性。

2. 社会组织参与儿童保护的人员配置

将15篇社会组织总结发布的多样化报告文献导入 Nvivo12 软件中进行分析，此处设"社会组织参与儿童保护制度实施组织文件"群组，在词频查询时分别设单词长度为2至5（5以上单词无查询结果），剔除"儿童、家长、职员"等描述性高频词汇，将人员配置相关词汇的四次运行结果进行综合，可从各类文件中对于儿童保护制度实施中社会组织人员配置的基本情况做出分析总结（表6-3）。

表6-3　　　　社会组织发布文件词频统计：人员配置

单词	长度	计数	加权百分比（%）
家庭	2	484	1.20
组织机构	2	360	0.89
班主任	3	144	0.36
学校	2	75	0.19
社区	2	58	0.14
媒体	2	51	0.13
妇联	2	40	0.10
基金会	3	36	0.09

续表

单词	长度	计数	加权百分比（%）
教师	2	33	0.08
专家	2	28	0.07
律师	2	25	0.06
法院	2	23	0.06
志愿者	3	22	0.05
医生	2	13	0.03
热线	2	13	0.03
委员会	3	12	0.03
民政部	3	7	0.02
非政府	3	8	0.02
庇护所	3	4	0.01

资料来源：作者根据 Nvivo12 软件编码结果绘制。

社会组织的定义有广义与狭义之分，本研究探讨的社会组织主要指其狭义概念。狭义的社会组织是为了实现特定的目标而有意识地组合起来的社会群体，如社会团体。社会团体是指为一定目的由一定人员组成的社会组织，中国的社会团体是社会组织的一种，这其中全国妇联、共青团、全国总工会以及残疾人联合会是由国家财政拨款的带有官方性质的社会团体。社会组织发布的报告类文件中提到的与政府机构合作（包括官方性质的社会团体）比较密切的有妇联、法院、民政部、村（居）民委员会、儿童庇护所等，这其中妇联具有较广的影响力。

与政府官方发布的文件不同，社会组织在提供儿童保护服务时，除了上文提到的与官方机构合作，还更进一步地明确儿童后续服务过程中可能需要涉及的人员配置，这包括各类组织机构工作人员、律师、志愿者、医生、儿童服务热线工作者、各类非政府组织工作者以及最为重要的来自家庭、学校、社区的相关人员。提供儿童保护服务的组织多为非政府组织，"非政府"关键词树状结构图展示出当前我国儿童保护服务组织包括了国际国内的多样性合作（图6-3）。

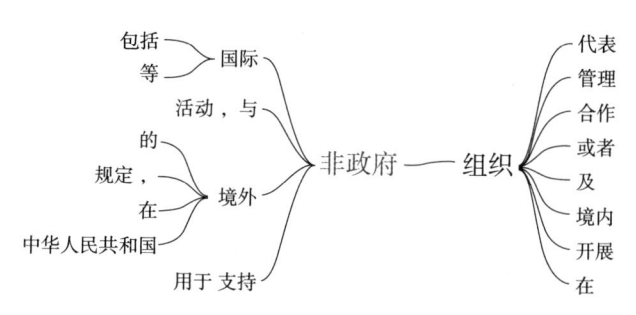

第六章 经济系统——儿童保护制度的适应功能

图6-3 "非政府"三级树状结构图

资料来源：作者根据 Nvivo12 软件编码结果绘制。

以公益事业为目的而成立的儿童保护组织在我国归为民办非企业单位，即企事业单位、社会团体和其他社会力量以及公民个人利用非国有资产举办的，从事非营利性社会服务活动的社会组织，其具有民间性、非营利性的特征，因此组织成立的目的不是为其拥有者谋求利润，其产生的利润是服务于公众基本需求的[①]。例如，2013年6月1日发起成立，2015年7月6日升级为"基金"的"女童保护"以"普及、提高儿童防范意识"为宗旨，致力于保护儿童远离性侵害。当前女童保护已经开发出了独立防性侵教案，其在全国各地的校园内开展科普讲座。

第二节 经费资源的适应功能分析

安东尼·吉登斯在《第三条道路——社会民主主义的复兴》一书中提出"社会投资"概念。此理论树立的观念是福利投入不是开支，而是投资，是一种可以获得很多回报的社会投资[②]。福利不仅是国家责任，非营利组织、企业等社会机构，也应该积极参与提供社会服务。在儿童福利方面，社会投资的理论强调对儿童的财政投入是社会对未来的投资，因此需要国家参与。在儿童保护体系建设中，政府应发挥主导作用。各级政府应

---

① 吴东民、董西明：《非营利组织管理》，中国人民大学出版社2003年版，第5页。
② ［英］安东尼·吉登斯：《第三条道路——社会民主主义的复兴》，北京大学出版社2000年版，第98页。

将儿童发展作为经济社会发展的重要组成部分，纳入经济社会发展计划，划入政府工作的重要职责范围内。政府及有关部门应保障儿童事业发展的经费投入和资源供给，建立健全儿童服务体系，提高公共服务意识、效率以及质量。

一 儿童保护制度的政府部门工作经费

修订后的未成年人保护法体现了政府为主的原则，政府承担保障未成年人权利的主要责任。总则第七条规定："国务院和地方各级人民政府领导有关部门做好未成年人保护工作；将未成年人保护工作纳入国民经济和社会发展规划以及年度计划，相关经费纳入本级政府预算。"此外，在社会保护和法律责任两章中，未成年人保护法对县级以上人民政府及其教育、公安、民政、文化、卫生等有关部门的责任进一步作了规定，这些规定与家庭、学校、社会和司法保护各章的其他规定相结合，有利于促使政府各有关部门在未成年人保护工作中协调互动，形成合力，从而加强政府主导的责任。

（一）儿童保护制度中政府部门工作经费涵盖内容

制度经费是保证制度实施的关键因素，儿童保护经费支持的成本应当考虑到各地区的实际情况，比如经济发展、人均收入情况和消费水平、财政收入、人口数量等。本研究根据我国儿童保护相关政策条文对儿童保护制度实施现有的基本需求经费相关条目做出归纳，经费的可估算部分来自官方项目和公布的数据。

获取财政拨款，首先由儿童保护制度实施事务主管部门进行预算申报，获批后，由相关财政部门作为财政供给主体，所有的资金预算与分配使用还会涉及不同专门事项的主管部门。妇女儿童工作委员会协调儿童保护工作的展开，民政部、教育部、公安部、司法部等部委应分别对儿童救助、儿童教育、儿童安全等方面的事务进行财务预算与安排。

儿童保护工作在不同地区有不同的财政供给水平，同时，相关部门的财政供给责任划分也有区别。根据中央和地方的责任划分，可分为中央财政直接拨款项目、地方财政负责的项目、中央和地方共同负责的项目，根据预算编制，又可分为专项预算项目和公共预算项目等①。当前我国并没有单独的"儿童福利""儿童保护"的财政公告类目，儿童福利支出项目散落在各种与儿童健康、教育、文化、医疗等各个部分相关的类目中②。

儿童保护的政府部门工作经费至少包括两个方面，即儿童保护制度实施工作的正常开展经费以及为受害儿童及家庭提供的服务经费。

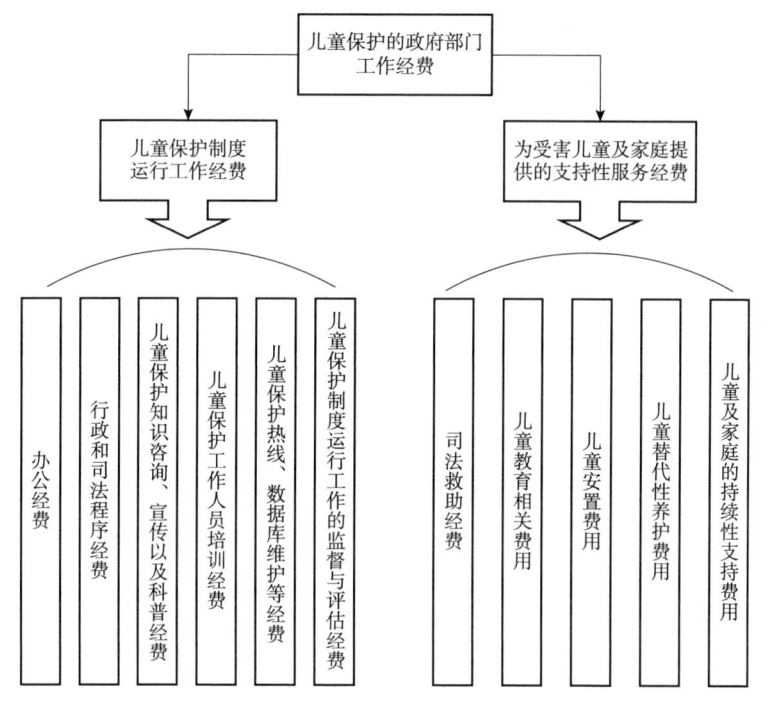

图 6-4 儿童保护制度实施的政府部门工作经费

资料来源：作者自制。

（二）儿童保护服务资源配置情况

为了对当前我国儿童保护服务经费情况有一定的认识，在综合性儿童

---

① 蔡亚飞、梁金刚：《我国儿童救助保护的财政供给状况研究》，《社会福利》（理论版）2017 年第 1 期。

② 王振耀：《中国社会政策进步指数报告》，社会科学文献出版社 2018 年版，第 125 页。

保护服务经费难以统计的情况下，可从儿童服务设施现存情况窥探儿童保护资源配置情况。

国家统计局发布的 2018 年统计年鉴数据显示 2017 年我国 0—14 岁人口数为 23348000 人，占总人口比重为 16.8%，少儿抚养比为 23.4。65 岁及以上人口为 15831000 人，占总人口比重为 11.4%，老年抚养比为 15.9。这里的人口结构统计数据将 15—65 岁的人都归为了劳动年龄人口数。少年儿童抚养比即少年儿童抚养系数，指某一人口中少年儿童人口数与劳动年龄人口数之比，通常用百分比表示，以反映每 100 名劳动年龄人口要负担多少名少年儿童。计算公式为：

$$CDR = \frac{P0-14}{P5-64} \times 100\% \qquad 式（6.1）$$

P0-14 为 0—14 岁少年儿童人口数；P15-64 为 15—64 岁劳动年龄人口数①。这意味着，每 100 个劳动人口需要负担起 23.4 个儿童的抚养责任以及 15.9 个老人的抚养责任。从数据来看，我国人口在儿童抚养压力方面要大于对老人的抚养。

第五次人口普查数据显示我国于 2000 年进入了老龄化社会，据测算我国老龄化增速要快于世界，中国社会养老压力巨大，我国企业职工的养老保险制度建立于 20 世纪 50 年代初期，1997 年国务院颁布《关于建立统一的企业职工基本养老保险制度的决定》，我国建立了统一的企业职工基本养老保险制度，制定了社会统筹与个人账户相结合的养老保险制度，建立了职工基本养老保险个人账户。从此，我国逐步建立起多层次的养老保险体系②。2018 年中国民政统计年鉴数据显示，2017 年全国各类养老服务机构和设施达到 14.0 万个，比上年增长 20.7%，其中，注册登记的养老服务机构 2.9 万个，社区养老服务机构和设施 3.5 万个，社区互助型养老设

---

① 国家统计局：《指标解释》，http://www.stats.gov.cn/tjsj/zbjs/201310/t20131029_449552.html，2013-10-29。

② 中国政府网：《国务院关于完善企业职工基本养老保险制度的决定》，http://www.gov.cn/zhuanti/2015-06/13/content_2878967.htm，2015-06-13。

施7.6万个,各类养老床位合计730.2万张,比上年增长5.6%,其中社区留宿和日间照料床位322.9万张。近年来,我国儿童福利支出总量保持平稳,2016年达到56.3亿元,但相对于我国GDP总量,国家用于儿童福利的财政投入占比仍然较低①。我国国家统计局发布的2017年国民经济和社会发展统计公报显示全国共有儿童收养救助服务机构705个,床位10.0万张,年末收留抚养各类人员5.4万人。其中儿童福利机构465个,床位9.0万张,未成年人救助保护中心240个,床位1.0万张,全年共救助流浪乞讨未成年人7.2万人次。我国2017年提供住宿的社会服务床位数在儿童方面有103000张,占总床位数(4196000)的2.4%。

仅从儿童救助福利服务的需求与供给数据对比来看,即可发现,儿童福利服务相较于老年人福利服务,不仅提供服务的机构少、床位数低,而且服务方式单一,享受服务的群体数量也存在较大差距。当前我国儿童生活的资源供给尚不能满足儿童生活资源需求,儿童保护服务资源供给存在缺口。

二 儿童保护制度的社会组织办公经费

在社会团体层面,部分参与儿童保护的社会团体未纳入民政部社会团体管理条例范围,其具有特殊的政治地位以及社会影响力,如妇联、残联、共青团中央三大组织在儿童保护方面的资金预算与安排主要依赖于政府拨款②。此外有民间非营利组织与一些慈善经费也在儿童保护方面发挥了有效的作用,社会组织的办公经费也是儿童保护制度实施需要考虑到的部分。

据公益基金会发布的数据显示,以反家暴组织为例,机构资金约60.3%源于政府购买服务,这是反家暴组织资金来源的最主要途径,此外

---

① 王振耀:《中国社会政策进步指数报告》,社会科学文献出版社2018年版,第125页。
② 国家统计局:《指标解释》,http://www.stats.gov.cn/tjsj/zbjs/201310/t20131029_449554.html,2013-10-29。

来自公众筹款、境内外官方政府组织、基金会、企业、个人的捐赠等途径的机构运营资金约占总机构资金的 30%—40%[1]，除此以外还有一些类似于服务收费的其他收入来源。总的来说反家暴社会组织的资金来源种类较为多样，但是资金总额支持不足，虽然较社会组织过去的筹资状况有了改善，但是依然不足以让社会组织充分"施展拳脚"，为遭受暴力人群提供后续支持的经费往往捉襟见肘。

---

[1] 夏天：《2018 反家暴社会组织现状和需求调研报告》，北京沃启公益基金会，2019 年，第 44 页。

第七章 政治系统——儿童保护制度的目标达成功能

为儿童营造快乐安全的成长环境是国家全体成年人应该承担的责任。保护儿童远离暴力侵害是《未成年人保护法》中的一个部分，也是本次研究的主题。依据《中国儿童发展纲要（2011—2020年）》明晰我国儿童保护的二级目标。当前我国儿童保护目标设定情况的梳理步骤如下。

首先，从《中国儿童发展纲要（2011—2020年）》中筛选出与儿童保护高度相关的内容，然后将他们按照纲要中的五个部分（儿童与健康、儿童与教育、儿童与福利、儿童与社会环境、儿童与法律保护）分别罗列，最后对五个部分筛选出的纲要目标进行归类（表7-1）。其次，将其放入家庭保护、学校保护、社会保护以及司法保护四部分之中（表7-2），这其中将M1.1.1、M4.5.1、M4.1.2以及M3.2.1作为下一级目标设置放入了M3.1.1中，M5.1至M5.6为避免目标设置过于分散，分别放入了笔者所列的法律完善、落实及预防这三个板块中。最后，将不符合目标设定层级的内容进行合理调整，形成了以《未成年人保护法》为基本框架、《中国儿童发展纲要（2011—2020年）》为枝条的当下中国儿童保护目标体系（图7-1）。

表 7-1　《儿童发展纲要（2011—2020 年）》中的儿童保护目标筛录

分类	目标设定	
M1 儿童与健康	M1.1 降低儿童心理行为问题发生率	M1.1.1 构建儿童心理健康公共服务网络
	M1.2 提高适龄儿童性与生殖健康知识普及率	M1.2.1 加强儿童生殖健康服务
M2 儿童与教育	M2.1 学校标准化建设水平提高，薄弱学校数量减少	M2.1.1 提高教师队伍素质和能力
M3 儿童与福利	M3.1 扩大儿童福利范围，推动儿童福利由补缺型向适度普惠型的转变	M3.1.1 提高面向儿童的公共服务供给能力和水平
	M3.2 保障儿童享有基本医疗卫生服务，提高儿童基本医疗保障覆盖率和保障水平，为贫困和大病儿童提供医疗救助	M3.2.1 保障儿童基本医疗
M4 儿童与社会环境	M4.1 营造尊重、爱护儿童的社会氛围，消除对儿童的歧视和伤害	M4.1.1 宣传
	M4.2 适应城乡发展的家庭教育指导服务体系基本建成	M4.2.1 将家庭教育指导服务纳入城乡公共服务体系
	M4.3 儿童家长素质提升，家庭教育水平提高	M4.3.1 开展家庭教育指导和宣传实践活动
		M4.3.2 为儿童成长提供良好的家庭环境
	M4.5 90% 以上的城乡社区建设场所为儿童及其家庭提供游戏、娱乐、教育、卫生、社会心理支持和转介等服务的儿童之家	M4.5.1 强化城乡社区儿童服务功能
	M4.6 保障儿童参与家庭生活、学校和社会事务的权利	M4.6.1 保障儿童的参与和表达权利
		M4.6.2 加强儿童社会工作队伍建设
M5 儿童与法律保护	M5.1 保护儿童的法律法规和法律保护机制更加完善	M5.1.1 继续完善保护儿童的法律体系
	M5.2 贯彻落实保护儿童的法律法规，儿童优先和儿童最大利益原则进一步落实	M5.2.1 加强法制宣传教育，加强执法监督
	M5.3 完善儿童监护制度，保障儿童获得有效监护	M5.3.1 建立完善儿童监护监督制度

续表

分类	目标设定	
M5 儿童与法律保护	M5.4 预防和打击侵害儿童人身权利的违法犯罪行为，禁止对儿童运行一切形式的暴力	M5.4.1 保护儿童人身权利
	M5.5 保障儿童依法获得及时有效的法律援助和司法救助	M5.5.1 完善儿童法律援助和司法救助机制
	M5.6 司法体系进一步满足儿童身心发展的特殊需求	M5.6.1 推动建立和完善适合未成年人的专门司法机构

资料来源：根据《中国儿童发展纲要（2011—2020年）》设置目标总结得出。

表7-2　　　　　　　　中国儿童保护目标分组归纳

家庭保护	学校保护	社会保护	司法保护
M4.2	M1.2	M4.1	M5.1
M4.3	M2.1	M3.1	M5.2
		M1.1	M5.3
		M4.5	M5.4
		M3.2	M5.5
			M5.6

资料来源：将上述目标与《未成年人保护法》相结合得出。

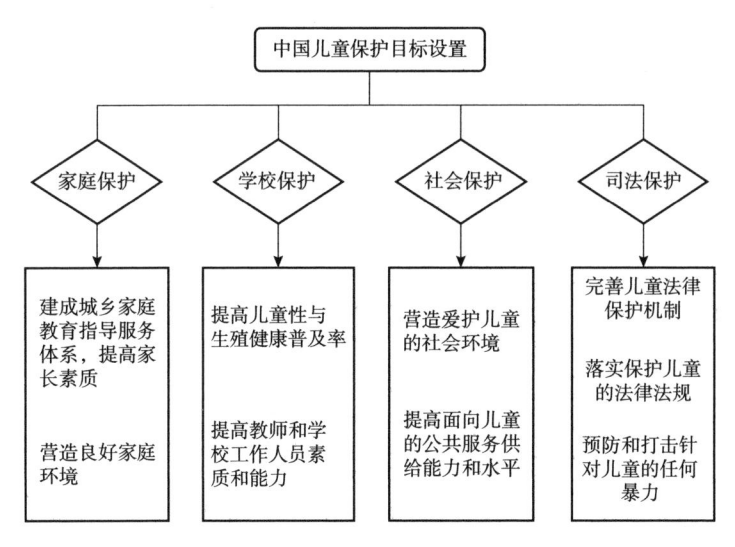

图7-1　中国儿童保护目标设置现状

资料来源：将表7-1与表7-2结合中国儿童政策进步指数体系得出。

儿童保护目标的设定是自上而下的，即首先由国家政府机构规划出我国儿童发展的总目标，然后将总目标按照儿童发展的不同主题划分成几个分目标，分目标之下再详细划分成数个较小的子目标，儿童保护始终是贯穿其中的议题。

中国儿童政策进步指数体系由北京师范大学公益研究院发表于《2018中国社会政策进步指数报告》中。

第一节 家庭保护目标达成功能分析

儿童在成年之前几乎所有的时间都与家庭成员共同度过，家庭是自儿童出生后保证儿童温饱、健康与安全成长的第一个场所，家庭一方面是儿童保护的港湾，但另一方面又可能给儿童带来不易察觉的伤害。因此，我国为保证儿童获得应有的家庭保护，在儿童发展纲要中明确了家庭保护中的两点目标，分别是提高家长素质，提升家庭教育水平以及营造良好家庭环境。

一 提高家长素质，提升家庭教育水平

家庭成员有责任引导儿童做好预防工作，避免儿童遭受家庭以外暴力事件的伤害。家庭内部的成年人要有意识地重视儿童保护，向儿童进行有关暴力方面的科普，与儿童多做沟通。家长应该对容易造成儿童伤害的危险有一定敏感度，保护儿童远离高危环境，对于辨别是非能力不足的幼儿要及时了解其身体状况，学会识别儿童是否遭受了暴力侵害的基础知识。同时，提升家长素质、提升家庭教育水平能有效增强家庭成员的儿童保护意识，当前我国主要通过开展家庭教育指导等方式提升家长素质。2010年，多部委联合印发了《全国家庭教育指导大纲》作为家庭教育水平提升工作的指导文件①。2015年我国教育部发布了《教育部关于加强家庭教育

---

① 化雨：《七部门首次联合颁发〈全国家庭教育指导大纲〉》，《宁夏教育》2010年第4期。

工作的指导意见》的文件，指出近年来我国家庭教育工作虽取得了一些积极进展，但还存在认识不到位、教育水平不高、相关资源缺乏等问题，导致一些家庭出现了重智轻德、重知轻能、过分宠爱、过高要求等现象，影响了孩子的健康成长和全面发展。文件强调了家长在家庭教育中的主体责任，还进一步强调了学校在家庭教育中的重要作用[1]。此外，全国妇联联合其他多部门曾先后发布了两个五年规划以推进家庭教育工作的进展。

对于如何提升家庭教育水平，《儿童发展纲要》与《教育部关于加强家庭教育工作的指导意见》提出了较为具体的执行办法。其一，将家庭教育指导服务纳入城乡公共服务体系。普遍建立各级家庭教育指导机构，90%的城市社区和80%的行政村建立家长学校或家庭教育指导服务点。通过构建家庭教育从业人员培训和指导服务机构准入等制度，培养合格的专、兼职家庭教育工作队伍。加大公共财政对家庭教育指导服务体系建设的投入，鼓励和支持社会力量参与家庭教育工作。其二，开展家庭教育指导和宣传实践活动，确保儿童家长每年至少接受两次家庭教育指导服务，参加两次家庭教育实践活动。这项工作运行情况主要通过家长学校数和家长学校培训人次进行考量。家长学校数是指某地区一段时间内（通常为一年），为了进一步推动家庭教育的健康发展，帮助家长掌握家庭优生、优育、优教知识，改善对子女保育、教育方法，根据不同年龄儿童的家长和有特殊需要儿童家长的要求，举办的各种类型的家长学校个数，以及在广播、电视中开办的家长学校个数；家长学校培训人次是指某地区一段时间（通常为一年）内，由各类家长学校培训当地儿童家长的人次数，该指标是反映家庭教育普及情况的重要指标。以上两个项目都是反映家庭教育普及情况的重要指标[2]。

家庭教育指导服务体系是由政府和社会各界对家庭教育的多项支持服

---

[1] 教育部：《教育部关于加强家庭教育工作的指导意见》，《中国家校合作教育》2015年第4期。

[2] 新华社：《2020年建成家庭教育指导服务体系》，《青春期健康》2017年第1期。

务组成的，包括指导服务活动、指导服务人员体系和指导服务的管理系统三部分。当前我国省级家庭内教育指导服务工作主要由妇联主导，分为省市县三级开展指导服务工作。当下政府尚未设立独立的家庭教育指导工作部门，也没有建立专项的家庭教育指导培训基地①。家庭教育指导服务开展数年以来，已经初见成效。2015 年年末，全国妇联发布了我国家庭教育状况调查结果，显示家长的家庭教育观念和行为整体状况趋好，家长们对于家庭教育服务指导有强烈需求②。2018 年，北京师范大学中国基础教育质量监测协同创新中心等四个单位联合发布了全国家庭教育状况调查数据，结果显示父母开始更加主动地去学习家庭教育相关知识，但是父母所关注的重点与孩子的需求却存在错位，此外调查结果也反映出家校合作存在一定困难③。家庭教育观念逐渐深入家庭与学校的儿童教育之中，为实现家庭教育指导服务专业化，2017 年 12 月 12 日，中国教育科学研究院与北京广安家庭发展研究院联合发布家庭教育指导服务规范，从家庭教育指导者资质、服务内容、课程设置、服务运行、服务质量评价与改进等方面提出了专业要求④。基于上述现状，我国在家庭教育指导服务方面开始逐年加大投入力度，这不仅是为了满足家庭与儿童的成长需求，更是国家与社会发展的必然选择。

二 营造良好的家庭环境

从家庭教育与保护儿童方面来看，上文提到了我国育儿观念随着经济发展出现了巨大的变化，"儿童是家庭私产"等观念逐渐向"儿童是独立

---

① 李艳敏、孙红：《家庭教育指导服务体系建设的思考和研究》，《中国妇运》2014 年第 6 期。
② 全国妇联儿童部：《第二次全国家庭教育现状调查结果发布会》，《中华家教》2016 年第 3 期。
③ 北京师范大学、中国基础教育质量监测协同创新中心：《〈全国家庭教育状况调查报告 (2018)〉发布》，《教育学报》2018 年第 5 期。
④ 中国教科院：《中国教科院发布家庭教育指导服务规范》，《教育（周刊）》2018 年第 1 期。

第七章 政治系统——儿童保护制度的目标达成功能

个体,有权决定一些个人事务"等观念转变。家庭中的育儿观念与儿童保护观念息息相关,"不打不成才"的教育方式在当代家庭教育中已不能占据主导地位,家庭内对于儿童"管教"的底线有了新的设定。

(一)预防针对儿童的家庭暴力事件发生

目前,我国预防儿童暴力事件的发生主要指预先做好暴力侵害儿童事件发生的应对措施以及尽可能地防止暴力事件发生。

目前我国对于家庭暴力事件的预防主要有两个途径:一种是通过法律的震慑作用,让人们了解家庭暴力需要承担的法律责任有哪些,给施暴者带来道德谴责与法律警示,以防止暴力的再次发生;另一种途径是以多种方式进行暴力相关内容的宣传与科普,例如通过播放公益广告让人们了解家庭暴力的危害,开展家庭教育指导对暴力的预防、种类、后果等内容进行科普等。深入访谈对象中有 6 名受访者有自己的子女,对暴力的认识表达了个人看法,在"家长对于暴力的看法"这个节点之下,编码文件数为 6,编码参考点数为 18(表 7-3)。

表 7-3　　　　家长对家庭中的儿童暴力的看法

受访者	受访者身份类属	编码文本
F004	教师	我觉得家长必须承担责任,是因为家长的忽视导致了孩子出现伤害,孩子在很小的时候是没有这个危险意识的。家长怀有侥幸心理导致孩子出现生命危险,应该让家长承担责任,他才有这个意识,不然他以后还会犯这样的失误
F005	教师	反正我是很理解家长这个痛苦的心理,因为忽视而导致孩子伤亡,我觉得就没有必要再谴责了
F005	教师	觉得就主要看程度吧,你比方说那些比较亲昵的那种,开玩笑的,我觉得应该不算,有时候肢体上的接触可能促进跟孩子的亲密关系,但是你如果是下狠手还看你这个目的是什么,你是出于愤怒就教训他,还是说你是想让孩子改掉不好的习惯或者是态度什么的,我感觉应该在教育过程当中这个主要看出发点
		我感觉这个东西不太好确定,你比方说这个有肉体上的还有精神上的,比方说人们家长对孩子冷嘲热讽,可能有时候忽视不在意算不算也是一种虐待

续表

受访者	受访者身份类属	编码文本
F006	医院行政人员	你看我现在带孩子我付出很多,但是我也偶尔会开个小差晃个神,孩子摔一下什么的,你不能说孩子因为这个你就说我忽视孩子。我不赞同这个观点
		虐待儿童应该有保姆的家庭应该还是有一定比例存在
		情感上的主观忽视应该就算忽视暴力了
		如果长期的经常骂就算精神暴力了
		我觉得不听话打个屁股也不能算上暴力
		已经意识到孩子处于危险之中却不采取什么行动,这可以算忽视暴力
F010	儿童保护研究学者	比方说可能像教育孩子你打一个耳光吧,可能还没上升到虐待的范畴,但是你说性骚扰方面在我看来就是很严重的暴力行为了,然后你说打孩子打到什么程度,咱们这一代人估计认为你甩几个巴掌应该就算暴力了吧。因为你比如说在我的周围来看,包括我自己也看,这就算。摸隐私部位的这种就也算性骚扰了
		在我身边我也有看到家长对孩子非常严厉的批评,比方说我有同事把孩子关到小黑屋里,让他去哭,然后哭吧就感觉问题就解决了,我感觉可能在很多人心里他们就没有精神暴力这个概念,可能在他们心里就觉得这个身体上的伤害啊才算暴力。但实际上我觉得这个精神暴力在有一些家庭里头还是存在的
		我老大是个男孩子吧,我也发现好像大部分人觉得好像女孩更容易受到性侵,所以大部分绘本是以女孩为受害对象的
F014	儿童保护研究学者	儿童暴力和成人暴力相比其实有一些区别,人们在讲成人暴力时呢其实更加强调控制的特点。特别是忽视,成人你就很难谈到忽视暴力,除非是残疾人或没有自我生活能力的人。儿童就不行了,对于儿童的忽视他没有生活能力。精神暴力我感觉差不多,可能不是说会给儿童带来像成人所感受到的恐惧你就算暴力了,我觉得可能像对儿童身心健康不利的一些行为都可以纳入到这个范畴来。精神暴力可能也不一定是行为或者语言,有时候可能一个眼神就会带来精神暴力。另外一个就是忽视,对孩子疾病的忽视我感觉都是可以纳入到这个范畴
		有的父母可能在做事的时候,家里如果存在家暴问题,就会引发代际传递
		人们讲到对孩子的性侵害,对隐私部位,包括有时候猥亵、抚摸、接触等都会纳入到这个范畴中
F015	儿童服务工作者	暴力是有不同的概念的,打一下不是虐待,但一定是家庭暴力,比方说长期的家庭暴力构成虐待这是严重的家暴,即便是轻微的人们也反对,更别提虐待了

资料来源:作者根据 Nvivo12 软件编码结果绘制。

第七章 政治系统——儿童保护制度的目标达成功能

研究显示，家长对于暴力的个人看法与其所从事的工作相关度高，如果仅是与儿童日常生活相关的没有对儿童暴力进行过专门研究的普通社会成员，他们对于儿童暴力的认识基本来自个人生活经验，并且脱离不开个人所接受的家庭教育的影响，对暴力的定义没有基本的界定意识，对于暴力的看法与大部分社会成员是一致的，即要看发出暴力行为人的主观意愿如何，暴力频率与严重程度如何。如果将日常暴力严重程度分为轻微、中度以及重度，在他们看来至少要达到中度暴力才该对其谴责，并且对于忽视暴力的敏感度极低，将过多的家长感性因素置入其中，忽视了从理性方面来划分忽视暴力的边界；对于有儿童暴力研究经验的专业工作人员来说，他们对于儿童暴力的看法更为理性与细致，这样的敏感度不仅来自日常生活体会，更多源于工作经验，他们能够看到儿童暴力中更为细致的关注点，例如成人与儿童承受暴力的程度不同，在暴力定义上应有分别，对于儿童的精神暴力并非仅来自辱骂，还有很多其他形式等。

预防暴力的首要条件是认识暴力，除了家长缺乏对暴力的全面认识外，焦点团体访谈中，儿童们对于暴力的认知情况也不容乐观（图7-2）。

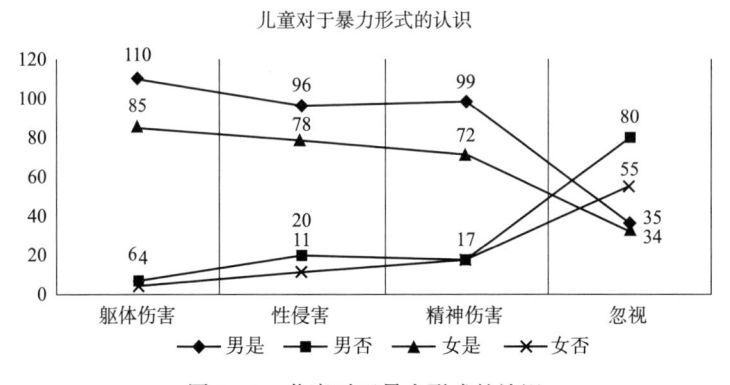

儿童对于暴力形式的认识

暴力形式	男是	男否	女是	女否
躯体伤害	110	64	85	—
性侵害	96	20	78	11
精神伤害	99	17	72	—
忽视	35	80	34	55

图7-2 儿童对于暴力形式的认识

资料来源：作者自知。

焦点团体访谈结果显示，儿童普遍认同躯体伤害是典型的暴力形式，男生对于性侵害的敏感度要低于女生，他们大都认同精神伤害属于暴力的一种模式，这在其他访谈问题的表述中也可以明确体现出来。对于忽视暴力的认识普遍不足，儿童认为的忽视就是"互不理睬"，而并未上升到暴力的程度。儿童对于暴力知识的认识有偏差，其中很重要的原因在于家长的家庭教育水平参差不齐。

当前我国家庭预防暴力工作做得不甚到位，家长们对于暴力敏感度较低，不仅深入访谈中的家长对于暴力认识模糊，参与焦点团体访谈的儿童家长也没有做好暴力知识科普功课，因此提升家长暴力预防素质是保证家庭形成良好的儿童保护预防氛围的基础。

（二）制止针对儿童的家庭暴力事件发生

家庭成员与儿童接触最为频繁，其有可能使儿童面临家暴、躯体及性虐待和体罚的风险。家庭有责任制止一切针对儿童的家庭暴力事件。

目前我国"家庭本位"的概念在人们的社交观念中占有重要地位。中国的家庭本位观念是在几千年历史演进中逐渐发展并成型的，人们往往认为在家庭个体成员与家庭整体关系中，家庭要高于个人，个人利益应该服从于家庭利益，当家庭内部暴力事件发生时，遭受暴力侵害的家庭成员多数选择了沉默，一方面从遭到暴力的儿童自身来看，儿童没有自我生存的能力与资金，依赖于家庭，认为即使把事情"闹大"了也不会有什么好的结果，这些儿童在成年后往往会远离家庭，或者以别的方式进行"报复"；另一方面，从家庭其他成员的角度来看，其他家庭成员认为"一家之长"在提供资金养家的情况下，在家中占有绝对领导地位，其暴力行为是可以被允许的，如果因为暴力行为的曝光而失去了家庭的资金支柱，得不偿失。同时，"家丑不可外扬"的观念是为维持家族颜面而遵循了千百年的金科玉律，家庭的事情在家庭内部解决，如果受虐者将暴力事件爆出家庭之外，会被整个家族成员视为家庭的"背叛者"。家庭暴力行为具有普遍性、隐藏性的特征，家庭暴力形式多样，人们往往认为一般的针对儿童的暴力是家庭正常的管教模式，到了十分严重的情况下才有必要介入家庭暴力之中，否则干预他人家事不符合一般的处事原则，如果小孩不是遭到了严重的暴力伤害，介入家庭事务也会被看作"多管闲事"。由此可见，多方原因造成了当前家庭暴力事件不易解决的现状。有受访者曾表达过这样的担忧：

F014："我就希望大家能把家庭里的暴力事件至少能当作一般暴力事件去看待，而不要因为是家庭里的事就觉得是家务事，而增加了对暴力的容忍程度，纵容暴力也是一种暴力。"

第二节 学校保护目标达成功能分析

优质教育能够在紧急情况发生前后及期间促进儿童的安全和福祉。对于遭受暴力、虐待或忽视的幸存者而言，教育不仅是一项重要的权利，还能帮助他们重返同辈团体。学校保护作为我国未成年人保护法的一个重要部分，在保障儿童权利，保护儿童远离暴力侵害方面发挥着重要的作用。在狭义儿童保护方面，目前我国在学校保护目标设定中有两个二级目标及三个三级目标，目标实现情况可以反映出儿童保护制度实施的目标达成功能发挥程度。

一 提高儿童性与生殖健康普及率

1994年，国际人口与发展会议上（ICPD）明确指出，生殖健康是儿童应当享有的一项基本权益[①]。儿童性与生殖健康（Sexual and reproductive health，SRH）教育是国家公共卫生服务的内容之一，开展此项目需要医疗卫生机构、学校、社区以及家庭的通力配合，由于教育内容的敏感度较高，我国健康教育普及情况不理想。《儿童发展纲要》中提出为提高儿童SRH普及率，提倡将SRH教育纳入义务教育课程中。2016年10月25日中共中央、国务院印发了《"健康中国2030"规划纲要》，指出到2030年要在我国实现健康生活方式的普及，在学校中要加大健康教育的力度，把

---

① 刘伯红、王家湘、顾宁：《第三届国际人口与发展大会有关观点简介》，《妇女研究论丛》1994年第4期。

健康教育作为所有教育阶段素质教育的重要内容①。当前我国各级政府已经开始了相关的落实工作，努力营造出良好的社会氛围以支持儿童 SRH 教育的发展。

据研究发现，当前我国青少年的性与生殖健康知识的普及主要通过学校教育方式传播，此外家庭的辅助教育作用、同辈群体之间的交流以及医疗机构的科普也起到了一定的宣传效果②。儿童在小学时期就已经进入了青春期，且我国儿童生长发育的长期趋势是青春期不断提前③，此时应对儿童进行基础的生殖健康教育，但要注意方式方法，与家长达成良好的配合。在具体的实践过程中，从深入访谈内容来看，目前年轻父母都采取购买读本的方式来给儿童进行科普，但专业度不足。受经济和文化影响，我国各地区对于性与生殖教育的开放程度不同，从对教师们的访谈以及文献参考中得出结论，经济发达文化交流较多的城市在相关知识的科普方面做得较好，经济欠发达交流闭塞的城市及郊县、农村地区，教师们仍然选择较为回避的态度，同时担心会引起家长不必要的质疑。受访教师如此谈道：

F010："我一般就买点绘本什么的，对于男孩子的性教育我也是没有什么太好的办法。"

F001："人们在学校的生理卫生课基本是不上的，让学生们自习，但是毕竟十大几岁的学生青春期发育也明显，所以我会对有特别行为的学生单独谈话，但是也不敢说得太多。有些孩子思想比较开放，所以他们有这个意识但对概念却比较模糊，大部分人是赞同把这个事情讲清楚，他们其实知道你讲这也不会算什么新鲜话题，但你反而讲通了也就好了。"

F004："你说人们幼儿园也就是照顾个吃吃喝喝，对于孩子这问题人们也不知道咋说，我结婚了没啥，人家好多幼师都是小闺女，更不好意思

---

① 曾钊、刘娟：《中共中央国务院印发〈"健康中国 2030" 规划纲要〉》，《中华人民共和国国务院公报》2016 年第 32 期。

② 项雪珍：《青少年性与生殖健康教育现况调查分析》，《养生保健指南：医药研究》2015 年第 21 期。

③ 季成叶、胡佩瑾、何忠虎：《中国儿童青少年生长长期趋势及其公共卫生意义》，《北京大学学报》（医学版）2007 年第 2 期。

第七章 政治系统——儿童保护制度的目标达成功能

说，就是说了，娃娃们回去跟家长一说，人们到时候咋解释呢，不敢说。"

法律法规的制定与落实是提高儿童 SRH 普及率的有效保证，我国从 20 世纪 80 年代末开始强调在学校开展相关内容的科普①，但是直到今天，SRH 教育在一些学校中仍然是禁忌话题。

二 提高教师队伍和学校工作人员的素质能力

教师及学校的其他工作人员个人的素质和能力直接影响教学质量，从访谈节点编码的比较示意图中可以发现，教师们普遍认为教师及学校的其他工作人员对于暴力的认识也直接影响到校园儿童保护氛围的营造，"学校职工对于暴力知识的认识"与"是否营造了儿童保护氛围"两个节点下的交叉编码情况很多（图 7-3）。所以，提高教师队伍和学校工作人员的素质对于儿童能够获得校园保护是基础保障。

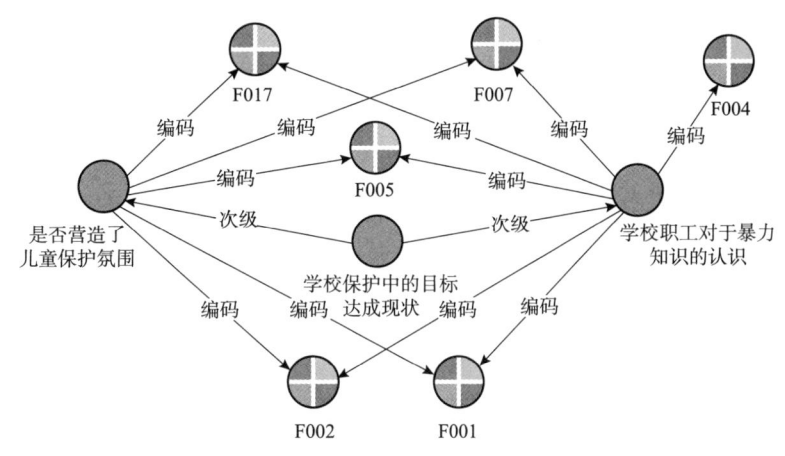

图 7-3 学校儿童保护节点的交叉比较示意图
资料来源：作者根据 Nvivo12 软件编码结果绘制。

（一）提高教师师德修养水平

教师的教育事业不仅体现在业务能力上，同时还需要以身作则，遵守社会公德，以良好的师风师德给学生们做榜样，言传身教。加强教师职业

---

① 高尔生：《学校应是青少年性与生殖健康教育的主阵地》，《人口与发展》2010 年第 3 期。

理想和职业道德教育,提高教师师德修养水平是保证儿童获得学校保护的根本要义。

2014年我国教育部出台了《关于建立健全高校师德建设长效机制的意见》,不仅进行了大量的宣传活动,还将师德作为教师考核、聘任(聘用)和评价的首要内容,此外还加入了师德监督机制,以防止师德失范行为发生。2018年,国务院印发了《关于全面深化新时代教师队伍建设改革的意见》,明确提出要全面加强师风师德建设。此外,教育部印发了《新时代高校教师职业行为十项准则》等多份文件,瞄准各级各类教师师德师风问题。在官方文件发布后,各地区开始展开落实工作,例如上海市已经出台了见习教师培训制度,新教师上岗前必须参加一年见习教师规范化培训。见习教师规范化培训在培训学校或培训基地、聘任学校进行,由经验丰富的教师负责,职业感悟与师德修养是其中一项重要内容①。

同时,过度体罚、学术不端、收受家长财务等教师失德事件屡屡发生,给每个教育工作者敲响了警钟,更有甚者,将犯罪的双手伸向学生。对于师德师风的监督机制的运行在儿童保护方面可看到一些工作成效。例如,对"从业禁止"的规定。2015年《刑法修正案》中规定:因利用职业便利实施犯罪,或者实施违背职业要求的特定义务的犯罪被判处刑罚的,人民法院可以根据犯罪情况和预防再犯罪的需要,禁止其自刑罚执行完毕之日或者假释之日起从事相关职业,期限为三年至五年②。对于犯罪前科者从事儿童相关工作的"从业禁止"规定的实施在近几年中已有了现实案例。在2017年12月26日上午,北京市海淀区人民法院对"名师家教"邹明武性侵女生案公开宣判,邹明武因犯强奸罪、强制猥亵罪,数罪并罚,被判处有期徒刑十二年零六个月,剥夺政治权利两年,并被禁止自刑罚执行完毕或假释之日起五年内从事与未成年人相关的工作。该案是北

---

① 焦以璇:《要当好教师更要成为人师——全国政协委员热议师德师风建设》,《中国教育报》, http://www.moe.gov.cn/jyb_xwfb/xw_zt/moe_357/jyzt_2019n/2019_zt2/zt1902_mtbd/201903/t20190306_372442.html,2019-03-06。

② 最高人民检察院:《中华人民共和国刑法》,《中华人民共和国最高人民检察院公报》1997年第2期。

京法院首例对性侵未成年人的被告人宣告"从业禁止"的案件①。针对施暴者的"从业禁止"办法在我国还未建立十分成熟的判罚机制,例如"对于暴力体罚学生、猥亵学生的行为如何定义?""从业禁止时间的长短如何规定?"等问题还需要出台官方的处理办法来作为指引。

(二)提高教师学历合格率

提高教师学历合格率和学历层次,完善教师培训制度,提高教师业务水平和教学能力可以保障教师高水平地为儿童提供教学与保护工作。教师素质能力的培养与提高关键在于学习与培训。2018年,国务院印发了《关于全面深化新时代教师队伍建设改革的意见》,为推进教师队伍建设采取了一系列政策和举措。据统计,截至2018年年底,全国幼儿园共有专任教师258.14万人,比上年增长6.14%。其中,专任教师接受过学前教育专业的比例为70.94%。全国普通小学共有专任教师609.19万人,比上年增长2.47%。专任教师学历合格率达到99.97%,专任教师中本科及以上学历的比例为59.12%。全国初中共有专任教师363.90万人,比上年增长2.54%。专任教师中学历的合格率为99.86%。专任教师中本科及以上学历的比例为86.22%。普通高中专任教师181.26万人,比上年增长2.18%。专任教师学历合格率98.41%,比上年提高了0.26个百分点。中等职业教育专任教师83.43万人,比上年下降0.59%。专任教师本科及以上学历的比例为92.1%,比上年提高0.52个百分点。"双师型"教师比例占到30.65%,比上年提高0.66个百分点。根据2018年全国教育事业统计,全国共有各级各类学校51.89万所,比上年增加了5128所,各级各类学历教育在校生2.76亿人,比上年增加了535.97万人。各级各类学校共有专任教师1673万人,比上年增加了46万人。2018年,全国共有幼儿园26.67万所,比上年增长4.6%,其中,普惠性幼儿园18.29万所,比上年增长11.14%,普惠性幼儿园占全国幼儿园的比重为68.57%。全国共有入

---

① 上海市闵行区人民检察院课题组:《刑法从业禁止制度在性侵害未成年人案件中的适用》,《山西省政法管理干部学院学报》2018年第2期。

园儿童 1863.91 万人，比上年下降 3.82%。在园幼儿 4656.42 万人，比上年增长 1.22%。其中，普惠性幼儿园在园幼儿 3402.23 万人，比上年增长 4.72%，占全国在园幼儿的比重为 73.07%[①]。

儿童获得安全教育、卫生健康教育等知识的主要途径仍然是来自学校。提高教育资源投入，尽最大力量满足城乡教育需求是做好一切后续工作的基础。当前我国在教师队伍建设方面呈现稳中有进的态势，儿童保护制度实施在学校保护板块中的适应功能发挥良好。

第三节　社会保护目标达成功能分析

全面高效的社会保护可以充分营造一个和谐的社会氛围，进而减少儿童暴力现象的产生。因此社会就是通过重视人身安全、防拐卖、针对儿童防止暴力伤害的宣传等方面的工作，构建社会关爱保护儿童的体系，以此预防儿童可能遭受的各种侵害，推动全社会树立尊重、保护、教育未成年人的良好风尚，关心、爱护未成年人。社会保护作为未成年人保护法的重要组成部分，对预防儿童暴力、关爱呵护儿童具有不可替代的作用。基于上述情况，儿童对于社会保护又提出了新的需求，国家在社会公德层面提出了儿童优先理论，促进全社会关心爱护儿童。

一　营造爱护儿童的社会环境

儿童发展纲要将营造尊重、爱护儿童的社会氛围设为 2020 年我国儿童福利发展需要达到的一个目标。从中国人口结构来看，人们有十足的能力去保护儿童。1979 年以来，中国开始计划生育政策。三口之家成为城市中最常见的家庭模式，女童的地位有所提高，很多家庭争取尽可能多的资源去培养家中独子独女，儿童关注度提升的同时也带来了更多的问题，家庭

[①] 教育部：《介绍 2018 年教育事业发展有关情况》，http://www.moe.gov.cn/fbh/live/2019/50340/twwd/201902/t20190226_371310.html，2019-02-08。

第七章 政治系统——儿童保护制度的目标达成功能

所有的期待都付诸在一个孩子身上，父母的管教容易走向极端，过分严苛或者过分宠溺的家庭教育都会给孩子带来一定的负面影响。

儿童保护观念一直以来都存在于社会中，但是其内容却并不一定总是符合当下儿童发展现状。中国儿童保护观首先源于家庭，访谈研究发现儿童保护归为家事是常见思维，人们对于家庭中儿童的教育模式有较高的宽容度，认为同等情况下的暴力，如果是家庭成员之间则选择忽视，如果是陌生人的暴力行为则会制止。儿童保护是全社会的议题，并非家庭内部事务。对于暴力的定义，暴力程度底线的设立当前没有统一的来自官方的文件规定，人们习惯以长久以来的文化教育、个人经验去判断，这不利于营造出爱护儿童的社会氛围；其次，除了家庭保护，人们认为司法保护、公安机关保护才是可靠的解决方法。政府机构对儿童暴力事件的解决是人们一直以来都较为信任的处理办法，随着时代的发展，民间社会团体开始在儿童保护服务领域发挥越来越多的作用，如鹏鑫家暴咨询等儿童保护类社会组织。民间社团不仅为预防暴力提供了知识科普，而且在暴力发生之后提供的专业性疏导服务，也为受虐者及其家庭提供了极大的支持。对于人口众多的中国社会，多样化的儿童保护服务模式会给人们提供更多的选择，为营造儿童保护的社会氛围带来了积极的影响。

在焦点团体访谈中儿童们也谈到了我国当前儿童保护环境建设的个人感受（图 7-4）。

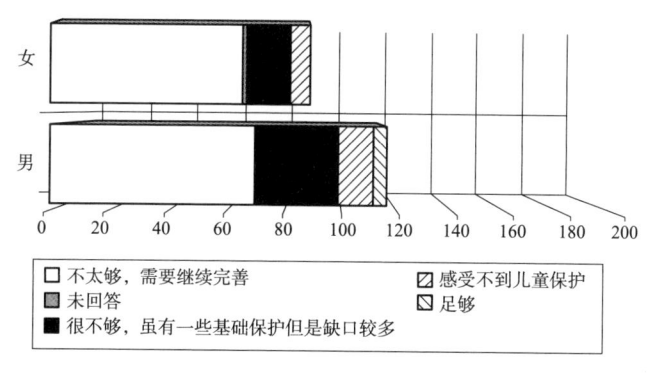

图 7-4 儿童对于保护型社会环境建设水平的个人感受
资料来源：作者根据 Nvivo12 软件编码结果绘制。

焦点团体访谈中儿童对于当前我国保护型社会环境建设水平的个人感受大约有四种：①有一半以上的儿童认为当前我国社会环境中的儿童保护建设不太够，需要继续完善；②有接近四分之一的学生认为当前我国虽有一些儿童保护的基础制度与设施，但是总的来说有较大缺口，不能惠及大部分儿童；③有一少部分学生坦言他们感受不到任何儿童保护，除了自己的亲人，社会上的成年人并不会对陌生儿童表现出责任心；④有5位男童表示当前中国的儿童保护是足够的，他们认为自己从来没有遇到过任何危险，且身边的儿童生活也很稳定。通过对儿童切身的想法进行深入探究发现，当前我国对于爱护儿童的社会环境营造还有许多不足，仍有很大的完善空间。

中国的儿童保护专业化如果以《儿童发展纲要（2010—2020）》的发布为开始节点，则现在仍然处于儿童保护发展的初级阶段，还未完全营造出保护儿童远离暴力的社会氛围。当务之急要明确暴力概念的官方定义，制定与落实专业的儿童暴力事件处理办法以及暴力知识宣传，当人人心中都树立起"儿童优先、禁止一切针对儿童的暴力"等观念时，才能真正地为营造保护儿童的社会氛围做好准备。

我国民政部于2013年与2014年先后在全国98个地区开展了未成年人社会保护试点工作，探索建立未成年人社会保护网络，形成"家庭、社会、政府"三位一体的未成年人社会保护工作格局。试点地区依照民政部下达的通知制定出了适合当地实际的未成年人保护方案。试点地区的工作开展顺利且与有经验的国际组织进行了合作，例如民政部社会事务司与救助儿童会于2014年至2016年间签订了合作项目，挑选了江苏南京、湖北荆州、贵州凯里、四川仁寿四个试点，就"建立以家庭监护干预为核心的困境未成年人社会保护模式"开展了为期3年的合作[①]。政府的积极引导与行动有助于大力推动儿童保护社会环境的形成，但这需要持续而长久的

---

① 国际救助儿童会（英国）北京代表处：《儿童保护项目2017—2018年项目末期评估公开招标书》，http：//www.savethechildren.org.cn/news/1931，2018 - 09 - 21。

不断推进，阶段性的工作成果需要时间去消化成为实际的社会影响。

当前我国广泛开展以儿童优先和儿童权利保护为主题的宣传教育活动，提高公众对儿童权利尤其是儿童参与权的认识，此外动员了学校、幼儿园、医院等机构和社会团体、志愿者参与儿童保护。当受害儿童需要法律服务时，政府支持和鼓励基层法律服务机构、社会团体、事业单位等社会组织利用自身资源为儿童提供法律援助，以确保儿童在司法程序中能够获得高效、快捷的法律服务和司法救助。总的来说，我国政府目前通过相关政策的颁布在积极引导尊重、爱护儿童社会风气的形成，儿童保护领域的服务组织与专业人士也以积极的态度作出回应并尽最大努力发挥个体力量以促进儿童保护观念的普及以及儿童保护事业的发展。

二 提高面向儿童的公共服务供给能力和水平

近年来我国为提高儿童基本公共服务水平，开始增加了财政对儿童福利的投入，自2013年开始已在全国多地开展了适度普惠型儿童福利试点工作，积累了大量的经验，我国儿童福利虽然仍主要是补缺型福利模式，但是已经开始了积极向普惠型转变的工作进程。为提高儿童公共服务能力与水平，实现儿童基本公共服务均等化，我国在儿童保护范畴内从以下几个方面做出了努力。

（一）构建儿童心理健康公共服务网络

当前，儿童心理健康日益成为当下民众关注的焦点问题，儿童因为心理问题产生的校园暴力事件、自杀自残事件以及青少年犯罪事件较以往以更高的频率出现在社交平台以及媒体新闻中，人们在扼腕叹息的同时也开始意识到儿童心理健康的重要性。《儿童发展纲要（2010—2020）》中构建儿童心理健康公共服务网络所采取的策略措施是在儿童医院、精神专科医院和有条件的妇幼保健机构设儿童心理科（门诊），配备专科医师。此外，在学校设心理咨询室，配备专职心理健康教育教师。与此同时要开展精神卫生专业人员培训，提高工作人员的专业度，提升儿童心理健康服务水平。

2016年12月30日，国家卫生计生委等22部门联合印发《关于加强心理健康服务的指导意见》，以此意见为指导，2018年12月4日国家卫生健康委等机构联合发布了《全国社会心理服务体系建设试点工作方案》，设定了2021年实现目标[1]，希望通过探索与构建心理服务试点来为全国社会心理服务体系建设积累经验，当然儿童心理服务也包括在内。由于文件发布时间较短，目前还没有可供参考的反馈数据。当前我国儿童医疗资源正在以较快的速度增长，对于设定的国家目标基本可以实现，但是总的来说在儿童保护方面，不论从学术研究结果还是社会统计数据来看在基本心理服务平台点还未建立完成的情况下，我国儿童心理健康公共服务网络的构建还缺乏许多必要条件。综合来看，构建出合理有效的儿童心理健康公共服务网络并保证其良好运作还需要很长一段时间才能实现。

（二）强化城乡社区儿童服务功能

社区是基层群众性自治组织，在儿童保护中往往可以发挥重要的作用。要以街道、居委会、村委会为依托，充分挖掘和合理利用社区资源，使儿童保护纳入社区管理和服务职能，建立以社区为基础的儿童保护实施机制。社区应建立未成年人保护的自治组织，明确工作职责与责任，开发社区工作流程，保证落实相关政策。2013年，民政部、财政部联合发布了《关于加快推进社区社会工作服务的意见》，标志着中国社区社会工作首次成为独立专业实务领域。2016年，为增强城乡社区服务功能，提高城乡居民生活水平多部联合发布了《城乡社区服务体系建设规划（2016—2020年）》，规划指出当前我国社区服务体系建设进入了城乡统筹的新阶段。截至2015年年底，全国有7957个街道，31832个乡镇，10万个城市社区，农村社区建设覆盖面不断扩大。从社区建设方面来说，全国共建成城乡社区综合服务设施15.3万个，比2010年年底增加9.6万个，城市社区综合

---

[1] 中国社会工作编辑部：《〈全国社会心理服务体系建设试点工作方案〉解读》，《中国社会工作》2019年第1期。

第七章 政治系统——儿童保护制度的目标达成功能

服务设施覆盖率达到82%，农村社区综合服务设施覆盖率达到12.3%。此外，全国建成社区便民利民服务网点24.9万个，社区服务志愿者组织9.6万个。在人才队伍建设方面，截至2015年年底，全国共有社区居民委员会成员51.2万人，村民委员会成员229.7万人，社区专职工作人员127.6万人，社区志愿者数量不断增长[1]。我国城乡社区服务的快速发展给社区人民的生活增添了丰富的生活趣味，提高了民众的生活幸福感，但是我国城乡社区服务体系建设仍处于初级阶段，还不足以满足人民日益增长的物质与精神文化需求。

实现国家政策和儿童保护对接要做好"最后一公里"工作，建立完善城乡社区儿童之家建设和运行机制，是解决儿童福利和保护工作最后"一公里"问题的有效途径[2]，此外，中国儿童福利示范项目中提出的儿童主任模式也可以解决儿童保护"最后一公里"问题。

儿童之家的建立被看作是当前我国社区儿童公共服务供给能力考量的指标之一。国家统计局对于儿童之家做出了界定，即以社区为依托，利用社会资源建立，以保护儿童权利和促进儿童发展为宗旨，向儿童提供游戏、娱乐、教育、卫生和社会心理支持等一体化服务的体系。儿童之家应配备必需的活动设施，室内面积一般不少于30平方米，应有专职或兼职工作人员。截至2017年年底，全国有12.7万名基层儿童主任上岗服务，17.8万所儿童之家投入使用，以将近3亿儿童全面纳入基层儿童福利与保护网络为目标[3]。2018年年底，天津市妇联邀请专业人士制定出全国首个"儿童之家"考核评估标准[4]，这对于我国儿童之家建立与发展的专业化起到了很好的促进作用。

---

[1] 发展规划司子站：《城乡社区服务体系建设规划（2016—2020）》，http：//www.ndrc.gov.cn/fzgggz/fzgh/ghwb/gjjgh/201707/t20170707_854160.html，2016-10-28。

[2] 宋秀岩：《在全国城乡社区儿童之家建设推进会上的讲话》，《中国妇运》2017年第11期。

[3] 联合国儿童基金会驻华办事处、北京师范大学中国公益研究院：《中国儿童福利与保护政策报告》，2018年，摘要。

[4] 中国妇女报：《天津实现城乡社区"儿童之家"全覆盖》，http：//epaper.cnwomen.com.cn/content/2019-02/18/057042.html，2019-02-18。

2010年5月，为加速推进与经济发展水平相适应的中国儿童福利制度建设，民政部社会福利和慈善事业促进司、联合国儿童基金会以及北京师范大学中国公益研究院共同开展了"中国儿童福利示范项目"，覆盖山西、河南、四川、云南和新疆五省（区）十二县120个行政村，逐步惠及近10万名儿童①。此示范项目中推出的儿童主任服务模式可以在保护儿童免受暴力侵害方面起到一线预防作用。在村（居）民社区委员会中设立专业的儿童服务工作人员，对本地区域的家庭、家长及儿童开展预防暴力知识科普工作，定时到家庭中进行家访，组织社区儿童保护宣传活动等，可及时发现并满足儿童需求。儿童主任服务模式是嵌入儿童之家社区组织之中的。儿童之家是社区的儿童活动空间可以为家长提供营养健康、卫生保健等知识及技能和儿童早期教育指导服务，同时为儿童开展心理咨询和行为指导，是家庭教育培训的重要场所。儿童之家在中国儿童福利示范项目中获得了很好的运行效果，在暴力侵害儿童事件发生之后，其提供的社会心理支持服务的积极跟进有助于疏导儿童的心理创伤，帮助儿童早日恢复日常生活。

（三）加强儿童社会工作队伍建设

暴力侵害儿童事件发生，除了相关政府机构的工作人员，还有一些辅助工作人员也扮演着十分重要的角色。儿童社会工作者、儿童心理治疗师、儿科医生、儿童收养与救助机构的工作人员等需要经过专业化培训，为儿童提供有效的保护服务。

社会工作师是指通过全国社会工作师职业水平考试并取得社会工作师职业水平证书的人员②。2011—2015年全国取得社会工作者职业水平证书的人数分别为54176人、84135人、123084人、158929人、206183人，呈

---

① 高玉荣：《缩小差距推进公平让困境儿童福利零距离——"中国儿童福利示范项目"实施情况介绍》，《中国民政》2015年第19期。
② 国家统计局：《指标解释》，http://www.stats.gov.cn/tjsj/zbjs/201310/t20131029_449417.html，2013-10-29。

逐年大幅增长趋势①。儿童社会工作者即主要做儿童服务工作的社会工作师，虽然我国社会工作有了一定的发展，但是儿童专业社工并未做出区分，若以我国儿童福利机构的儿童社工为例，我国拥有资格认证的儿童社会工作人员仅为 860 人②，专业人员缺口较大。目前我国将基层组织中持有证书的专业社会工作者人数的多少当作一项评价指标，用于测评基层儿童服务的专业化程度。具体是指在基层组织中的职工参加全国统一助理社会工作师、社会工作师职业水平考试合格，并获得由人事部统一印制、人事部和民政部共同用印的《中华人民共和国社会工作者职业水平证书》的人员数量。其数据来源于民政系统统计年报。民政部于 2014 年发布了儿童社会工作方面的工作标准。专业人员的培养、使用以及工作监督是保证儿童保护事业专业化的有效手段，相关文件出台后的落地工作面临着巨大挑战。

儿童社会工作者、儿童心理治疗师、儿科医生、儿童收养与救助机构的工作人员等都是儿童保护专业人员队伍中的一员，专业人员是否参与到儿童保护案件处理中关系到事件处理结果的有效性、可行性以及儿童的基本权利是否得到保护等核心问题。

（四）保障儿童基本医疗

2016 年 5 月 13 日，我国国家卫生计生委等六大部门共同发布了《关于加强儿童医疗卫生服务改革与发展的意见》，文件提出了总体目标，到 2020 年我国要达到每千名儿童床位数增加到 2.2 张，每千名儿童儿科执业（助理）医师数达到 0.69 名，每个乡镇卫生院和社区卫生服务机构至少有 1 名全科医生提供规范的儿童基本医疗服务③。在 2016 年当时我国的儿科医疗资源缺口较大，儿童心理健康门诊属于儿科医疗的一部分，总的来说，形势不容乐观。

---

① 国务院妇女儿童工作委员会：《我国普惠型儿童事业正阔步前行》，http://www.nwccw.gov.cn/zhuanti/2017-04/19/content_149768.htm，2017-04-19。
② 王振耀：《中国社会政策进步指数报告》，社会科学文献出版社 2018 年版，第 124 页。
③ 国家卫生和计划生育委员会：《国家卫计委发布〈关于加强儿童医疗卫生服务改革与发展的意见〉》，《中国社区医师》2016 年第 6 期。

经过改革的大力推动,截至 2018 年年底,全国的儿童专科医院达到 228 所,比 2016 年年末增加了 19 所,300 万人口以上的地级市,有 50% 的地级市都有了儿童专科医院。在儿童医师队伍建设上,根据 2015 年卫生年鉴,当时有 12 万儿科医生,每千人口的儿童医生不到 0.5 名,截至 2018 年年底,全国儿科医生达到了 15.4 万名,比当时的 12 万名增长了 28.3%,每千人口的儿童医生数量达到了 0.63 名[1]。我国儿童医疗资源获得了一定的改善,医疗资源仍然有扩充的空间,我国即使实现了 2020 年每千名儿童儿科医生数 0.69 名这个目标,依然要低于世界主要发达国家每千名儿童 0.85—1.3 名儿童医生的数量[2]。此外,儿科床位数偏低、儿童专门医疗机构严重不足的问题依然存在。

第四节 司法保护目标达成功能分析

儿童的司法保护,是指公安机关、人民检察院、人民法院以及司法行政部门,即广义的国家司法机关,通过依法履行职责,对儿童开展的一种专门保护活动。

一 完善儿童法律保护机制

在建立儿童保护工作体系时,首先应该建立和完善符合儿童安全健康成长的具有可操作性的儿童法律保护体系。目前我国未成年人保护法律体系在立法、司法、执法等方面都建立了响应机制。随着时代的发展,新情况、新风险的出现,儿童法律保护机制需要进一步完善。综上所述,为实现此二级目标,我国政府从两个方面进行了改进,分别是清理、修改、废止与保护儿童权利不相适应的法规政策以及增强儿童保护法律法规的可操

---

[1] 国家卫生健康委员会:《例行新闻发布会文字实录》,http://www.nhc.gov.cn/xcs/s7847/201901/af1b200319ab4d4c9a8281a39a8be37a.shtml,2019 - 01 - 25。

[2] 王振耀:《中国社会政策进步指数报告》,社会科学文献出版社 2018 年版,第 126 页。

第七章　政治系统——儿童保护制度的目标达成功能

作性。

(一) 提高儿童保护法律的合理性

清理、修改、废止与保护儿童权利不相适应的法规政策是我国儿童司法保护的一项目标。目前我国涉及儿童保护的法律法规众多，经过了数次修订形成了操作性更强的儿童保护法律条文，如《未成年人保护法》《预防未成年人犯罪法》《收养法》《义务教育法》等。这其中《刑法》的修改最具有代表性。

《中华人民共和国刑法》由 1979 年 7 月 1 日第五届全国人民代表大会第二次会议通过，1979 年 7 月 6 日全国人民代表大会常务委员会委员长令第五号公布，自 1980 年 1 月 1 日起施行。在涉及儿童案件的判罚中，大部分是与躯体暴力与性暴力相关的，《刑法》经过了数次修改，其中，涉及儿童的修改主要集中在《中华人民共和国刑法修正案（九）》中。《刑法》第 260 条第 3 款修改为："第一款罪，告诉的才处理，但被害人没有能力告诉，或者因受到强制、威吓无法告诉的除外。"该罪在修改之前属于自诉罪名，这在访谈中也得到了证实，儿童往往没有自主权，不诉不理会导致很多暴力事件不易被发现，或者即使发现了也难以对施暴者提起诉讼。新条款的修订使得对于那些原本属于自诉案件的虐待罪转由检察机关启动公诉成为可能，能够更好地保护受害儿童。

《刑法修正案（九）》修订后，将第 237 条"强制猥亵、侮辱妇女罪、猥亵儿童罪"，改为"强制猥亵他人、侮辱妇女罪、猥亵儿童罪"，扩大了猥亵罪的适用范围，将男性纳入了猥亵罪的对象，为原罪名中未涵盖的已满 14 周岁未满 18 周岁的被侵害的未成年男性提供了刑法保护。

1997 年《刑法》将第 360 条"嫖宿幼女罪"与第 236 条"强奸（幼女）罪"进行区别，不同点在于如果被害幼女已"主动自愿"从事卖淫活动，就构成嫖宿幼女罪，否则构成强奸罪。两项罪名量刑有差异，同时给幼女贴上了"卖淫"的标签，《刑法修正案（九）》将嫖宿幼女罪废除后，一方面促进了性侵犯女性的犯罪行为统一了司法标准，同时避免了给受害幼女带来"污名化"。2014 年，邛崃市人民检察院对邛崃市两名男子嫖宿

13 岁幼女的案件，在全国首次以强奸罪提起公诉。邛崃法院于 2015 年 3 月 2 日做出判决，在国内首次以强奸罪对两名被告人嫖宿幼女的行为判处刑罚，判处二人有期徒刑 5 年[①]。

除了清理、修改、废止与保护儿童权利不相适应的法规政策，我国政府也针对社会问题的实际情况而颁布新的法律以更好地保护儿童安全成长。如 2015 年 12 月 27 日第十二届全国人民代表大会常务委员会第十八次会议通过的《中华人民共和国反家庭暴力法》，其第 12 条规定，未成年人的监护人应当以文明的方式进行家庭教育，依法履行监护和教育职责，不得实施家庭暴力。

（二）增强儿童保护法律法规的可操作性

实施儿童保护制度，除了完善的制度依据，还需要有专业化的操作流程供参考，遭受暴力侵害的儿童往往比较脆弱，如果操作不当会给儿童带来二次伤害，这样就违背了儿童保护的初衷。

在法律方面以《未成年人保护法》为例，我国分别于 2006 年与 2012 年作了修订，其中 2006 年修订后的《未成年人保护法》从 1991 年《未成年人保护法》的 56 条增加到 72 条，其中，有 25 条是新增加的，另外 47 条中，32 条有实质性修改，11 条有文字性修改，未改的仅有 4 条，这是一次较为全面的修订，此次修订进一步明确了未成年人的权利，明确了未成年人保护的原则，同时对"四项保护"（家庭保护、学校保护、社会保护以及司法保护）增加了很多内容。为保证法律的有效运行，还强化了法律责任，确定违法行为的法律责任，对于维护法律尊严，保障法律有效实施，惩罚和教育违法者，促进公民自觉守法具有重要意义。未成年人保护的相关法律不可能通过一次修订就解决全部问题，法律为解决现实社会中存在的突出问题，往往通过数次修订来提高法律条文的针对性和可操作性。

又如，我国《刑事诉讼法》第 114 条规定："对于自诉案件，被害人有权向人民法院直接起诉。被害人死亡或者丧失行为能力的，被害人的法

---

① 王英占：《全国首例"嫖宿幼女"被判强奸罪》，《政府法制》2015 年第 10 期。

第七章 政治系统——儿童保护制度的目标达成功能

定代理人、近亲属有权向人民法院起诉。人民法院应当依法受理。"[①] 儿童作为限制行为能力人以及无行为能力人，在维护自我权利或者是儿童群体的权利时，可以通过成年人的帮助实现儿童权利的主张。当然，在具体的操作过程中，仍然需要通过多种途径向儿童进行科普，让儿童明确知晓自己所享有的权利有哪些。

（三）建立完善儿童监护监督制度

监护监督的缺失会给儿童带来许多意外伤害甚至带来未成年人犯罪的隐患。留守儿童问题当下已成为我国的社会问题，儿童由于长期与父母分离，缺乏有效监护，出现心理健康问题甚至极端行为，容易遭受意外伤害与不法侵害，严重影响了儿童健康成长。有调查显示，在未成年人犯罪案件中，至少有55.52%的涉案未成年人未受到监护人或照管人的管教，个别城市甚至有高达63.89%的涉案未成年人独自或跟朋友来到当地，监护人或照管人无法履行监护责任[②]。对儿童的监督监护在儿童成长过程中十分重要，家庭是履行对儿童监护监督职责的第一主体，让家庭监护缺失或监护人、照管人不能有效履行监护责任的情况下，应由国家承担监护职责。

儿童获得监护监督是其应享有的基本权利。《儿童权利公约》中对保护儿童利益最大化原则做出了规定，"关于儿童的一切行动，不论是由公私社会福利机构、法院、行政当局或立法机构执行，均应以儿童的最大利益为一种首要考虑"。中国签署了该公约，并开始在全国范围内执行并呼吁儿童利益最大化原则的落实。2014年发布的《关于依法处理监护人侵害未成年人权益行为若干问题的意见》中对于遭受监护人侵害的未成年人的监护权的归属做出了明确规定。此意见出台后，江苏省徐州市司法机关受理了全国首例撤销亲生父母监护权案，该案基本按照上述《关于依法处理

[①] 黄太云：《刑事诉讼法修改释义》，《人民检察》2012年第8期。
[②] 王昊魁：《家庭监护缺失与未成年人犯罪密切相关》，《中国社会报》2015年6月8日第10版。

监护人侵害未成年人权益行为若干问题的意见》的规定推动了案件的进展，贯彻了儿童利益最大化原则①，该案在儿童监护制度实践方面起到了很好的示范作用，为后续的类似案件提供了经验。

自民政部等四部门联合印发《关于依法处理监护人侵害未成年人权益行为若干问题的意见》以来，全国至少24个省份已有因侵害未成年人权益被撤销监护人资格案件，撤销监护权案例较多的省份有江苏、浙江、广东、山东、四川等。民政部梳理出69起侵害未成年人权益被撤销监护案中，此三种类型案件最多：遗弃或拒不履行监护职责案件28例，占比高达41%；强奸、性侵和猥亵案件18例，占比近三成；虐待和暴力伤害案件11例，占比达16%。在69起撤销监护人案件中，有29例案件中的未成年人由民政部门或村（社区）委员会来安置，占比逾四成。其中，25例由指定民政部门或其下属的救助站和福利院担任监护人，4例由当地村（居）委会担任监护人资格案件，覆盖了《关于依法处理监护人侵害未成年人权益行为若干问题的意见》中规定可以撤销监护人监护资格情形的全部类型。此外，据相关数据统计，截至2017年年底，我国在儿童监督监护制度方面已有了显著的工作突破，76万名无人监护农村留守儿童监护措施获得落实，24个省份监护权转移司法实践获得实质进展。值得一提的是，上海市在全国率先探索了儿童权益代表人和限制性侵犯罪人员从业的儿童保护机制②，提高了儿童保护工作的专业化和有效性。

二 落实儿童保护法律法规

在儿童保护法律方面，针对儿童的暴力事件的处理已经形成了完整的应对体系。暴力行为的定义，暴力事件发生时的处理办理，暴力行为的判罚等都可以在我国当前的儿童保护法律体系中找到依据。

---

① 尚晓援、窦振芳、李秀红：《一切为了儿童：中国徐州市某区对儿童性虐待案件处理的个案研究》，《山东社会科学》2017年第12期。

② 联合国儿童基金会驻华办事处、北京师范大学中国公益研究院：《中国儿童福利与保护政策报告》，2018年，第69页。

（一）加强法制宣传教育与执法监督

加强法制宣传，提高家庭、学校、社会各界和儿童本人保护儿童权利的法制观念、责任意识和能力。让法制宣传工作进入学校，使中小学生普遍接受法制教育，提高儿童的法律意识和自我保护意识。对于儿童保护工作者也要做好法制宣传工作，增强儿童权益保护观念。在工作过程中明确执法主体，强化法律责任，定期开展专项执法检查。对于儿童相关的案件，执法者尤其需要掌握一定的儿童权益保护知识和技能。

开展法制宣传教育，首要的任务是进行宪法知识的宣传教育，宪法是一国的根本大法，让公民了解宪法、掌握宪法有助于树立宪法观念，增强宪法权威。2001年，中共中央、国务院决定将我国现行宪法运行日12月4日，作为每年的全国法制宣传日。在这一天中，部分民众可进法院参观。我国从1986年开始运行每五年一次的普法规划，目前已经进入了"七五"普法阶段。普法活动最开始是1984年以辽宁本溪钢铁公司的领导干部带头给职工上法制课为宣传典型的，1985年11月22日，全国人大常委会通过了关于在公民中基本普及法律常识的决议，由此开始了在亿万人民群众中普及法律常识、开展法制宣传教育的宏大工程[①]。一直以来，领导干部是普法的重点对象，在我国采取这种自上而下的，领导干部带头进行法律学习的普法宣传方式比较适应国情。

加强法制宣传教育是保证有效执法的基础，更是提升执法监督效果的有效途径。提升公民的法制意识有助于人们更客观地接受公平意志，不仅要依法自我保护还能做到依法不侵害他人。儿童作为社会群体中的弱势群体，由于其不成熟的心理与生理特征，其权利的主张与保证都要依赖成年人，对成年人有依赖不代表儿童没有个体独立性，儿童与成人在法律面前同样都有获得保护的权利。与儿童接触最多的是家庭成员、学校成员以及儿童公共服务提供者，法律的科普让成年人认识并重视儿童权利，同时儿童接受过法律科普之后也会有一定的自我权利主张意识，法制宣传教育在

---

① 邹瑜、夏莉娜：《"五年普法"的由来》，《中国人大》2016年第9期。

儿童保护方面至关重要。

从焦点团体访谈研究结果中可以看到当前儿童接受法律科普的基本情况（图7-5）。

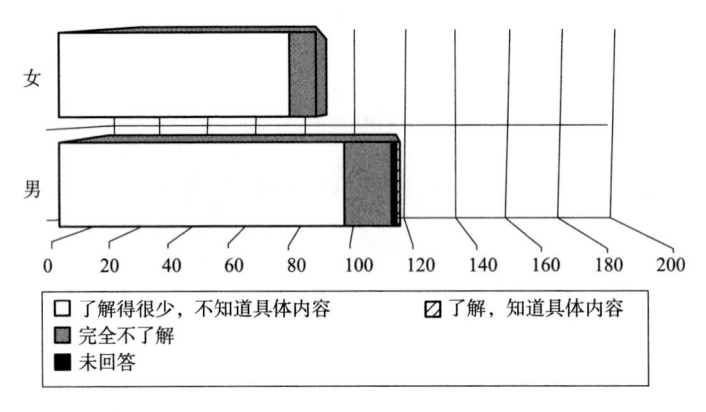

图7-5 儿童对儿童保护相关法律的认识情况
资料来源：作者根据Nvivo12软件编码结果绘制。

大部分儿童表示他们对于儿童保护相关法律了解得很少，只听说过名字，并不知道其具体内容，对于儿童保护法律可以保障儿童哪些方面的权益更是知之甚少，还有一部分儿童表示其完全不了解儿童保护法律的相关内容，甚至连名字都没有听过，在所有的焦点团体访谈对象中，只有一位男生表示其较为了解，原因在于其母亲是儿童法庭的法官，会经常给其讲述相关事项。

在深入访谈中，只有5人表示较为了解儿童保护相关法律法规，其中仅两人熟知法律法规条文具体内容，大部分成年人对于儿童保护法律的了解较为粗浅。

研究结果显示，当前我国儿童保护相关法律科普效果欠佳。

（二）完善儿童法律援助和司法救助机制

法律援助是我国建立的保障经济困难公民和特殊案件当事人获得无偿法律服务，维护当事人合法权益、维护法律正常运行、维护社会公平正义的一项重要法律制度。2018年，我国各地法律援助机构以实体、热线、网络"三大平台"为建设基础，全国建成2900多个县级公共法律服务中心、

3.9万多个乡镇（街道）公共法律服务工作站①。

我国国务院在2003年发布了《法律援助条例》以向有需要的公民提供法律服务，促进法律援助工作规范化。2015年5月，国务院印发了《关于完善法律援助制度的意见》，对进一步加强法律援助工作，完善法律援助制度作出全面部署。意见指出，对于承办未成年人案件的人员资质条件要严格把控，提高案件办理质量。对于未成年人相关的申请要有条件地通过"快速通道"优先办理。以2017年数据为例，全国法律机构共办理法律援助案件130.7万余件，法律援助受援人达138.8万人次，这其中有14万多未成年人获得了法律援助②，约占总受助人数的10%，儿童获得法律援助的占比数十分可观。

司法救助是人民法院对于民事（行政）案件中有充分理由证明自己合法权益受到侵害，但经济确有困难的当事人，实行诉讼费用的缓交、减免的一项司法保障制度。《中华人民共和国刑事诉讼法》《诉讼费用交纳办法》《关于建立完善国家司法救助制度的意见（试行）》以及《最高人民法院关于加强和规范人民法院国家司法救助工作的意见》对国家司法救助做出了规范③。此外，最高人民法院在2019年2月26日发布了《人民法院国家司法救助案件办理程序规定（试行）》《人民法院国家司法救助文书样式（试行）》和《最高人民法院司法救助委员会工作规则（试行）》三项规范性文件，在具体的工作细化操作方面做出了标准化规定。近年来，全国各级法院在完善制度、细化规范的同时，取得了十分可观的业绩。2015年，全国各级法院共办理国家司法救助案件4.1万件，发放司法救助金8.5亿元；2016年，办案4.2万件，发放司法救助金9.3亿元；2017年，办案3.73万件，救助涉案困难群众4.85万人，发放司法救助金8.92

---

① 法制日报：《公共法律服务建设正当时法律援助全力参与见实效》，http://www.moj.gov.cn/Department/content/2019-03/25/612_231291.html，2019-03-25。

② 新华社：《中共中央办公厅、国务院办公厅印发〈关于完善法律援助制度的意见〉》，《中华人民共和国国务院公报》2015年第20期。

③ 江伟、邵明：《法学系列：民事诉讼法》（第三版），复旦大学出版社2016年版，第135—136页。

亿元；2018 年，办案 4.62 万件，救助涉案困难群众 5.75 万人，发放司法救助金 10.75 亿元①。

我国司法救助机关根据未成年人身心特点和发展需要，对其提供特殊、优先和全面的保护。为加强未成年人司法保护，最高人民检察院于 2018 年发布了《最高人民检察院关于全面加强未成年人国家司法救助工作的意见》，本着帮助未成年人摆脱生活困境，改善未成年人身心状况，帮助未成年人回归日常生活的救助理念开展工作，以促进未成年人健康成长②。在救助对象的救助情形规定中除了人们基本知晓并认同的集中情况外，还指出对于心理遭受严重创伤的儿童也可以提供救助，但是暂未列出心理遭受创伤程度的判断标准。案例研究结果显示，当前检察机关工作人员会连同其他儿童服务提供者如儿童社会工作者来共同合力完成儿童保护工作，儿童司法工作更加专业化且具有人情味。但是还存在儿童司法救助工作处于起步阶段，救助申请渠道不通畅，救助资金金额、发放渠道、监管等标准难以把握都是现实存在的困境。

儿童发展纲要指明了完善儿童法律援助和司法救助机制的基本方向，即扩大儿童接受法律援助的覆盖面，健全完善儿童法律援助工作网络，充实基层法律援助工作队伍。我国支持和鼓励基层法律服务机构、社会团体、事业单位等社会组织利用自身资源为儿童提供法律援助，确保儿童在司法程序中获得高效、快捷的法律服务和司法救助。《关于完善法律援助制度的意见》主张完善律师、基层法律服务工作者参与法律援助工作相关权益保障、政策扶持措施，调动律师、基层法律服务工作者等人员的积极性。加大政府购买法律援助服务力度，吸纳社会工作者参与法律援助，鼓励和支持人民团体、社会组织开展法律援助工作③。为儿童提供充足的法

---

① 中国法院网：《最高法召开新闻发布会发布司法救助规范性文件》，https://www.china-court.org/index.php/article/detail/2019/02/id/3738081.shtml，2019-02-26。
② 尹伊君、马滔、赵景川：《〈最高人民检察院关于全面加强未成年人国家司法救助工作的意见〉理解与适用》，《人民检察》2018 年第 8 期。
③ 新华社：《中共中央办公厅、国务院办公厅印发〈关于完善法律援助制度的意见〉》，《中华人民共和国国务院公报》2015 年第 20 期。

律援助和司法救助服务需要通过多渠道多平台来共同实现，要大力提高司法部门法律援助机构和社会组织机构的合作。

（三）司法体系进一步满足儿童身心发展的特殊需要

1. 推动建立和完善适合未成年人的专门司法机构

《未成年人保护法》第五十五条规定："公安机关、人民检察院、人民法院办理未成年人犯罪案件和涉及未成年人权益保护案件，应当照顾未成年人身心发展特点，尊重他们的人格尊严，保障他们的合法权益，并根据需要设立专门机构或者指定专人办理。"儿童由于其未成熟的生理与心理状态，更易受到暴力事件带来的恶劣影响，我国尊重儿童享有特殊身心保护的权利，近年来致力于推动建立和完善适合儿童的专门司法机构，以更好地保护儿童。最高人民法院设有少年法庭工作办公室，各省高级人民法院设有少年法庭工作办公室或少年法庭指导小组，基层法院设有少年法庭；最高人民检察院设有未成年人案件工作指导处。

我国《刑事诉讼法》规定，中级和基层人民法院可以设立独立建制的未成年人案件审判庭；高级人民法院应当在刑事审判庭内设立未成年人刑事案件合议庭；具备条件的可以设立独立建制的未成年人案件审判庭，未成年人案件审判庭和未成年人刑事案件合议庭统称少年法庭[1]。2010年，最高人民法院发布了《关于进一步加强少年法庭工作的意见》以促进少年法庭工作的规范性发展[2]。基层法院建立少年法庭对未成年人犯罪案件和涉及未成年人犯罪案件不公开审理，或采取适当的回避制度。从司法保护的角度明确了对未成年人的专门保护，使未成年人的司法能够体现未成年人的特点和特殊需求，能够有别于成年人。

---

[1] 最高人民法院：《最高人民法院关于适用〈中华人民共和国刑事诉讼法〉的解释》，法律出版社2013年版。

[2] 最高人民法院：《最高人民法院印发〈关于进一步加强少年法庭工作的意见〉的通知法发[2010] 32号》，《中华人民共和国最高人民法院公报》2010年第11期。

1984年10月，上海市长宁区人民法院创建了中国第一个少年法庭①，我国少年法庭的建设已经经过了37年时间。目前我国只有少数地区的法院按照法律规定设置了少年法庭（未成年人案件审判庭），甚至有些地方的少年法庭处于被裁撤合并的境地。访谈中，少年法庭法官提到当前从他所负责工作来看，在少年法庭办理的案件中，对于暴力侵害儿童事件的处理相对较少，尤其在涉及家庭事务的案件时，又不可避免地考虑到家庭和谐因素，在审判过程中会在一定程度上受到传统理念的影响。所以，我国少年法庭虽然已经建立了一段时间，但是当下对于少年法庭的重视程度仍然不足。

2015年，我国最高人民检察院未成年人检察工作办公室正式成立，这有利于将分散在检察机关内部各个业务部门的未成年人检察工作和司法资源有效整合起来，实现未成年人司法保护工作的集约性和专业化，推动未成年人司法保护综合体系建设②。为巩固和发展未成年人检察工作成果、加强未成年人司法保护，最高人民检察院在内设机构改革中设立了第九检察厅，专门负责未成年人检察工作。检察机关的工作贯穿刑事诉讼全过程，从立案监督到逮捕、审查、起诉、出庭公诉以及最后的执行监督都应该专门设立适合未成年人的特殊程序③，儿童合法权益可以获得更好的保护。

我国目前还未设立公安机关办理未成年人案件专门机构，个别地区的公安部门开始对公安系统的工作人员进行专业培训并安排了儿童事件专门处理人员。公安机关在行使治安管理权利时属于行政机关，在行使刑法权利时属于司法机关，公安机关由于其具有综合性的办事属性，在儿童保护制度实施过程中扮演着十分重要的角色。基层公安干警在执行任务时，对

---

① 邵文虹、李兵：《少年审判：爱与希望——人民法院少年法庭工作25年回顾》，《中国审判》2009年第6期。
② 杨赞：《着力构建符合未成年人检察特点的一体化工作模式——访最高人民检察院未成年人检察工作办公室主任张志杰》，《人民检察》2017年第8期。
③ 最高人民检察院：《最高检设立专门负责未成年人检察工作的第九检察厅》，http://www.spp.gov.cn/spp/zdgz/201901/t20190104_404295.shtml，2019-01-04。

于儿童相关案件的侦察有可能会由于缺乏经验而造成受害儿童及其家庭隐私的泄露。处理紧急事件的公安干警需要具备基础的专业知识，例如接线警察的询问技巧、出警警察对于危险程度的判定、出警警察对于儿童是否带离的判定、侦察过程中对于儿童隐私的保护、询问被害人的技巧等内容，都关乎着儿童将来能否顺利回归正常生活。儿童保护方面，机构专门化、工作人员专业化是十分必要的，少年法庭工作办公室和第九检察厅的设立，为建设公安机关办理未成年人案件专门机构提供了很好的社会基础环境以及实践经验。

当前我国儿童案件处理程序的专门性呈加强趋势，相关工作人员的专业化水平处于不断提升之中，但我国还未形成全国统一的儿童公检法一体化系统。

2. 贯彻未成年人保护法，探索未成年人案件办理专业化

为实现暴力侵害儿童事件处理的专业化，近几年来我国国务院及其下属各部委发布了数个可供参考的工作意见。目前在暴力侵害儿童事件处理办法方面有几个法规文件的可操作性较高，它们是：

由最高人民法院、最高人民检察院、公安部、司法部于2013年10月23日发布的《关于依法惩治性侵害未成年人犯罪的意见》；由民政部于2014年9月24日发布的《家庭寄养管理办法》；由最高人民法院、最高人民检察院、公安部、民政部于2014年12月18日发布的《关于依法处理监护人侵害未成年人权益行为若干问题的意见》；由民政部于2014年12月24日发布的《儿童社会工作服务指南》；由国务院于2016年2月4日发布的《关于加强农村留守儿童关爱保护工作的意见》；由民政部于2017年3月8日发布的《受监护侵害未成年人保护工作指引》；2020年5月，最高人民检察院等九部门发布了《关于建立侵害未成年人案件强制报告制度的意见（试行）》。

从以上发布的儿童保护相关工作意见与办法中总结发现，目前我国已经具备了对于暴力侵害儿童事件处理流程的所有专业化指导，这包括了事件发生时的应急处理、事件发生后对于施暴者的惩罚办法、事件发生后对于受害人及其家庭的安抚与疏导办法、儿童带离家庭的临时安置与寄养办法、儿童社会工作者介入的专业工作依据等。这些工作意见是结合了实际工作经验而制定出来的，在儿童保护实际操作过程中，依据规范性意见来做具体的工作不仅有助于明确各工作人员的职责，而且专业化的工作流程有助于更好地给受虐者及其家庭提供帮助。

三 预防和打击针对儿童的任何暴力

儿童享有基本的生命权、生存权和发展权，国家与社会有责任保护儿童免受虐待或忽视暴力。我国儿童发展纲要明确规定了预防和打击针对儿童的任何暴力的策略措施，它们包括：

①在社会治安综合治理方面，要加强社会治安综合治理，严厉打击强奸、拐卖、绑架、虐待、遗弃等侵害儿童人身权利的违法犯罪行为和组织、胁迫、诱骗儿童犯罪的刑事犯罪。

②保护儿童免遭一切形式的性侵犯。

③建立受暴力伤害儿童问题的预防、强制报告、反应、紧急救助和治疗辅导工作机制。整合资源，探索建立儿童庇护中心。

依据刑法对施暴者施以惩罚是司法保护的重要手段，对犯罪者起到了惩戒以及剥夺其再犯能力的作用；对于犯罪人以外的人，如社会上的高风险的潜在的犯罪人起到了一定的震慑作用、发挥预防作用，且有助于抑制暴力事件发生；对于被害人及其家庭起到了安抚作用。

结论篇

第八章　中国儿童保护制度实施问题识别

儿童保护制度实施分析过程中，制度的社会系统、文化系统、经济系统以及政治系统的现实表征真实反映出当下中国儿童保护制度实施过程中存在的局限性。通过 AGIL 范式对文献数据、案例、深入访谈数据以及焦点团体访谈数据的综合分析可对儿童保护制度实施所面临的困境作出探讨，问题产生的原因在此基础上以制度场域理论为依据展开讨论。

第一节　中国儿童保护制度实施的局限性

一　儿童保护制度实施中社会系统的整合功能受限

中国现存的儿童保护制度实践实情反映出制度整合功能发挥不足，存在一些问题。社会制度是相对稳定的规范体系，而不会经常处于明显变化之中。儿童保护制度制定及运行过程中会出现系列问题，为应对问题需要提出一定的解决办法，但是制度的相对稳定性会不利于制度做出调整。儿童保护制度中的儿童保护法律政策框架以及儿童保护制度执行机构设置不是短期内形成的，中国儿童保护制度相关内容的成型若以妇联成立为起点，则已经过了约 70 年的发展，儿童保护制度实施中法律法规的合理性与适用性有待提高，儿童保护制度执行机构的整合程度与专业化水平有待改善。

（一）儿童保护制度的法律法规合理性与适用性不足

清理、修改、废止与保护儿童权利不相适应的法规政策，增强儿童保护法律法规的可操作性是《中国儿童发展纲要（2011—2020年）》明确提出的亟待实现的儿童保护目标。从儿童保护法律法规方面来看，当前与保护儿童免受暴力侵害相关性最高的法律条文有《中华人民共和国未成年人保护法》《中国儿童发展纲要（2011—2020年）》《关于依法惩治性侵害未成年人犯罪的意见》《关于依法处理监护人侵害未成年人权益行为若干问题的意见》《中华人民共和国反家庭暴力法》《关于建立侵害未成年人案件强制报告制度的意见（试行）》等。

上述法律条文显示，在规定专门针对未成年人的法律判罚条款中，不论受害人是成年人或未成年人，其判罚依据一致。儿童由于其生理与心理的特殊性，其受到的伤害较成年人而言，具有隐蔽性、放大性、持久性等特征，显然，一样的判罚标准不适当。在明确指出未成年人保护的个别法律条文中，从年龄和性别上做出规定，重点保护对象为14周岁以下儿童，且只规定了对女童的保护。从实际暴力侵害儿童事件来看，这样的规定还有进一步修改的余地。《未成年人保护法》将儿童保护方式分为家庭保护、学校保护、社会保护、司法保护这四个部分，明确了家庭、学校、社会和司法在未成年人保护方面的责任与义务。是针对儿童综合保护的广义上的专门法律，在预防和处理暴力侵害儿童事件方面有所涉及但是针对性薄弱，未对具体的处理办法做出规定。《中华人民共和国反家庭暴力法》中对于未执行强制报告的处分细则不明确，在法律执行时缺少依据标准，同时也提高了法律执行的监督难度。

目前我国保护儿童免受暴力侵害的法律大多是纲领性的，操作性欠缺，不足以充分预防和保护受暴力侵害与忽视的儿童。儿童保护相关法律法规不具备高度针对性，在执行方面缺少落实与监督。当下的儿童保护法律政策对于构建有效的儿童保护制度显然不足。

当前我国在儿童保护方面，就保护对象而言，缺乏专门性的法律法规，现存法律法规适用性不足：

第八章　中国儿童保护制度实施问题识别

（1）以伤残鉴定为例，当前我国儿童和成年人的伤残或伤情的鉴定标准是一样的，鉴定机构采用同样的标准进行鉴定。此外在精神伤害鉴定方面几乎为空白。访谈中，儿童法庭的法官谈道：

F012：人们这边实践当中呢，没有区别的，比如说儿童没鉴上伤残，但是儿童受伤了的话，也会酌情。考虑到他会不会幼小心灵受到伤害，所以会给一些精神损害赔偿金，其他和成人一样，鉴定标准和伤残标准都是一致的。

儿童脆弱的身心特征导致其更易受到伤害，即使在身体可视性伤害不甚明显的情况下，长期的隐蔽性殴打与精神暴力也会给儿童的身心健康造成巨大的损伤，在伤残鉴定方面为儿童制定专门标准是极其重要的。

（2）当前网络曝光的儿童遭受暴力事件逐年增多。为引起社会重视、加快案件处理进程，网络曝光成为新型报告形式，然而我国法律对于媒体报道儿童事件的规定并不完善，许多媒体在报道中违反保密与保护原则，"博眼球"式的新闻报道不仅没有受到谴责，反而获得了高点击率，这常常会对受害儿童及家庭造成二次伤害。以 A5 校长带女童开房案中的受虐者母亲的表述为例：

"这些发新闻的，把我闺女的内裤照片发得哪里都是，真是让人难受。"

发出不良新闻的媒体人仿佛暴力侵害儿童施暴者的"无形帮手"一般，给儿童及其家庭带来了更大的伤害。对儿童新闻报道作出约束性规范是保护儿童免受持续性多次伤害的必然要求。

此外，儿童保护法律虽明确了儿童作为权利主体、保证儿童利益最大化等价值取向，但在具体执行过程中，却由于用词不专业而出现规范制定不够严谨的情况，导致儿童权利难以真正获得主张。在《未成年人保护法》中"有关部门"这样的用词随处可见，这些"有关部门"的具体定义未在法律中明确做出规定，虽在《关于依法处理监护人侵害未成年人权益行为若干问题的意见》中可以窥探到一些关于"有关部门"的具体定义，但法律规定之外的定义在规范性与权威性方面会大打折扣。权责不明会导致权责脱节，儿童保护环节一旦出现问题就会发生互相推脱、谁都不管的情况出现，此时儿童权利谁来主张，儿童安全谁来保障，恐怕这个"重担"要落到儿童自己身上了。

儿童保护法律体系的形成需要各级法律相互配合，编织出儿童保护网，法律制定是第一步，法律的执行与监督也应紧随其后。

（二）暴力侵害儿童事件处理程序亟待完善

儿童保护制度实施中的处理程序主要是针对暴力侵害儿童事件所采取的系列措施，各个步骤之间有自己独立的工作秩序，在事件处理推进的过程中各部分工作的衔接需要工作人员的高度协作。当前处理程序过程中的各个步骤不仅自身存在一些设计问题，而且不同步骤间的协作程度也较低。整个处理程序中，报告制度、安置措施存在较大的弊端，调查干预、行政裁决与司法审判以及儿童综合服务都有一定的进步，所有处理程序的工作步骤均存在工作者专业度不足以及协调度较低的问题。

1. 强制报告制度规范构建存在问题

目前我国儿童保护强制报告制度主要规定了"谁"有义务报告、向"谁"报告、什么情况需要报告等内容，而相关实施细则尚付阙如。例如，《反家庭暴力法》在制度设计中一定程度上纳入儿童保护视角，借鉴国际相对成熟的反家庭暴力和儿童保护立法经验[①]，在中国儿童保护制度的发展和完善过程中起到重要作用，其中第三章第 14 条规定公安机关应当对报案人的信息予以保密，但并未明确保密办法、泄密后果等；第五章第 35 条规定未向公安机关报案、造成严重后果的，应给予处罚，但没有规定对于未履行强制报告义务者的处罚细则。

目前我国在侵害儿童事件强制报告制度的制定方面已初具成型，但从法律政策实施的角度来看，仍有一定优化空间。例如，《关于建立侵害未成年人案件强制报告制度的意见（试行）》中就暴力侵害儿童的情形做出

---

① 张雪梅：《解读〈反家庭暴力法〉对未成年人等无民事行为能力人和限制民事行为能力人的特殊保护》，《预防青少年犯罪研究》2016 年第 1 期。

了规范，但对于精神暴力以及忽视暴力的定义尚待更进一步的明确与划归，照实际研究情况来看，躯体暴力几乎必然伴随着精神暴力，忽视暴力也充斥其中，是易造成儿童伤害的潜在风险；又如，虽然目前对于报告主体与报告内容做出了较为明确的规范，但在报告时限、报告有效性以及报告情形甄别方面还不甚明确。制度和规则的不够详细以及制度执行可操作性的缺乏极可能导致未成年人的权利难以获得切实保障。

"家庭本位"思想对我国民众仍然具有重要影响。如上所述，对于儿童遭受的来自监护人的暴力侵害，人们一般不会主动报告，只有当暴力行为极其恶劣且给儿童造成严重的可视性伤害时才会报告。报告主体往往是家庭以外的、熟悉该家庭情况的人，由施暴者以外的其他家庭成员报告的情况极为少见。对于监护人以外的人员实施的暴力，尤其是造成可视性伤害的情形，人们一旦发现都会第一时间报警。因此，人们对于家内、家外暴力行为容忍程度的不同会导致报告的延误，实践中无亲缘关系的人造成的儿童伤害更易于被发现和报告，而来自家庭内部的伤害由于其隐秘性以及家庭事务的"隐私性"成为公权力难以及时干预的"顽疾"。此外，人们对于警察、妇联等机构的刻板印象如"打孩子就算报警了也不管""妇联都是摆设，就是调解"等，也可能降低公众报告的积极性，民众与官方机构工作人员之间能否建立信任关系直接影响报告制度的执行情况。

2. 安置措施执行力度不足

虽然当前我国已经发布了明确的家庭暴力事件后儿童带离与安置的政策意见，但是在具体执行过程中，家暴事件中的带离处置少之又少。一方面工作人员受到传统思想的影响，对于儿童的"应然"安置有个人判断，出现带离困境；另一方面，安置场所不充足、安置服务资源欠缺也会导致安置措施难落实。访谈中，某儿童服务社会组织的负责人对于当前我国儿童暴力事件中的带离程序谈道：

F015：在带离中，一方面警察不敢带离，这可能是失职，另一方面人们要考虑到警察为什么不愿意带离，后续关于儿童保障的服务不到位，我带走了以后安置到哪里呢？我曾经看过一张图片，是某市儿童福利院的床铺，当时是一个十几岁的女孩儿，被家长性侵的，安置在那，她就住那样子的床，就破破烂烂的，这还是发生在2017年左右，那如果我是警察，我带了孩子我把他往哪儿安置呢，那样的环境，但凡是稍微有点良心的人，我真的不愿意把孩子安置在那个地方，我后续的保障做不到位，警察能怎么办？

在带离安置、儿童综合服务方面不仅缺乏专业性的工作规范指引，而且具体的服务内容也不甚明朗。监护人施暴案件中的儿童缺少了部分来自家庭的支持，国家以保护者的身份出现，补齐漏洞。当家庭因儿童遭受暴力事件出现巨大损失时，国家会采取制度性帮扶以支持家庭和儿童渡过难关，例如检察机关的人文关怀服务。社会案件中儿童遭受家庭"周边"不法分子的侵害，儿童尚有家庭作为坚强后盾，国家的救助作用较监护人施暴案件稍显不足。

综上，我国尚未建立出一套惠及所有儿童的科学有效的发现、报告、处理、安置以及后续服务的儿童保护机制。对于进入司法程序的案件，施暴者获得惩罚，但是受害儿童及家庭并未完全获得配套的专业服务，他们承受着施暴者带来的伤害以及社会舆论带来的污名，承受着巨大的生活压力。在完善暴力侵害儿童事件处理程序方面，国家、社会要加大力度。

二 儿童保护制度实施中文化系统的模式维持功能阻滞

当前我国儿童观、儿童养育观、儿童保护观都处在相对滞后的阶段，这不仅会导致儿童保护制度建设进程迟滞，还会由于其不稳定性而难以保证儿童保护制度发挥出模式维持功能，会直接影响儿童保护制度实施效果。不论在家庭还是学校里抑或社会中，成人在儿童保护知识学习方面较为欠缺，导致对于儿童的自我保护知识输入不足。制度变迁过程中的儿童保护新、旧观念存在文化冲突，阻滞了儿童保护制度构建与完善。制度实施过程中，儿童保护的文化惯性导致家庭、学校与社会中潜藏一些儿童暴力的危险因素，人们由于缺乏暴力敏感度而将其忽视。现阶段中国还未形成稳定的适合所有儿童安全成长的儿童保护文化。

（一）儿童保护知识输入不足

随着时间推移，我国的经济和政治制度发生变迁且西方文化大量传入，到目前为止，虽然我国部分地区的育儿理念、儿童观以及儿童保护观依然处于守旧的环境中，但总的来说越来越多的人开始接受正规教育并开始认同国际儿童保护观念，儿童保护制度建设与运行的文化环境变得越来越好。当前我国儿童保护制度建设虽然已经见到一些成效，但是先进科学的儿童保护观念依然停留在法律法规层面，社会与民众并未将儿童保护观融入自觉意识中，这也是导致儿童保护相关法律法规执行落地难的一个原因。对于中国的儿童保护制度而言，先进的儿童保护观念来自较为新颖的价值领域，人们在接受新思想的时候就会不自觉地带动相应的文化输入。

1. 家庭

家庭稳定的内部维持性与对外的排他性对于保护儿童免受外部侵害起到了一定的作用。家庭成员可以提高家庭的内部保护性，他们是确保家庭保护行之有效的行动者。从家庭成员自身的角度来看，家庭"周边"成员一旦对家族内的儿童施以暴力侵害行为，大部分儿童的监护人会首当其冲地尽一切能力去保护儿童并通过合法手段为儿童争取公平正义，家族内的其他成员也会积极地参与其中，所有的为保护儿童免受暴力侵害以及为儿童争取公正对待的行为都是家族成员为保护儿童而做出的自主行为，这不仅是来自血缘与亲情的情感连接，而且还出于成年人对于儿童保护的自觉。许多被访谈者都认为在儿童成长过程中应该给儿童做暴力科普，家长们认为有必要让儿童认识家庭"周边"的危害，加强儿童自我保护的能力。

总的来说，当前与家庭文化相关的儿童保护观点逐渐出现了缓慢推进的态势，守旧的家庭独大观念开始遭受挑战，但是传统文化所带来的深远影响力还十分强大，普及与落实先进的家庭儿童保护观念仍然需要很长时间。

2. 学校

当前我国十分重视儿童教育，国家与地方教育机构依法保障儿童受教育的权利，到 2015 年，我国九年义务教育人口覆盖率已达 100%，全国高中阶段毛入学率达 87%[①]。我国儿童在学校接受科学知识教育，从短期的目标来看是为了通过高等教育考试而做的准备。对于暴力相关知识的考查并未列入考试范畴。从访谈中可以发现，在对暴力科普情况进行探讨时，受访者提到最多的就是学校氛围。学校的教育氛围主要靠领导层的工作者进行引导，如果学校领导者没有从主观意愿上去推动暴力知识科普课程的开展，相关教学很难进行下去。访谈材料显示学校领导没有主动引导或主张开展儿童预防暴力课程的设置与讲授，即使有主动邀请儿童服务工作者去进行知识科普的，也是临时课程，缺乏长久规划性。当前学校内对于儿童暴力知识的教育投入资源较为匮乏，知识科普目标设定不明确导致无的放矢，有些儿童自我保护知识教过后如"过眼云烟"，由于暴力知识的科普课程在学校教学任务中没有做出明确规定，所以校内工作人员缺乏足够的任务驱动力，暴力知识教学的落实情况较差。

当前学生与教师较为熟悉的是应对地震、火灾等突发情况的疏散演习。大型灾害的发生往往带来巨大的人身财产安全损害，其严重的后果警醒人们要及早做好预防及应对措施，暴力侵害儿童事件的发生往往具有个别性，除非是网络热议的事件，否则单个的暴力侵害儿童事件不会带来太大的警示作用，人们缺乏预防心态。此外由于对于暴力定义的模糊，人们往往对身边发生的轻微暴力视而不见，这些情况都是阻碍先进儿童保护观念有效传播的因素。

3. 社会

从法律影响社会文化形成的角度来看，当前我国儿童保护相关法律法规众多，但缺少专门法，导致法律针对性不足，震慑力差。从访谈中发

---

① 国家统计局：《〈中国儿童发展纲要〉（2011—2020 年）中期统计监测报告》，http://www.stats.gov.cn/tjsj/zxfb/201611/t20161103_1423705.html，2016-11-03。

现，成年人对于儿童保护的相关法律了解甚少，除了专业的儿童保护工作的人员如少年法庭法官、家庭暴力案件专业警察以外，其他工作种类下的人们在这方面的认识几乎为空白。儿童保护制度实施过程中社会成员之间缺乏明确的、被民众所熟知的依法关系，相关的社会文化元素稀薄，影响力弱，法律推进的儿童保护知识输入有待加强；从提供儿童保护与服务的政府机关与社会机构对于儿童保护知识宣传的工作推进来看，其遵循序列关系开展工作，依赖于组织权利。例如，许多政府机构会以买岗的形式聘用社会工作者来处理一些事务，但是当前政府机构内的一些领导者并不能完全获悉社会工作的工作要义，难免以个人意志去安排社会工作者的工作，最后使社会工作内容流于形式，失去了社会工作的专业化意义，阻碍了儿童保护知识的专业化输入。

对于包括儿童在内的整个社会民众而言，人们接受暴力知识科普的频率不足，其获取方式也较为单一，缺乏专业、系统的持续性知识输入。儿童保护知识输出效果必然欠佳，人们普遍缺乏对于暴力事件的预防意识。总的来说，对家长、儿童、教师以及其他工作者的儿童保护类知识的科普情况不甚乐观，家庭、学校以及社会中还未形成足够良好的儿童保护文化科普氛围。

（二）变迁中的儿童保护新、旧观念存在文化冲突

文化是社会的重要组成要素，儿童保护制度的建立与发展与儿童观、儿童保护观等文化背景息息相关，人类是社会中的人，人类社会与动物群体的重大差异就在于人类有丰厚的文化，文化传承对人类社会的维系和发展具有重要作用。"文化"在我国古语语境中是人文教化的缩略，人文是人类文化中的核心部分，包含价值观、规范以及人类社会的各种文化现象[1]，教化是儒家所提倡的"教以效化"，通过上行而化成以下。所以文化是中国自古以来的智慧，以教育感化、环境影响等细致入微的方式将人文传承下来。"文化"这一术语的学术定义最早的表述之一来自爱德华·泰

---

[1] 辞海：《文化》，http://www.cihai123.com/cidian/1 000276.html，2017-12-22。

勒（Edward Burnett Tylor），他在 1871 年发表的《原始文化》一书的第一页上写道："文化，或文明，从广义的、人种学的意义上来说，是一个复杂的整体，包括知识、信仰、艺术、道德、法律、习俗，以及人类作为社会成员所获得的任何其他能力和习惯。"①

文化变迁是指文化内容和结构在量上的缓慢变化过程。可分为自然变迁与计划变迁两类。自然变迁是无意识的文化自然发展或积累的过程，很难控制。计划变迁是人们自觉地、有计划地发展或改革文化的过程，例如社会的经济体制改革、政治体制改革和教育体制改革。文化变迁是局部的、缓慢的变化，对人产生潜移默化的影响。要形成新的适合儿童保护制度实施的文化土壤是一个漫长的过程，在儿童保护文化变迁过程中，会有一部分的文化融合，但是同时也可能出现文化冲突。不同性质的文化在传播和彼此接触过程中会出现对抗，冲突主要表现在社会组织、生活、思维的方式和价值观念等方面②。儿童保护观念脱胎于文化，每个地区的文化由于其不同的生活习惯与历史背景而形成了不同内涵。中国由于地缘广阔，资源丰富，人口众多，长久以来处于一种自给自足的半封闭式状态，直到 20 世纪初才有西方的育儿理念汇入，当时由于在整个大的国家、社会以及家庭环境中缺少先进儿童观落地生根的土壤，所以中国传统的儿童教育理念并没有出现大的变化，直到 20 世纪末，我国先进儿童观以及儿童保护观才呈现出萌芽趋势。中国文化与西方文化是不同的文化类型。中国文化经过数千年的演进形成了较为稳定的生存系统，孕育了伦理型的传统文化。根深蒂固的文化特性导致其具有内部稳定性，中国国民形成了相对保守的、遵从传统与权威的以家族为本位的文化取向，这对于儿童保护来说起到了"双刃剑"的效果。

中国现代的儿童保护文化的变迁大致可从 1989 年签署《儿童权利公约》后看出端倪，在 21 世纪初，"将儿童看作独立个体""儿童不再隶属

---

① Tylor, Edward, *Primitive Culture*, Vol 1 New York：J. P. Putnam's Sons, 1871, p. 1.
② 王思斌：《社会学教程》（第 3 版），北京大学出版社 2010 年版，第 45 页。

于家庭、父母"等较为"尖锐"的价值观念冲击着中国民众的思想,部分成年人开始反思个人对待儿童的态度是否合适,以此为契机我国的儿童保护制度进入了初步建设阶段。真正从官方到民间的具有较大影响力的儿童保护文化改变是从2014年开始的,首先是官方政策力度大大加强;其次,社会民众通过社交网络平台快速地接触来自全国各地的儿童保护方面的信息,这其中不仅包括一些恶性的伤害儿童事件,同时人们也在关注恶性事件信息传播过程中接受了来自官方媒体平台的知识科普,如相关法律知识、应急措施等内容。

在家庭中,儿童保护制度的实施是以家庭内外的儿童保护文化为依托的。家庭同时具备内部稳定性和保护隐私的作用。涉及儿童保护的家庭文化范畴很广,家庭树涵盖了庞大的亲属网络,这不仅包括了复合家庭的成员,还涉及关系较近的叔伯、舅、姑母、姨母、侄、甥、表亲、堂亲等亲属。埃米尔·杜尔凯姆(Émile Durkheim)认为当代家庭逐渐成为一个"私有空间",家庭成员彼此之间分享私密生活。同时,杜尔凯姆也逐渐认识到当代家庭一方面越来越"私人化",另一方面越来越"公开化"。对于家庭内的情况,主要对"私人化"做出探讨。家庭的私密性首先在于家庭成员对于"家族荣誉"的保护,一个家族内的成员对于家族内未成年后代可能会寄予较大的关怀,成长过程中会呈现出一种家族合力关爱儿童健康成长的良好保护圈,但是也有可能存在为了保护家族"脸面"而包庇家族内伤害儿童的家庭成员的行为,尤其是长辈的权利被理所应当地当作家族成员应该尊崇的"家族信条"。家族的"私人化"是具有双面性的,保护儿童与包庇罪行就在一念之间。家庭中的成年人有时会将"暴力"冠以"保护"的名义,当儿童对长辈的暴力管教提出异议时,长辈会说"这是为你好",如果儿童对这种权威性的管教继续提出挑战,将会遭到更加严重的"暴力保护"。这种家庭中的被普遍接受的"长辈秩序"既是顺应人类历史发展而自然形成的,同时也是固化的人为制度,具有一定的强制性,即人们普遍认为这是正确的,理应如此。

访谈结果显示,大部分被访谈者认为管教儿童是家事,"家庭本位"

思想目前仍然在我国育儿理念中占有重要地位。他们普遍认同无亲缘关系的人带来的儿童伤害会更易于发现并解决，但是来自家庭的儿童伤害却由于其隐秘性以及家庭内部性导致其成为不易治疗的"顽疾"。当然，不论是处于家庭中或者扮演其他家庭旁观者的个体，不知不觉间会将个人育儿观念带入其中，几乎所有的人都会出现"价值双标"现象。

在学校与社会中。研究结果显示，当大量地具有冲击力的信息开始闯入人们的视野之后，许多人会由于文化冲击带来的内心震荡而感到不安，这时一些坚持信奉传统文化的个体就会表现出抵触、排斥甚至封闭的状态，例如"管教子女非一家之事""儿童是独立个体""儿童性教育应该从小普及"等较为先进的理念会遭到部分社会群体的否定与批判，新式儿童保护理念一方面可能会给成年人的家长式权威造成挑战，另一方面也会给一些害怕因社会巨变而被抛弃的社会人群带来危机感。这样的人群并非仅仅是网络背后的普通个人，他们之中，有的可能是学校的教师，有的可能是妇女儿童保护相关工作机构的领导以及工作人员，甚至会是为人父母者。如此看来，儿童保护文化的普及以及儿童保护工作的开展总是会遇到各式各样的难以预料到的阻碍，例如，2017年年初，北京师范大学出版的儿童性教育课本《珍爱生命——小学生性教育读本》因为杭州市某位小学生的母亲在微博上吐槽教材"尺度太大"而被校方收回[①]，事件的发生与处置都令人咋舌。成年人可以提出各种借口从而忽视不想接受的社会现实或知识文化，然而儿童在很多时候却不能为自己做决定。

当前中国整体的儿童保护文化处于持续变迁之中，然而由于传统文化模式的深入影响，大部分社会成员的思想禁锢仍然难以突破，这导致了儿童保护制度实施过程中制度文化的"水土不服"，即在制度实施的区域内，制度实施中的个别条目所遵循的文化与当地育儿文化出现冲突，制度实施受阻，并且容易引起当地民众的不满与不信任，家庭中的文化冲突尤其显著，儿童保护制度实施效果大打折扣。我国尚未形成完全有利于儿童保护

---

① 吴爽：《儿童性教育：从羞于启齿到科学引导》，《教育家》2017年第11期。

制度实施的家庭、学校以及社会文化价值基础。观念的形成是一个极度缓慢的过程，需要几代人的努力来实现，儿童保护制度实施效果的显现需要时间去验证。

（三）儿童保护文化惯性潜藏的危险因素被忽视

在日常生活中，人们对于已经发生的险情和威胁较大的风险因素会给予足够的关注，例如对已经发生的暴力事件的处理会有大量媒体、民众等群体去关注，又如，人们知晓地震、火灾等大型事故所带来的巨大危害，恐惧心理让人们提前做好各种预防工作去减少灾害带来的不良影响。潜在的危险因素常常由于其隐蔽性而遭到了人们的忽视，儿童服务工作人员其专业性有时也会受到传统意识观念的影响，从而造成了潜在危险因素的存在。涉及儿童事务的相关工作往往存在多样的潜在风险因素，试举四点：

（1）公安部门工作人员在工作过程中会出现选择性执法、执法不作为等现象。出警的警察会由于管教儿童是家务事而不做过多介入，不能及时带离，而仅仅是以劝诫、警告的方式去暂时解决问题，可能会使儿童后续陷入更为严重的暴力旋涡中。

（2）民政部门的下属工作单位如社会福利机构的工作者存在轻视心理，认为儿童福利院的孩童没有家长庇护，缺乏社会关注，就会采取较为随意的态度去对待儿童。

（3）儿童教育、医疗康复行业的工作者，如医生、教师、生活看护师等工作者也会出现打着治疗儿童的幌子却做出伤害儿童的事件，儿童往往遵信权威，在这种情况下他们更为脆弱、胆小、无助，缺少鉴别善恶的能力，易受到威胁，伤害儿童的潜在危险因素更加隐蔽。

（4）儿童事件报道中的部分媒体人有时会出现报道失真、充当权威等现象。在传统媒体报道中，未成年人自身的意见及话语表达往往服从于成人价值观念和传统媒体报道的需要，成人话语霸权现象频出。此外媒体为追求点击率、吸引大众眼球，通过频繁而过度地采访受虐者来获得"细节"，在撰写新闻稿件时也没有对儿童及其家庭的隐私做好保护，除了采访时带来的二次伤害，后续的新闻传播又会对受害儿童带来多次伤害。

潜在的风险因素会对公共安全、公共服务造成威胁，社会负面信息会给儿童保护制度实施带来一定的危机，越是不易察觉的风险因素越应该获得重视，否则一旦发生就会造成不可挽回的恶性后果。

三 儿童保护制度实施中经济系统的适应功能失衡

儿童保护制度其服务的对象是所有的儿童及其家庭，为达到制度实施的目标，需要人力来执行制度，如各个层级的相关政府机构的工作人员、教师、儿科医生、儿童社会工作者、儿童心理咨询师等行动者来完成工作；需要财力资源做出配合，例如工作者的基本工资、办公经费、儿童服务费用等。从每年由国家统计局公布的年度国家数据可以看出，我国对于儿童福利相关内容的拨付资金逐年增长，但是这依然不能够完全满足儿童福利相关行业的需求。

（一）儿童保护制度各层主管机构设置缺位

社会制度具有规范的制度实施体系，制度实施工作机构以及工作者通力合作，协调配合应对社会问题，才能有效地发挥社会制度实施的整合功能。当前中国儿童福利的主管机构长期缺位，儿童保护是儿童福利的一部分，也缺少相应的制度主管机构。这导致了制度执行机构整体部署与协调能力较差且各执行机构之间合作不够密切，在具体执行方面可供依据的官方统一流程欠缺。

当前中国儿童保护制度的相关事宜主要由国务院妇女儿童工作委员会负责，目前由35个部委和人民团体共同组成，是一个议事协调机构。从整体来看，儿童保护制度实施主要是通过不同部门针对相关事项采取相应政策来逐步推进的，各部门之间没有明显的上下级管理关系，由于妇儿工委其性质不具有实质性的行政权力，虽然其组成部门看似"强大"，但在具体的工作执行过程中，并不完全受妇儿工委的领导，制度缺乏顶层设计，就会导致职能界定模糊，实际操作相互推诿等现象。

领导机构缺位，会导致制度缺少统辖全局的指挥中枢与决策核心。领导机构即由高层管理者所在的行政机构，高层管理者指对组织的管理富有全面责任的人，他们的主要职责是制定组织的目标和发展战略，掌握组织的大政方针和评价组织的绩效[①]。从管理者的定义来看，当前妇儿工委暂时还不具备这样的能力，顶层领导机构的缺位导致了缺乏制度实施的整体部署，各机构工作任务协调失当，制度实施过程中各执行机构之间合作不足，执行机构操作混乱，最后导致儿童保护制度实施效果差，这是目前我国儿童保护执行机构存在的最大的问题。

（二）人力资源与经费不足且缺乏科学性调配

中国社会保障制度主要包括社会保险、社会救助、社会优抚和社会福利等内容。其中社会保险主要包括养老保险、医疗保险、失业保险、工伤保险以及生育保险等部分；社会救助即社会救济，是社会保障的核心内容，是指国家和社会对由于各种原因而陷入生存困境的公民，给予财务或精神帮助，以保障其最低生活需要的制度；社会优抚是针对军人及其家属所建立的社会保障制度，是指国家和社会对军人及其家属所提供的各种优待、抚恤、养老、就业安置；社会福利包括公共社会福利、弱势群体社会福利，社会福利的实施对象具有普遍性和特殊性，包括了全体社会成员[②]，儿童福利属于社会保障范畴，儿童保护是儿童福利的一部分。在儿童保护制度实施过程中其经济系统下的人力与经费资源支持不足且缺乏科学性调配，资源利用率低。

1. 资源投入不足

儿童福利散落在我国当前的社会保障体系中，对于处于特殊情况的困境儿童有针对性地救助，对于全体儿童有社会福利提供服务，但是就儿童保护方面而言，并未形成完整的经济体系，儿童保护经费名目不够详细，资源使用的针对性较差，专项专款不足。数据显示，2017 年中央彩票公益

---

① 娄成武、魏淑艳：《现代管理学原理》，中国人民大学出版社 2011 年版，第 9 页。
② 何文杰：《百姓生活避风港：也谈社会保障法》，兰州大学出版社 2015 年版，第 291 页。

金转移支付预算 4.83 亿元用于儿童福利方面①，其中困境儿童等弱势群体是集中救助对象。自 2016 年我国发布了《国务院关于加强困境儿童保障工作的意见》之后，我国各省都陆续出台了相关的落实文件，积极落实困境儿童救助制度，按照要求，我国将建成一支由 66.2 万兼职或专职儿童福利督导员组成的基层儿童福利服务专业工作队伍。然而从实际情况来看，要组织如此庞大的儿童工作者队伍是十分艰巨的任务，《中国民政统计年鉴 2017》显示，我国拥有资格认证的儿童社会工作者为 860 人，专业儿童社会工作者缺口巨大。不论是对案例进行调研还是对相关工作者的访谈内容进行梳理，均可发现，当前我国儿童保护专业人员在案件处理过程中处于缺位状态②。所以，对于遭受暴力侵害事件的儿童的救助服务，不论是从人员配备还是模式设置上都需要更加专业化并加大人力资源投入力度。访谈中，某位社会工作者对于当前儿童服务专业人员配置现状表示出了担忧：

F0010：儿童社工真的太少了，你看我一开始是做心理咨询师的，偶然的机会才接触到儿童社工工作，现在我也不是专门做这个，还得兼职做很多其他工作。再说咱们妇联里、民政里，专业做儿童服务的人员配置更是少之又少，往往是跟妇女保护配套出现的，专门性儿童服务屈指可数。

2. 资源分配不均

在儿童教育、儿童生活保障方面，我国东西部经济发展差异在一定程度上也导致了儿童服务资源分配不均衡的情况。这主要体现在：仍有 81.3% 的村（社区）未设立儿童主任（专兼职基层儿童福利与保护工作人员），74.1% 的村（社区）尚未设立儿童之家，现有服务尚未充分满足儿童关爱保护需求，基层儿童福利与保护人员和儿童之家配置存在较大缺口；村级儿童主任的专业素养资格、县级儿童保护干预社工专业人员配

---

① 联合国儿童基金会驻华办事处、北京师范大学中国公益研究院：《中国儿童福利与保护政策报告》，2018 年，第 2 页。

② 尚晓援、佟丽华：《全国首批儿童保护案件的经验分析及政策建议》，《社会福利》2017 年第 2 期。

备，针对儿童的暴力案件发现和干预的县级数据及指挥协调中心设置、县级以上专家学者团队搭建等有待制度化建设；儿童教育、医疗资源配置仍然存在投入不足、地区不均的区域差异；中央彩票公益金用于儿童类别项目经费逐年下降，儿童社会服务专业化政府购买政策支持欠缺，等等[1]。

从儿童救助、保护的分类来看，在预防工作方面，不同类型的儿童获得的保护资源投入有差异。研究结果显示，当前我国在暴力侵害儿童事件的预防方面做得不够到位，政府没有制定发布有效的统一预防办法，暴力事件预防机制如果未做到全覆盖将十分不利于预防效果的发挥，施暴者可以流窜作案，去预防薄弱地区犯案；成年人与儿童均缺乏足够的预防暴力侵害的知识与技巧，一方面在于人们缺少防范意识，同时也说明我国的暴力预防知识科普做得不到位。当前我国在防止儿童遭受拐卖、遗弃等方面做出的成绩是有目共睹的，但是在防止儿童遭受暴力侵害方面还未看到十分明显的有力动作。

（三）社会组织功能发挥不足

社会服务机构是主要利用非国有资产举办，从事非营利性社会服务活动的社会组织，当前我国儿童社会服务资源配置相对稳定。2016年2月4日，国务院发布了《关于加强农村留守儿童关爱保护工作的意见》要求建立有效的留守儿童救助保护机制，2016年6月13日，国务院发布了《关于加强困境儿童保障工作的意见》要求建立困境儿童分类保障制度以及服务体系。两个文件都明确指出要推动社会力量积极参与到儿童保护工作中，主张加快孵化培育社会工作专业服务机构、公益慈善类社会组织、志愿服务组织，民政等部门要通过政府购买服务等方式支持其深入城乡社区、学校和家庭，开展农村留守儿童监护指导、心理疏导、行为矫治、社会融入和家庭关系调适等专业服务。中国儿童保护事业立法与政策取得快

---

[1] 联合国儿童基金会驻华办事处、北京师范大学中国公益研究院：《中国儿童福利与保护政策报告》，2018年，第30页。

速发展，对儿童遭受性侵、监护人侵害、家庭暴力以及留守儿童、困境儿童等问题都有了很多关注，并建立了相应的应对机制，但同时也要看到，在推动法律、政策落地的过程中，基层仍然存在服务功能碎片化等现实问题。

当前我国虽然社会组织众多，但是其中儿童保护组织数量较少，其影响力不足，许多儿童及家庭不了解甚至并未听说过相关的社会组织，在遇到困难的时候没有寻求帮助的意识，认为只有官方的机构才是可信的，因而错过了很多自救的机会。组织宣传不到位，信息交流不对称导致了儿童保护服务供需双方交流受阻，资源利用效率低下。此外，我国除了有一定社会地位的组织可以获得国家拨款，大部分社会组织需要自筹资金，社会组织一般是非营利性质的机构，其资金来源渠道较窄，很多社会组织因为资金不足而难以为继，这样不仅打消了儿童服务提供者的积极性，也不利于儿童保护制度构建的完善。

四 儿童保护制度实施中政治系统的目标达成功能局限

为解决社会问题而创设相应的社会制度，社会制度实施以解决当下的社会问题为目标，为实现终极社会目标需要将社会目标分层分级分段达成，儿童保护制度实施的终极目标是实现儿童健康安全成长，为实现此终极目标，应保护儿童远离暴力侵害、减轻暴力伤害给儿童及其家庭带来的负面影响。不同的社会制度体系之下的社会运行轨迹各不相同，中国地域广大，人口丰富的区域特征决定我国要想实现儿童保护制度有效运行必须制订自上而下的目标达成方案。社会制度实施过程中的行动者（各级领导者）依据机构所处层级来设定当地儿童保护目标，确定目标实现先后顺序，以此为依据来调动各级资源以实现制度目标，制度实施中目标达成功能的实现是以制度实施适应功能获得良好发挥为前提的。当前我国儿童保护制度处于制度初步建设阶段，缺少可供参考的经验，所以在目标设置与达成方面存在一定的问题。

（一）目标设定不合理

目前西方发达国家在儿童保护方面设置的目标一般是以公共卫生预防模式的三级预防目标为蓝本并结合本国实际国情设计出来的。我国目前由于还没有完全将儿童保护问题纳入公共卫生安全领域，所以在儿童保护制度实施的目标设定方面并未以此为依据，而是充分结合了本国国情以及文化特性制定出了有中国特色的儿童保护制度实施目标。当前我国儿童保护制度实施目标设定是以《中国儿童发展纲要（2011—2020年)》为依据设计而出的，其对于暴力侵害儿童事件有一些关注，但是并非儿童发展的核心目标。目前我国全国性的儿童保护目标设定并不明朗，目标设置的合理性较差，具体而言存在以下问题。

1. 目标设计的整体性与有效性欠缺

由于我国儿童保护制度缺少高层主管机构，仅有一个议事协调机构来负责整体的协调与制度实施，各组成机构之间不存在明显的上下级关系，一旦有暴力侵害儿童事件发生，容易出现各行其是、各自为政的现象。个别地方政府会依据本地情况制定当地的儿童保护专项意见，但是由于缺乏国家级别的行政支持，其执行力也会大打折扣。

儿童保护目标并非仅仅是通过暴力事件的事后处理实现的，对于暴力侵害儿童事件的预防、处理以及善后工作都是连续性工作，在目标制定方面需要互相联系，尽量不出现短板。仅提出事件发生之后的解决办法只能实现儿童保护制度实施的部分目标。虽然对施暴者做出惩罚体现了法律法规的公平公正，但是对于受虐者及其家庭而言，伤害已经造成，任何事后处理办法都是补救而已。从源头上预防与制止暴力侵害儿童事件发生是目标设置的基础部分，然而这一部分我国目前做得十分不到位，访谈材料显示，很多被访谈者甚至都不清楚"强制报告"这一项制度的含义是什么。儿童保护如果缺乏对于"预防"目标的设定，不仅给儿童及其家庭带来不可避免的伤害，同时也会带来一定程度的经济损失。例如，当下我国未成年人面临着生长发育与青春期保健的困惑，SRH教育具有滞后、内容狭窄以及资源不足的特征，不能很好地满足儿童的需求，有部分儿童甚至从未从学校获得过相关知识[①]。提高儿童性与生殖健康教育普及率是当下迫切需要解决的问题，让儿童获得正确的性与生殖知识一方面有助于帮助儿童度过青春期，另一方面可以让儿童有意识地做到自我保护，这是保证儿童可以获得学校保护的一项基础性工作，然而，学校教学目标中不涵盖此类内容。

2. 目标设计分割化，模糊化

综观我国儿童福利发展史，我国当前的儿童福利制度源于对极弱势儿童的保护工作。与其他国家儿童福利制度相似，孤儿、残疾儿童、极度贫困儿童等弱势儿童是一国首先关注到的保护对象，我国在儿童福利制度建设方面也是以保护弱势儿童为重点的，这导致了我国当前儿童保护目标设计分割化的特性，即将儿童分为了孤儿、留守儿童、残疾儿童等类型，忽略了对全体儿童群体的关注，容易出现"头痛医头，脚痛医脚"的现状。例如从《家庭寄养管理办法》的规定来看，遭受家庭暴力的儿童，如果父母健在，很难进入家庭寄养行列，导致代理难，安置难的后续问题。

儿童保护目标设计模糊化是长久以来的主要问题，例如《未成年人保护法》中社会保护第四十八条规定应预防和制止侵害未成年人合法权益的违法犯罪行为。此处，预防的程度如何、制止的方式如何、预防与制止的具体行为是什么等细化内容均未给出明确规定。维护儿童的合法权益是保证儿童健康成长的一个基础条件，此基础条件可视为整体目标的一个小目标，小目标的实现需要满足更进一步细化的条件，然而仅"预防和制止侵害未成年人合法权益的违法犯罪行为"这一个小目标就很难实现。政策执行过程缺少合作性，各层级目标缺少系统的整体性规划，目标设定分割化、模糊化的情况普遍存在。

3. 目标设计与制度执行契合度低

儿童保护制度实施目标的设计应与儿童保护制度设计相一致，即通过

[①] 李丹、邹艳、顾昉：《浙江省青少年青春早期性与生殖健康教育现况调查》，《浙江预防医学》2016年第4期。

某项儿童保护制度实施措施可以实现相应的儿童保护制度实施目标，这样的设计才是有效的、可取的。然而当前我国儿童保护制度目标设计与制度执行契合度较低，制度执行实践难以达到目标设计需求。以提升家庭教育水平目标达成情况为例，总的来说，在家庭教育方面全国缺少统一的专业技能培训流程以及详细的政策依据，加上妇联部门权威性不足，在人力与财力资源的协调方面存在弱点，无法对部门间合作的家庭教育工作进行有效的监督，个别地区的家庭教育工作会停留在一般性号召层面，缺乏统筹规划[1]。在具体的工作中，关于家庭教育指导服务的数据仅来自妇联系统，未涵盖其他行政部门如教育部、民政部、卫生部、国家人口计生委、中国关工委的数据。数据准确度低会使全国儿童保护工作计划的制定和运行受到局限，这是当下我国家庭教育指导服务体系面临的困境，也是儿童保护制度实施与目标实现情况的一个缩影。

要实现儿童保护首要的是应该以主张儿童权利为出发点，而非机构部门便利。儿童保护制度实施过程中强调"相关部门"的职责，但是不明确其具体涵盖的机构，容易出现儿童保护相关部门之间责权不明、互相推诿、行政效率低下的情况。有学者曾经提到儿童保护制度目标设定不清晰所导致的行政干预与司法干预脱节的现象[2]。相对于儿童保护制度实施所设定的目标，在实际的制度执行过程中，有一些遭受家庭暴力或事实上无人抚养的儿童，其行政干预与司法干预不能有效对接，导致了对于恶性监护侵权案件的一切干预虚化。

（二）对于目标达成的考核与督导机制不完善

工作成果考核与工作过程监督有助于提高制度实施效果的有效性，依据目标考评是最直观的了解制度实施者工作绩效的手段，制度实施机构与工作人员其工作效果与效率的水平直接影响到制度实施目标的达成情况。通过审视考评结果有助于尽早发现制度中的不足，针对这些薄弱环节，组

---

[1] 李丹：《浅谈在家庭教育指导服务中如何发挥政府职能》，《学周刊》2017年第27期。
[2] 尚晓援、王小林：《中国儿童福利前沿》，社会科学文献出版社2013年版，第205页。

织机构领导者可以有针对性地进行改革，避免制度薄弱环节带来更加巨大的工作漏洞。除了在特定时间节点对工作进行考核评价之外还需要在制度实施过程中做好督导工作，官方领导机构及其工作人员监督、引导下级单位工作人员正确、有效地实施工作有助于提高工作效率，促使儿童服务更加专业化。目前我国在儿童保护制度实施工作中的目标达成考核制度与工作督导机制都不够完善。

1. 目标达成的考核标准设计不清晰

目前国家统计局每年会根据相关部门统计数据和资料，对《中国儿童发展纲要（2011—2020年）》的实施进程做出统计检测报告，报告从健康、教育、福利、社会环境和法律保护这几个方面进行分析。报告显示的数据中儿童保护相关数据极少，与儿童保护关系密切的如遭受暴力侵害儿童的统计数据等难以查证。最新的于2018年11月公布的统计监测报告在儿童与法律保护一项中指出，"2017年全国未成年人得到法律机构援助共计14.5万人次，比2010年增加5.7万人次，增长65.4%"，但是此类数据过于笼统，未将细分的数据内容进行公布与剖析。

此外，我国由于人口众多，儿童人口数量庞大，儿童相关数据统计分类不细致、统计标准设定不准确，导致数据估算出现偏差。例如，我国在建立留守儿童系统之前全国妇联根据2010年第六次人口普查数据推算，2013年全国共有6102.55万名农村留守儿童。2016年多部门联合开展的农村留守儿童摸底排查工作统计显示，全国不满16周岁、父母均外出务工的农村留守儿童数量为902万人①。对于数据的错误估算一方面会导致资源拨付的偏差，另一方面也容易给人们带来不同的心理引导，数据过高会让部分地方政府产生畏难心理，数据过低会让人们放松警惕，这些均是容易导致儿童保护制度实施受阻的危险因素。又如，儿童遭受暴力侵害的数据统计严重欠缺，目前人们可用的数据除了来自司法机关的大数据以及媒体的统计数据之外，并无详细的儿童遭受伤害的数据报告，易导致目标设置

---

① 李振林：《留守儿童的权益保障与犯罪预防》，《青少年犯罪问题》2017年第5期。

不到位、不精确、儿童制度措施"无的放矢"。没有官方统计数据，就很难对考核指标做出规范。《中国儿童发展纲要（2011—2020年）》对儿童福利目标个别数据做出了明确规定，依据数据做出绩效考核是顺理成章的，然而儿童保护方面并无相关数据要求。总的来看，我国对于儿童保护制度实施目标实现的考核机制不够完善，考核标准尚待细化，考核方式欠缺，目标达成情况的考察也无从谈起。

2. 监督机制不健全

儿童工作者所要面对的服务对象是生理与心理都不成熟的未成年人，具有群体特性，例如缺少自我保护能力、心里敏感度更高、缺少自我疏解心理压力的能力等。所以儿童工作者尤其是保护儿童免受暴力侵害的工作者需要更高的专业性与敏锐度。当前我国在儿童保护制度实施方面，尚未设置统一的工作培训机制，大部分参与儿童工作的人员遵从的是本行业的一般行业规范，仅个别职业如儿科医生、儿童社会工作者、儿童心理医师等工作者具有较高的专业性。当下我国已对完善儿童监护监督制度的办法做出了规定与引导，但是还未建立起完善的儿童监护监督制度。在服务对象较为特殊的情况下，并非所有的成年人都可以掌握工作技巧，需要有经验的工作者做出监督与引导。然而当前我国儿童保护服务方面的督导工作并未提上议事日程，大部分工作者的工作方式"自成一体"，且没有统一而权威的领导机构对其进行培训并做出督导，所致儿童相关工作者缺乏专业性儿童保护意识的现象普遍存在。

第二节　儿童保护制度实施局限的原因

儿童保护制度在运行过程中出现功能发挥受限的原因是由多方因素导致的，各原因之间关系密切、相互制约，各单项因素应放在整体框架中进行综合探讨。

一　法律政策框架不健全，组织机构设置不完善

国家通过制度化的组织来强化规则，做出引导。在一个制度场域中，个体与组织行动者可以意识到规则的存在，这些规则是由一套制度制定的。儿童保护制度场域中，儿童保护制度的政策框架所涵盖的法律制度、组织制度等内容是行动者在互动中遵循与实践的准则。儿童保护制度政策框架不健全、处理程序中执行机构的组织结构不完善等问题阻碍了制度场域中制度资本、社会资本以及人力资本的流动，导致儿童保护制度实施中社会系统的整合功能发挥受到局限。

（一）儿童保护制度政策框架不健全

儿童保护是儿童福利的一部分，同理，儿童保护制度化建设的最高指向也应该是由国家立法机构所制定出的综合性的儿童保护法[①]，以此为目标逐渐形成有效的儿童保护法律体系。当前我国儿童保护制度政策框架构建不完善，甚至从大的方面来看，即在儿童福利制度方面，也仅仅处于雏形阶段。

上文提到当前我国儿童保护制度政策框架包括了五个部分的相关法律法规、规章制度、条约协定等内容，虽然相关的政策框架覆盖面已较为丰富，但总的来说，各个部分的构建基础都较为薄弱，各框架"零件"配合度差，效能发挥不足。

1. 儿童保护法律框架缺少整体性规划

中国儿童保护制度处于初级建设阶段，伦理型传统文化带来的影响深远，我国儿童保护意识带有强烈的民族特色。从 20 世纪末开始我国逐渐地签署、批准了若干重要的国际公约和宣言，从儿童保护观念来看已经开始主动向国际儿童保护观靠拢，但是在履约进程考核方面做得还不够到位，儿童保护相关法律的制定缺少整体规划性，就近几年发布的儿童保护相关

---

① 尚晓援、王小林：《中国儿童福利前沿》，社会科学文献出版社 2013 年版，第 157 页。

法律法规来看，有一些是发生了什么社会问题就去解决这个社会问题，为应对当下的社会问题而制定出了一些政策。整体看来各法律法规条款之间缺少互动、互补与合作性，更趋向于散落的"补丁式"救助。我国一直以来采取补缺型儿童福利保护政策，对特殊弱势儿童如孤儿、留守儿童、残疾儿童、大病儿童等做出优先救助，适度普惠型儿童福利仍处于试点阶段还未普及，补缺型的儿童福利与儿童保护制度虽然对于困境儿童起到了积极的有效的救助作用，但同时却忽视了儿童福利框架的整体性规划。

2. 法律法规落地难，可操作性低

《未成年人保护法》基本呈现出了当前未成年人保护法的全貌，其在我国儿童保护体系中起到关键作用，但是与之相配套的官方统一的执行规定却一直没有同步跟上，个别省份依据当地实际情况会列出具体的运行办法。儿童保护体系本应以此法为核心领导之法，依据儿童保护法框架来详细制定配套法规，但是就具体情况来看，儿童保护相关法律法规"落地"较难。从美国、瑞典、英国等国的儿童保护法律框架来看，各国均有一项核心的儿童保护法律作为指导，以此为基础来制定配套的执行政策，以基本保护法为基础来扩散制定详细的特殊儿童保护法律法规。

在法律法规条目内容方面，仍然需要进一步细化以加强其可执行性，如对于虐待儿童罪的确定，中国目前采用了家内家外有别的模式，对家庭内的虐待儿童行为，规定了虐待罪，但这个罪名不能涵盖家庭内的所有虐待儿童行为，它并不能对性侵、猥亵等行为进行规制。对家庭"周边"的虐待儿童行为，则完全根据虐待行为的实质而进行间接规制。因此，关键在于怎样合理地制定出全国普遍适用的中国刑事法律制度，在司法层面将儿童暴力行为做出细化定义，使刑事案件获得实质性解决，而不在于从立法形式上再确定一个"虐待儿童罪"的统一名称。

儿童保护观念不够普及、儿童保护法律体系未做出统一规划、儿童保护法律法规制定者缺少实践经验、经济发展速度远超文化进步速度等都是导致法律法规落地难、可操作性低的原因。制度实施过程中会不断暴露出新的问题，领导者以及制度执行者在解决问题的过程中会逐渐丰富个人经验，改善制度短板，这是一个漫长的过程。

（二）处理程序中执行机构的组织结构不完善

处理程序中各制度的设计与执行缺漏不仅有自身的原因，此外，儿童保护制度主管机构设置方面存在问题也会导致处理程序中问题的出现。

1. 顶层主管机构缺位，责权不明

2019年1月25日，中国机构编制网发布了《民政部职能配置、内设机构和人员编制规定》，即民政部"三定方案"，儿童福利司成为新设立的三大司局之一。儿童福利司的职责包括拟订儿童福利、孤弃儿童保障、儿童收养、儿童救助保护政策、标准，健全农村留守儿童关爱服务体系和困境儿童保障制度，指导儿童福利、收养登记、救助保护机构管理工作[①]。在此之前，儿童福利相关事务由民政部、全国妇联、共青团等合作完成，这其中依然需要其他政府部门合作，但是由于缺少顶层领导机构，儿童事务的协调议事单位缺乏权力管辖能力，往往是有名无实，在儿童保护相关事务执行方面，其效果大打折扣。

儿童保护制度是儿童福利制度的一部分，儿童福利司其具体布置还未明确，当前我国儿童保护方面的领导机构依然不甚明朗。领导机构缺位、责权不明带来的制度执行机构其部署、协调能力差的问题依然存在。

2. 儿童保护法规政策的制定、执行与操作人员的专业化水平较低

儿童保护机构领导者专业化不足会导致各机构自身责权不明，机构之间合作不利的情况。儿童保护制度执行者如果缺乏儿童保护文化基础与专业素质就会导致具体操作过程混乱，给受虐者及其家庭带来二次伤害的后果。当前《未成年人保护法》在我国儿童保护领域内处于最高地位，但是其可操作性不强，儿童福利、儿童服务以及儿童保护等相关事务牵涉多个

---

① 民政部：《职能配置、内设机构和人员编制规定》，http：//www.scopsr.gov.cn/bbyw/qwfb/201901/t20190125_359773.html，2019-01-25。

部门。其他的儿童保护法律法规、制度政策等文件往往牵涉多个行政部门,虽由多部联合发文,但是其过于零散、整合度低,对履职不力部门提出的追责办法不甚明确;《反家庭暴力法》等法律法规会在条文的结尾部分对法律责任做出规定,但是由于对具体责任主体定位不明确,其执行度较低;此外,虽然我国签署了一些国际公约与宣言,但是并没有很好地将国际公约中的相关条约有效地纳入我国儿童保护法律框架之内,当前较为多见的是以国际机构与国内机构合作试点的方式开展儿童保护工作的探索。法律法规是由个人作为行动主体制定出来的,之所以导致儿童保护相关法律法规、制度政策文件出现这样的问题,主要原因在于部分政策制定者专业化水平不足以及脱离生活实际。

暴力侵害儿童事件若发生在家庭以外,人们普遍认为应该严肃对待,严厉处理施暴者。儿童事务从家庭内来说,"家本位"文化在家庭成员与作为整体的家庭的关系方面,强调家庭高于个人,个人利益应该服从家庭利益[①]。当前我国儿童保护机构的领导阶层普遍出生于20世纪六七十年代,"家本位"文化是他们从小所接受并认可的。尊重家庭并以家庭事务为核心本身在中国传统文化背景之下无可指摘,但是当儿童在家庭中遭受暴力侵害时,理应另当别论。家长管教儿童是家庭事务,但是如果涉及暴力管教儿童并给儿童带来伤害的情况就应将其归类到国家事务中。被访谈者Y老师曾参加过制定《反家庭暴力法》商讨会议,他谈道:

F014:在会议发言中我发现有一些领导啊还有立法的相关工作人员,这个反家暴的意识不是特别强,反家暴的立场也不是很坚定,我认为反家暴的立法人员也是干预人员,相关人员必须要明确立场态度,必须要明确家庭暴力的特点,甚至你还要熟悉一些这个家庭暴力的典型案例,你才有立法的这个资格。反家暴法跟别的法不一样,它牵涉一些对于这个传统的糟粕,可能人们每个人脑海里都有一些传统观念,很多传统观念不正确,如果你带着那些传统观念去立法,你立的法就会有问题。我觉得立法者也

---

① 李良:《论传统社会人们的家庭本位观念》,《南阳师范学院学报》2014年第13期。

要接受学习培训，至少你要知道家暴是怎么回事，你才有资格。

除以上问题，在具体的制度执行过程中，相关工作人员的业务能力也缺少专业化指导。例如在暴力事件介入过程中，出警人员如何评估暴力风险、如何制止暴力、是否应该将遭受暴力者带离现场等问题的应对。又如，在暴力发生之后，成年工作者在接触儿童时如何避免给儿童带来二次伤害，儿童身体与心理康复工作如何科学有效地展开等问题的处理。工作者的"专业化"与"非专业化"是直接影响儿童及其家庭恢复情况的关键因素。民政部自2014年以来，发布了数个专业工作流程指南，但是在具体工作过程中，能够按照流程去执行的工作者在少数，一方面由于我国缺少科学而完整的儿童保护流程框架，另一方面在于我国对于儿童保护工作者的专业化培训意识薄弱。

二 传统文化路径依赖严重，儿童保护文化环境未成型

林南认为制度场域可以界定超越空间边界的社会，其举例，世界各地的华人社区都存在于"中国社会"这一制度场域内，即使这些社区内的成员生活在不同地区，但是他们遵守着趋同的家庭与社会成员相处的关系准则，这些规则是带有民族特性的非正式协议，其背后是具有中国特色的文化作为支撑的。遵照传统文化而发展成型的规则指导人们的日常生活与处事行为，儿童保护制度实施中模式维持功能产生问题的原因在于儿童保护制度场域内的文化在变迁过程中新、旧意识形态发生了冲突，集中表现在文化路径依赖严重、文化发挥负功能及成人"霸权"的普遍存在。

（一）传统文化的路径依赖严重

文化是在特定的历史背景和自然条件中产生的，我国的传统文化具有较为稳定的群众基础。中国儿童的身上长久以来就打着"家庭中的儿童"这样的烙印，"儿童作为独立个体，儿童有自主选择权利"等外来文化与我国传统的儿童观大相径庭。随着时代的发展，文化交流日益频繁，外来文化与本地文化接触时难免出现碰撞，新文化的融入需要经历适应过程，

第八章 中国儿童保护制度实施问题识别

文化适应是社会、心理和文化的变革,它产生于两种文化间的平衡,同时适应社会的主流文化。

美国学者奥格本（William F. Ogburn）曾提出文化堕距理论,他认为当非物质文化正在努力适应新的物质条件时,就会出现一个失调时期[1]。文化堕距又称文化滞后,是指一种观念,即文化需要时间赶上技术创新,社会问题和冲突是由这种滞后引起的。经济的快速发展使中国已经走在世界前列,儿童作为国家的未来,其健康成长逐渐成为人们首要关注的问题,先进的儿童保护观念,科学的儿童服务技术开始进入中国国民的视野中,然而文化变迁的速度赶不上经济发展的速度,儿童保护方面的文化冲突逐渐显现出来。文化的路径依赖引起文化革新迟滞,从而导致儿童保护制度实施过程中所带出的价值观念与传统文化融合度低的问题。

自 2010 年我国进入中国儿童福利元年之后,先进的儿童保护文化逐渐有了可供生长的文化土壤。拉夫·林顿（Ralph Linton）将文化传播过程分为了接触与显现、选择、采纳并融合这三个阶段[2],从目前我国儿童保护制度实施情况来看,国际先进的儿童保护文化目前在我国处于接触与显现阶段,个别人群虽然可以从心里接受国际儿童观,但是在行为方式上仍然难有突破。访谈中,一位母亲对于自己的育儿行为做出了审视：

F010：我也知道我应该控制自己的情绪,多尊重孩子多听他说啥,可是到了那个点我真的是控制不住,我感觉我气的我必须揍他,就是太任性了。可我也舍不得啊,揍他我也心疼啊。

陆士桢对当代中国儿童观的总结与分类与本书的研究内核相一致。他将当代中国儿童观分为两个组成部分：一方面,当代中国人将儿童当作某种客体来认识。在家庭中,儿童是实现家庭利益、事业、声望的工具。在社会中,儿童是接班人,为社会事业发展提供最根本和最有力的后续保

---

[1] Ogburn, William F, *Social change: With respect to cultural and original nature*, Oxford England: Delta Books, 1966: 54.

[2] Redfield R, Linton R, Herskovits M J, *Memorandum for the Study of Acculturation*, American Anthropologist, 1936: 38.

障。所以在儿童培养方面，国家政策的政治性取向大于福利性取向，这一儿童观是一种功利性期望。另一方面，将儿童看作是能动主体，儿童是重要的、不可忽视的群体[①]。将儿童个人看作是独特的个人，每一个儿童都是平等的、具有发展潜力的，他们都享有生存、发展、参与和受保护的权利。当代中国将儿童看作未来的接班人和独立个体的统一，这是一种既具有传统色彩，又具有时代意义的儿童观。任何对于儿童的暴力都源于扭曲的儿童观。不论是将儿童当作私产的"管教式"体罚，还是将女童当作生育工具的性暴力，抑或是将儿童视为不懂人事的"宠物"而随意忽视的行为，都是源于社会、人类的错误认知。儿童观不仅仅体现了单个案例的个体行为，更体现着一个国家与社会的文明与进步水平。

儿童观、儿童养育理念、儿童在家庭中的地位等蕴藏的文化内涵是我国当前难以轻易改变的固有意识形态，类似于诺斯提出的制度变迁中的路径依赖理论，当前我国儿童保护文化变迁中也存在路径依赖情况，这阻碍了新式文化的融入，文化植根于每个个体意识中，儿童服务相关的组织机构的运行又依赖于这些个体，儿童保护制度实施中的领导机构、执行机构往往习惯性地遵循原有的单位准则去开展工作，这在无形中形成了逆向文化影响圈，给科学的专业性的儿童服务制度框架的形成带来了阻力，可见，突破文化滞后的束缚是儿童保护制度构建中需要关注的重点问题。

（二）先进的儿童保护文化环境未成型

1. 文化的过分稳定性导致其发挥负功能

文化系统在一种社会制度体系中发挥着模式维持功能，文化认同下价值观、行为规范以及社会秩序在社会发展过程中就具有相对稳定性，而某种文化的过分稳定和成熟可能会陷入保守，这会压抑成员的创新，阻碍社会的变迁。

儿童保护制度有效运行的首要条件是制定合理的法律法规与制度规

---

① 陆士桢：《中国儿童社会福利研究》，《社会保障研究》2006年第2期。

范，法律法规的制定一般以一国的根本大法即宪法为基本依据，为解决社会问题而有针对性地制定出专门法。法律制定者的文化背景以及带有文化"惯性"的社情与国情对法律制定带来直接影响，很难出现超前当下文化而制定出法律法规的情况，文化的过分稳定性会导致文化变迁中的人们对于新的文化价值认同感低的情况出现。

人们在面对相似的问题时总是习惯用相近的思路与解决办法去应对，从而忽视了其中的差异性。儿童与成年人由于其生理与心理的巨大差异，即使在面对同类型的暴力行为时，其承受暴力的能力也是有极大不同的，可以肯定地说，在遭受同等暴力伤害的情况下，儿童较成年人会受到更大伤害。然而只要暴力发生，人们仍然习惯按照已有标准做出判断，这样十分不利于儿童保护制度实施的专业化发展。我国于2016年颁布了《反家庭暴力法》，人们开始以更为理智的眼光去看待家庭内发生的暴力事件。然而我国的儿童作为家庭内一分子，有一些儿童并没有享受到《儿童权利公约》所赋予他们的权利，家庭内"管教"儿童的底线一直没有做出明确的官方规定，人们在这个问题面前再次以根深蒂固的"家务事"对其做出个人判断，认为但凡是发生在家庭内的管教儿童的事情都不应干预，除非儿童遭受极其严重的危及生命的伤害才应介入。

文化的稳定性一方面有利于维持社会制度实施过程中的基本秩序，另一方面却会由于其过分稳定性而发挥负面功能。文化的"去粗取精"是一个漫长的过程，若文化的过分稳定性长久以来难以改变，其负面影响会严重阻碍先进的社会制度的建立与发展，此时就需要一股"强大的力量"去冲破糟粕的文化屏障，然而我国目前还未出现这股力量。

2. 成人"霸权"充斥儿童周边

儿童的生理与心理特征导致其对于成年人有一定的依赖性，儿童缺少话语权使得成人"霸权"充斥儿童生活的周边。

在儿童服务相关行业中缺少行业服务标准，人们的不规范操作导致了潜在危险因素的出现。例如人们为频发的虐童新闻感到愤慨，同时，此类负面新闻的大量传播和媒体的解读，又在一定程度上制约了人们去全面了解事实真相，也影响了大众对于未来同类事件的判断。在儿童事件报道中，采访者会认为儿童缺少叙事能力而采访家长代为描述，家长在转述过程中必然会添加个人的描述性语言，导致事情的真实度降低，这同时也体现出成年人未足够尊重儿童的意见，在涉及儿童事务时，对儿童意见听取不足。媒体传播者自身缺乏相关法律知识，新媒体在信息传播方面也缺乏有效的把控机制；又如，在暴力定义方面，是由成人来做出规范。相对于躯体暴力和性暴力，儿童的精神暴力没有得到相应的重视。双亲对孩子采用的非躯体的惩罚行为受文化因素的影响很大，一些带有暴力形式的育儿方法在其他文化中可能被理解为精神伤害。因此，定义精神暴力非常困难。精神暴力的影响也可能根据环境及儿童年龄的不同而有很大差异。在许多国家，父母经常呵斥子女，辱骂的方式表现多样。许多研究者将忽视或因为缺乏照顾而导致的损伤作为暴力定义的一部分。因为国家间忽视的定义不同，以及没有通过法律强制要求在暴力报告中包含忽视的内容，所以在全球范围内评价这个问题缺少依据；再如，儿童生活、学习、医疗方面的工作者缺乏成人与儿童服务的区别性工作标准，有时采取粗疏的工作方式会无意间给儿童带来伤害。这都是成人"霸权"以及行业不规范可能造成的后果。

　　成年人制定儿童事务的规则，儿童观点难以受到尊重。"尊重儿童观点，听取儿童意见"是《儿童权利公约》四项核心原则之一。然而从访谈中发现，儿童在成年之前其个人意见鲜少受到重视，监护人与其他成年人单向决定儿童事务的情况普遍存在。

　　马斯洛需求层次理论对于人本需求的分析中，尊重的需要在第四等级，对于儿童来说，自我实现的需求层次还较为遥远，自尊即他们可以体会到的最高层次的需求（图8-1）。20世纪50年代，我国部分家庭温饱都成问题，儿童需求必然很难上升到自尊的层级，但是当下我国即将步入小康社会，家庭育儿条件普遍良好，儿童需求要远远大于过去，所以对于儿童的心理健康状况的关注比起过去而言更为重要。从案例以及深入访谈资料分析中发现，儿童社会工作者以及个别学校教师会认真倾听儿童的心声，能够敏锐地发现儿童心理状态的转变。

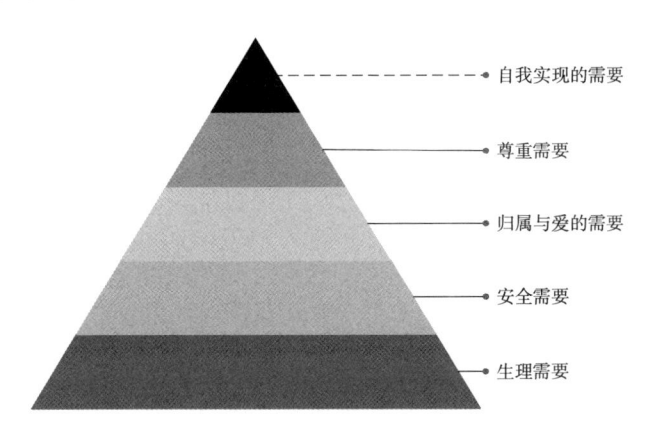

图 8-1 儿童需求层次图

资料来源：根据马斯洛需求层次理论所制：Educational Psychology Interactive：Maslow's hierarchy of needs http：//www.edpsycinteractive.org/topics/conation/maslow.html。

制度场域理论认为家庭、家庭网络以及家庭资源为儿童向成年过渡、实现社会化的过程提供了资源支持。家庭主导者通常为儿童的监护人，其在处理家务中占有优势领导地位，部分成年人将共情投射到与儿童的相处之中，但是大部分成年人缺少儿童思维，缺少倾听儿童需求的耐心，以成年人的惯性办事规则去做决定。成年人以为满足儿童基本衣食住行等基础需要就可以保证儿童达到"自我实现"，然而，儿童作为独立个体，其具有个体自我的精神世界，当儿童感到被尊重、被理解时，才能以更稳定的身心状态迎接成年的到来。儿童个人意见不被重视可能成为成年人对儿童施加精神暴力与忽视暴力的诱因，儿童保护文化难以渗入日常生活，儿童真实的个人需求得不到满足，儿童保护制度实施中的模式维持功能发挥受限。

三 资源供给需求不平衡，社会组织功能发挥受限

不同的组织个体与网络群处于社会制度的多样分层位置上，包括人力和资金在内的资源是社会制度发挥适应功能的物质符号，资源投入可以获得产出，对于行动者（制度实施中的工作者）而言，其获得了经济、名

声、社会和谐等综合回报。当资本投入不足时，产出亏损，回报减少，制度实施中的行动者动摇、退出，制度建设与运行可能出现"社会退行"现象。当前我国儿童保护制度实施中其人力和资金的资源投入不足导致制度实施的适应功能发挥受到局限。儿童保护制度实施过程中，面临着资源不足且缺乏科学性调配的现象，资源利用率低则进一步损耗了本就不够充裕的资源支持。儿童保护社会组织在提供儿童保护相关服务方面发挥着查漏补缺的作用，但是社会组织由于其非营利性的特征，往往面临着资金来源不足等问题，由于当前中国儿童保护社会组织成熟度较低，官方机构对其重视不足，导致很多社会组织的功能没有完全发挥出来。

（一）儿童问题认识度不够，对儿童福利资金投入不足

当前养老问题在我国逐渐成为一项社会问题，每一个成年人从工作开始就为养老做打算，成年人具有养老危机意识，同时具有话语权，研究显示我国针对老年人的福利资金投入要远大于儿童福利投入。我国儿童数量并不少于老年人数量，儿童缺少话语权，缺乏自我主张的能力，成年人对儿童诉求的倾听不足，儿童问题受到的关注较少，在采访过程中，有子女的家庭普遍认为当前儿童安全问题已经成为一个社会问题，但是没有子女的受访者在这方面的敏感度较低。相对来说，人们却普遍将养老问题视为一个较为严峻的社会问题，对于儿童问题的关注度严重不足。

当前我国儿童福利是中国福利体系中的薄弱环节，儿童福利制度不够完善，儿童福利配套措施未成统一体系，总的来说当前依然属于补缺型儿童福利模式。2013年民政部下达了《关于开展适度普惠型儿童福利制度建设试点工作的通知》，文件指出要在河南洛宁县、江苏昆山市、浙江海宁市、广东深圳市这四地开展适度普惠型儿童福利制度建设试点，次年又进一步设立了46个试点城市[①]。开设适度普惠型儿童福利制度建设试点，有助于为全国范围内确立此项制度积累经验。开展福利试点需要获得福利财政的支持，当前我国财政部公布的每年预算收支类目中还没有统一的全国

---

① 邢丽娜：《先行先试推进适度普惠型儿童福利制度建设》，《中国妇运》2013年第9期。

性儿童福利一栏,所以我国儿童福利财政预算方面缺少总体性规划,儿童福利财政覆盖范围和服务领域不甚明确。儿童保护作为儿童福利的一部分,其财政预决算体系不健全,这会大大阻碍儿童保护资源的合理购买与分配,儿童保护效果也会差强人意。

普惠型儿童福利还未普及,困境儿童等极弱势儿童当前是我国儿童福利与社会救助的重要部分,然而全体儿童的安全也时刻受到来自社会危险因素的威胁。当前人们对于儿童安全问题的解决不是以主动预防为先,而是以事后补救为主。例如,幼儿园暴力分子砍杀儿童事件曝出,国务院发布了《关于加强中小学幼儿园安全风险防控体系建设的意见》以加强和改进学校的安全工作。儿童保护制度的实施依赖于国家的财政支出,没有足够的资金支持,不足以使儿童保护事业从预防源头开启。对儿童诉求的忽视导致人们对儿童问题的重视程度不够,从而引发儿童福利资金投入不足的社情。

由于我国幅员辽阔,地域经济发展不均衡,各地区间的儿童保护制度实施发展现状不平衡,我国儿童保护制度相关的儿童安全保障、儿童教育发展、儿童医疗康复等板块仍然存在地区间的资源配置差异。儿童保护投入的资源缺乏制度性安排,财政使用缺乏科学性调配。除了资金支持的不足以及分配不合理外,儿童保护制度实施人力资源也较为欠缺。一线儿童服务工作者,如儿童心理康复医师、儿童社会工作者等工作人员的薪酬较低,儿童服务工作在专业工作者看来很多时候是需要"爱心"去支撑的,基层儿童服务工作者的大量流失不仅不利于儿童保护制度的建设而且对于儿童及家庭的救助效果也会受到影响。没有自上而下的可供依据的儿童保护资源细化分配办法,导致了资源使用效率低下,在资源拨付本就不足的情况下,资源浪费会大大削弱儿童保护制度实施效果。

资源投入不足,导致目前我国儿童保护相关工作人员的专业化程度较低,基层儿童服务工作人员短缺。在儿童服务方面,许多专业的职业技巧可供学习,例如村(居)民委员会对于暴力侵害儿童危险因素的警觉性的培养、警察在接到家庭内暴力侵害儿童事件的出警方式、对于遭受性侵犯的儿童的询问方式、儿童心理治疗师与社会工作者如何共同制定儿童及家庭的康复计划等都是十分专业的工作方法。我国当下具有家庭暴力专业处理知识的警察数量较少，警察对于如何处理暴力侵害儿童事件所接受的培训不足，儿童心理治疗师、儿童社工等专业性较强的工作者虽然已开始呈现逐年增长的趋势，但是面对数量众多的儿童，专业工作人员的数量依然不够。当前我国儿童服务相关工作者需要经过更多的培训才能成为合格的儿童服务提供者。总的来说，对于儿童保护工作者普遍缺少持续的专业性培训。

（二）儿童保护相关社会组织发展处于初级阶段

当前中国儿童保护类组织发展不成熟，缺少行业标准，未充分发挥出其在儿童保护服务方面的专业化优势，究其原因大致有以下几点：

首先，儿童保护类社会组织与政府相关儿童服务机构的合作较少，还未全面获得官方机构的认可。儿童保护制度实施工作主要通过政府工作人员展开，部分工作人员缺少儿童服务专业化敏锐度，没有与儿童保护类服务机构合作的意识。同时在资金缺乏的情况下，没有足够的财政支出可以负担起聘请第三方社会组织工作人员的费用。

其次，儿童保护类社会组织自身发展不够成熟，业内较为专业的具有带头作用的社会组织其社会影响力依然不足，访谈材料显示，如果非儿童保护类工作者，一般个人对相关组织的存在不甚明了。影响力巨大的社会组织不仅自身有较为雄厚的资金基础，其次还可以获得多渠道的资金捐助，然而大部分儿童保护类社会组织由于其非营利性质，往往缺乏资金支持，这也是儿童保护类社会组织"寿命较短"的一个原因。资金不足不仅不利于组织内部的专业化构建，而且组织缺乏宣传资金，即使其有专业的儿童服务能力也可能发挥不足，造成人力资源的浪费。

最后，儿童保护类组织发展至今，依然缺少行业发展的统一标准。没有行业共识就难以做到专业化，儿童保护类组织在本就数量薄弱的情况下如果没有专业性发展作为支撑，后期会有大量的儿童保护类社会组织被淘汰，这一方面会造成资源浪费，另一方面也会给儿童保护服务者的自信心

第八章　中国儿童保护制度实施问题识别

带来打击。所以当前中国儿童保护类社会组织亟须设立行业标准，明确组织内部治理以及外部合作中应该遵循的基本要求。

采访过程中，某儿童保护类社会组织的工作者谈到了社会组织在儿童保护服务供给中的重要性：

F015：当前中国约百万困境儿童及900多万留守儿童，如果仅仅是靠政府工作人员去提供儿童服务或者说加大政府工作人员数量去支持也并不足以满足儿童服务的专业化需求，何况除了困境儿童以外的其他儿童呢，也是需要关爱的。所以这时候就需要我国培养一批儿童保护类的社会组织去开展服务工作，这样可以更科学，更专业。

同时另一位专业儿童社会工作者在访谈中谈到社会组织现状：

F008：前段时间从民政部公布的数据看，现在中国儿童相关的社会组织虽然超过了15万家，但是就人们和业内人的了解，这些组织水平参差不齐。

当前我国儿童保护类社会组织势力弱小，覆盖面小，缺乏组织经营的经验，尤其在经费补充方面缺口较大。

四　目标设置关键要素缺漏，工作监督考核机制薄弱

在一个制度场域中，组织—网络—社会同构。制度场域是资本投入的活动场所，无论是包括了文化资本与社会资本在内的制度资本还是人力资本都是国家在制度实施中投入的资源，投入资源则会对回报产生期待。资源投入并非无序操作，而要与制度实施目标设定相结合，组织对于资源利用的最优情形是达到资源损耗最小化、资源收益最大化。然而，当前我国儿童保护制度实施目标设置存在缺漏导致资源投入与产出情况不明晰，此外，制度实施监督机制薄弱等现实也阻碍了儿童保护制度实施目标达成功能的发挥。

（一）儿童保护制度目标设置存在缺漏

儿童保护制度场域中，制度实施的行动者互动所要实现的目标为制度

实施提供目标驱动力,领导层的行动者决定了制度实施的总体方略,引导制度实施方向,儿童保护制度目标设置与领导层专业化水平密切相关。儿童保护制度实施中个别领导者缺乏专业理念与专业知识,不利于儿童保护制度目标的合理性规划。领导者缺乏全局意识,提供儿童保护服务的各政府机构与业务机构之间合作程度难以加深,再加上部分儿童服务工作者的专业素质不足,仅有的一部分专业儿童工作者的工作能力也不足以完全发挥出来,儿童保护制度实施会出现事倍功半的效果。

儿童保护制度是儿童福利制度的一部分,截至目前我国还未构建出完整的儿童福利制度。中国的儿童保护发展历史中缺少与当代儿童保护相近的儿童保护制度实施模式,应对暴力侵害儿童问题,科学有效地保护受害儿童及其家庭对于社会与民众而言仍属新鲜事物。纵观全球,世界上仅中国有如此大的地域,养育了如此多的人口,虽然国外有丰富的儿童保护经验可供借鉴,但是由于巨大的文化差异背景以及人口众多等现实因素,对于国外儿童保护的专业化经验的学习与应用需要一个漫长的本土化过程。此外,香港与台湾等地区先于中国大陆接触到了先进的儿童保护理念,人们拥有共同的文化基础,拥有高度相近的历史背景,他们的儿童保护理念以及方法可为中国大陆儿童保护制度的建设提供大量有益经验,但是目前多地交流不足,分散的学术沟通与地方儿童服务机构的调研学习不足以填补空白。在缺乏历史范例与其他地区可参考经验的条件下,我国儿童保护发展是"摸着石头过河",以保守的较为妥帖的方式前进。儿童保护制度处于制度初建阶段,缺少经验丰富的专业化指导,儿童保护制度实施目标的设定缺乏持续的总体规划,目标设置不明确。

(二)儿童保护制度监督机制薄弱

1. 目标制定模糊化导致监督考核无从下手

上文提到了目前我国儿童保护制度实施目标设定松散化、模糊化的问题,目标设定不明确不利于制定出固定而持续的工作考核指标。国务院颁布《中国儿童发展纲要(2011—2020年)》后,国家统计局每隔一段时间发布统计监测报告以对纲要运行情况进行综合汇总和分析。在纲要中虽然明确提出了"在家庭中要建立良好的亲子关系，预防和制止家庭虐待、忽视和暴力等事件的发生"这样的目标，但是在统计监测报告中并未看到相关的数据报告。在目标设计之初，并未对相关内容做出细化规定。纲要中有些条目是有明确的目标设定的，例如在儿童健康方面，第二条要求"婴儿和5岁以下儿童死亡率分别控制在10‰和13‰以下"，这样的明确描述在儿童保护目标制定方面并未看到。试问，如果没有设定明确清晰的目标，如何来判定某项儿童发展目标是否实现，地方政府、教育机构以及家庭与社区如何对工作开展考核？如果将儿童保护制度实施看作是一部正在行驶的车辆，那么制度实施过程中每个细小的问题都是"牵一发而动全身"的零件，这其中暴露出来的问题都不是独立存在的，它们相互影响，共存共荣。访谈中，妇联部门的工作者依据个人工作经验谈道：

F013：我们现在每天接到的任务其实很多，宣传方面的、妇女儿童帮助方面的、咨询、家访什么的，工作安排得比较满，但是给我的感觉很多时候不断有新的任务下来，上一个任务脑子里感觉还没办完，下一个总结材料就等着你去写。有时候上头安排的事儿也有重叠，重复性的工作难免吧，主要考核也得看材料，看数据，有时候就跟着做，没机会说自己的想法，有时候像家访、咨询什么的，感觉，哎我觉得这么做更合适，但是人家考评时候不按你这个来，说了也不见得有多大用处。目标吧定的是挺多的，但是你说达没达到呢，数字上肯定是达到了吧，但具体又有各种新情况，咱们也不能天天跟在问题家庭后边，没那个精力。

2. 评估机构责权不符，评估办法统一性、专业性差，评估数据缺略

由于当前我国儿童福利与儿童保护方面还没有设立顶层主管机构，所以一直由各级妇儿工委作为办事牵头机构，存在一定的权利受限情况。在开展培训、评估以及监督工作时，虽然由妇儿工委牵头，但是监督未达到预期效果。对于儿童事业发展成果的评估工作也主要由各级妇儿工委牵头，总体而言并未公布详细的、定量化的评估标准与办法，加之各地经济发展水平以及文化开放程度有差异，所以在评估工作方面，如果在不引入第三方专业机构评估的情况下，会导致评估标准存在差异、评估过程专业化不足的情况。

在数据统计方面，由各级统计部门牵头，对数据信息进行收集、整理、分析以及监测，最终撰写年度统计监测报告。从监测部门公布的儿童发展纲要数据报告中只能粗略地看到各类报告的总结结果，对于各数据的分析以及评估较为欠缺。尤其是一些细节数据并未明确公布，例如对于"禁止向儿童实施暴力的逐年对比数据""家庭教育指导落实数据"以及"儿童生殖健康服务发展数据"等零散性数据如何监测，监测结果几何都不得而知。没有详细的数据监测办法，地方的儿童保护就会主要向可检测的部分着重发展，越发忽略了薄弱环节的儿童服务体系构建，对于总体性儿童服务建设是十分不利的。

3. 儿童保护相关内容的监督机制操作性低

儿童保护的内容不仅仅包括制止暴力，还包括预防暴力的发生、暴力发生后儿童身体与心理的恢复等系列工作、与儿童相关的监督工作的方方面面等。对于获得官方定义的较为成熟的监督机制可从《反家庭暴力法》等法律法规中梳理出来，例如针对暴力事件发生的报告制度、警察对于暴力事件的调查处理制度、儿童安置与监护制度等。这些工作内容首先是针对暴力事件的一种监督，此外也规定了相关人员的工作责任，但是后续的对于工作人员工作成果的考察与监督机制尚未建立起来。

不同的工作单位有各自不同的监督机制，如社会工作者由社会工作督导师做出监督引导，儿童服务组织机构会聘请第三方机构对组织工作成果做出评估等。在处理一项儿童遭受暴力侵害事件时，其整个过程可以看作一个独立的案例，最后事件处理结果如何，儿童及其家庭恢复状况如何都可以作为监督者参考的评估要素，然而目前这样的综合性监督评估是十分少见的。此外，即使有的工作组织机构存在监督考评机制，其评估依据也不够合理，人们习惯用数字衡量工作量但是却忽视了对于工作质量的考察，人们从《中国儿童发展纲要（2011—2020年）》的逐年检测报告中可以看到达标的数字，但是却看不到对于工作质量的考核情况，数字可以代

表一定的工作量，但不一定能够完整地表达出工作的专业化程度以及实施效果，我国在儿童保护服务工作监测方面还需制定一套更为科学的测评机制。总的来说，缺少儿童保护服务工作监督意识，缺乏总体性的监督机制以及欠缺可供参考的科学性的监督考核办法是导致儿童保护制度实施工作监督机制不健全的原因。

第九章　中国儿童保护制度实施政策建议

儿童保护制度的有效运行可以保证儿童健康安全成长。确保儿童保护制度能够随着时间推移而稳定运行下去的先决条件是该系统的四个子系统发挥出相应的功能，且四个功能要素之间相互渗透，互动共处。所以本研究所提出的针对儿童保护制度实施过程中出现的问题的解决路径就是为了更好地促进子系统功能发挥而设置的。

第一节　促进儿童保护制度社会系统的整合功能发挥

中国儿童保护制度在运行过程中发挥出整合功能的前提是社会制度内部达到协调状态。制度的整合功能不足导致其社会控制能力较差，社会制度的执行力会受限。研究发现，当前中国儿童保护制度实施过程中存在法律法规不健全、组织机构混散等问题。通过完善儿童保护制度实施的法律框架以及科学设计儿童保护制度实施的组织机构能够促进儿童保护制度实施过程中整合功能的发挥。

一　巩固完善儿童保护制度法律政策框架

（一）修改或出台明确而详细的儿童保护专门性法律法规

美国儿童保护制度的发展与形成是自下而上的由民间到政府的模式，

从19世纪末开始逐渐弱化家庭亲权理念而向国家亲权责任过渡，在后期的实践中美国儿童服务领域又逐渐认识到了稳定家庭对儿童成长的关键性，总的来说是以国家亲权理念来配合儿童保护制度实施的。与大多数暴力事件的处理办法相似，美国儿童保护最开始也将事后处理与完善当作儿童保护的重点，从"受虐儿童综合征"概念的提出开始，美国儿童保护逐渐从被动型保护向主动型预防及保护转换，这与美国对儿童虐待定义的不断更新是离不开的。从19世纪末到21世纪初，美国儿童保护理念的普及以及儿童保护制度的发展与形成经历了很长时间，这一方面得益于民间非政府机构的大力呼吁及全面服务，另一方面主要靠政府强大推动力来执行对儿童的保护计划。当前美国已形成较为有效的儿童保护制度体系，总结可发现其包括比较完善的法律制度、强制报告制度、行政和司法程序、儿童安置和寄养制度、儿童保护制度执行的监督机制以及成型的信息技术平台等。

英国儿童保护制度的发展历经一个多世纪，目前已形成了较为完备的儿童保护制度体系。从17世纪的贫穷儿童救助开始，英国逐渐重视起儿童权利的保护，这其中的关键内容就包括保护儿童远离暴力侵害。儿童观念随着时代发展同步更新，19世纪之前儿童一直被当作家庭与父母的私产，19世纪开始由于政府的主动介入，这种观念逐渐弱化，19世纪末期人们开始承认儿童人权，逐渐将儿童看作独立的个体。儿童观念的进步带来了儿童保护观念的更新，目前英国儿童保护制度在儿童虐待的预防和早期干预方面做得较为成功，预防所起到的关键性作用要远远大于事后补救。

瑞典政府早在20世纪90年代中期就已将受虐儿童列为官方优先保护群体，旨在改善弱势儿童的处境，并切实落实《联合国儿童权利公约》，加强儿童权利。瑞典是一个多元而包容的国家，其善于吸收和学习先进国家的儿童保护方法，同时在遇到问题时能及时反思与改正，在保护儿童安全成长、不损害儿童权利方面，瑞典在全球范围内起到了良好的示范作用。

儿童保护法律法规的修改与延续、儿童保护专门性法规政策的出台有助于儿童保护制度实施法律政策框架的完善。从中外儿童保护制度发展历程对比图（图9-1）中可以发现，我国的儿童保护制度专业化发展开启较晚，到今天仅走过了25年的时间，相比国外儿童保护制度发展历程而言，发展时间较短。西方发达国家儿童保护制度演进历史表明，为完善儿童保护制度建设，其均出台了多部针对性较强的儿童保护专门性法律法规。

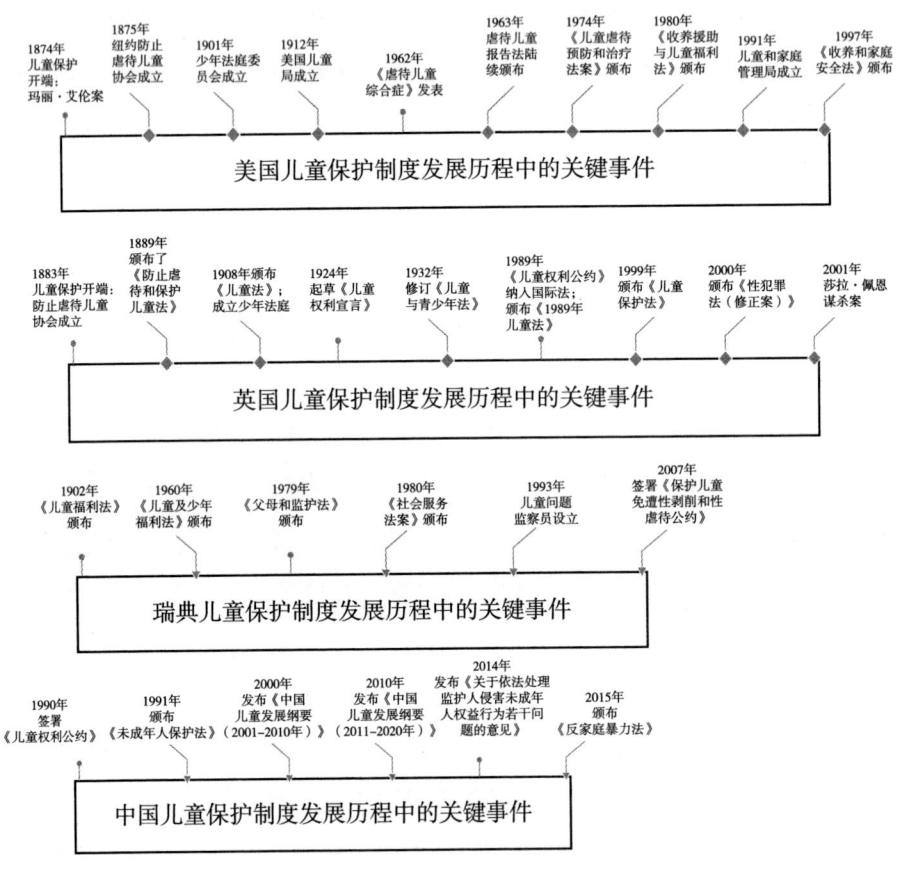

美国儿童保护制度发展历程中的关键事件
- 1874年 儿童保护开端：玛丽·艾伦案
- 1875年 纽约防止虐待儿童协会成立
- 1901年 少年法庭委员会成立
- 1912年 美国儿童局成立
- 1962年 《虐待儿童综合症》发表
- 1963年 虐待儿童报告法陆续颁布
- 1974年 《儿童虐待预防和治疗法案》颁布
- 1980年 《收养援助与儿童福利法》颁布
- 1991年 儿童和家庭管理局成立
- 1997年 《收养和家庭安全法》颁布

英国儿童保护制度发展历程中的关键事件
- 1883年 儿童保护开端：防止虐待儿童协会成立
- 1889年 颁布了《防止虐待和保护儿童法》
- 1908年 颁布《儿童法》；成立少年法庭
- 1924年 起草《儿童权利宣言》
- 1932年 修订《儿童与青少年法》
- 1989年 《儿童权利公约》纳入国际法；颁布《1989年儿童法》
- 1999年 颁布《儿童保护法》
- 2000年 《性犯罪法（修正案）》
- 2001年 莎拉·佩恩谋杀案

瑞典儿童保护制度发展历程中的关键事件
- 1902年 《儿童福利法》颁布
- 1960年 《儿童及少年福利法》颁布
- 1979年 《父母和监护法》颁布
- 1980年 《社会服务法案》颁布
- 1993年 儿童问题监察员设立
- 2007年 签署《保护儿童免遭性剥削和性虐待公约》

中国儿童保护制度发展历程中的关键事件
- 1990年 签署《儿童权利公约》
- 1991年 颁布《未成年人保护法》
- 2000年 发布《中国儿童发展纲要（2001—2010年）》
- 2010年 发布《中国儿童发展纲要（2011—2020年）》
- 2014年 发布《关于依法处理监护人侵害未成年人权益行为若干问题的意见》
- 2015年 颁布《反家庭暴力法》

图9-1　中、美、英、瑞四国儿童保护制度发展关键事件对比图
资料来源：作者自制。

儿童保护制度以中国悠久的历史文化为依托，经过了一百多年的萌芽以及发展阶段，形成了具有鲜明地缘特色的中国儿童保护制度。中国儿童保护制度的形成不同于西方，我国国土辽阔人口众多，对于一项制度的建设与形成主要是通过"自上而下"的方式实现。社会中的权威部门设计某

· 254 ·

些制度性规则并采取强有力的方式去推动是现代社会中制度建设最常见的方式。中国儿童保护制度经过无意识演进阶段、初步建设阶段以及持续性的专业化建设阶段，发展至今天，还未形成对所有儿童的有效保护网，我国尚未出台专门的儿童保护法以预防与应对暴力侵犯儿童事件，儿童保护制度中的专门性儿童保护法律框架还需要一定程度的构建与完善。

前文梳理了我国现存的儿童保护相关的法律法规内容。我国儿童保护法律法规众多，但当暴力侵害儿童事件发生的时候却因为存在各异的实际情况而导致法律执行力不足，儿童权益难以获得保障的情况发生。《未成年人保护法》是当前我国儿童保护法律政策框架中法律效力最高之法，其囊括了一些儿童保护相关内容，但是从其表述来看依然不够详细明确，例如，何种情况属于暴力侵害儿童事件的实际发生，"有关部门"到底是哪个部门，干预介入工作到底该如何展开等。所以就从保护儿童免受暴力侵害方面来看，《未成年人保护法》依然需要进行较大的修改。我国儿童保护法律法规的出台受到了来自国际公约的巨大推动，例如为保证我国签署的《儿童生存、保护和发展世界宣言》以及《执行九十年代儿童生存、保护和发展世界宣言行动计划》其工作的顺利展开，特制定了《九十年代中国儿童发展规划纲要》，从此开启了我国儿童保护制度化的道路。今后我国应继续为落实国际儿童保护相关公约、条款而制订更为详细的计划。为儿童制定专门性的法律法规，不仅为遭受暴力侵害的儿童主持了公平正义，同时对于潜在的施暴者起到了震慑作用，有利于预防暴力侵害儿童事件发生。

（二）落实并监督儿童保护政策执行

当前我国儿童保护法律框架所涵盖的内容已较为详尽，可完整地将儿童保护程序梳理出来，暴力侵害儿童事件发生之时、之后如何处理都已经明确，但是由于缺乏程序指引办法，其执行力较低。

本研究认为与保护儿童远离暴力侵害相关的执行制度至少应包括强制报告制度、暴力风险评估制度、临时安置与替代性养护制度、儿童监护监督制度、告诫书与安全保护令的使用办法、儿童侵害犯罪者从业禁止制度、儿童侵害犯罪者登记制度、儿童遭受暴力数据统计制度等这几项执行制度作为儿童保护制度的下级制度（图9-2）。

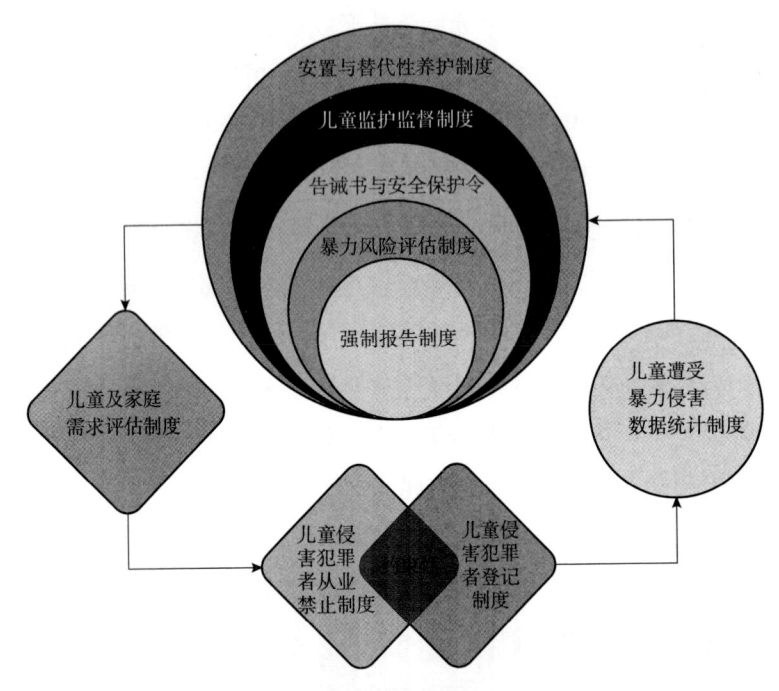

图 9-2 儿童保护制度实施相关执行制度
资料来源：作者自制。

当前我国已经对暴力侵害儿童事件处理程序做出了基本的流程规定，其中强制报告制度、临时安置与替代性养护制度以及告诫书与安全保护令的使用办法已经呈现出规范化与专业化的特点，但是在具体执行规定方面仍感不足，需要专门规定制度实施过程中的细节办法；儿童侵害犯罪者从业禁止制度、儿童侵害犯罪者登记制度在个别地区已经开始投入使用；儿童监护监督制度在我国的《民法总则》以及《未成年人保护法》中做出了较为明确的规定。

当前我国儿童保护制度实施中的暴力风险评估制度以及儿童遭受暴力数据统计制度的设计与执行还存在较大空白。暴力风险评估制度是暴力侵害儿童事件专业化处理的第一步，是决定事件处理方向的关键点。儿童遭受暴力数据统计制度贯穿于儿童保护全程，关系到工作计划的制订与工作效果的反馈。

1. 暴力风险评估制度设计意见

本研究认为暴力风险评估制度至少应包括遭受暴力风险评估自测表和风险环境他测表两个方面（表9-1）。

表9-1　　　　　　　　　　暴力风险评估设计表

	评估表拟称	填写者	测评目的
自测评估表	生活环境/学习环境安全自测评估表	八岁以下的儿童应由信任者陪同填写；八岁及以上的儿童可以自填或者在信任人陪同下填写	测评儿童所处环境安全程度
他测评估表	家庭侵害儿童风险因素评估表	警察	快速判断儿童所处生活环境现存的以及潜在的风险因素
	儿童生活风险评估表	教师、儿童社工、社区工作者等	测评儿童生活环境安全程度

资料来源：作者自制。

自测表即让儿童判断自己所处的环境的安全程度，可以让有表达能力的8岁以上的儿童自填或者其信任的监护人填写，由儿童自己填写的自测表可以放到学校中进行以使得儿童处于安全环境中，在每学期开学的时候进行一次测评表填写，以使学校能随时掌握儿童动态。由监护人填写的可以由教师家访时发放填写或者是学校家长会时统一填写。当通过儿童填写的自测表发现儿童已遭受暴力侵害时，儿童监护人、教师等保护者应该鼓励受害儿童说出真相，引导受害儿童收集和固定证据并向公安等部门求助。为提高儿童自测表的有效性，应引导儿童学习相关法律并帮助儿童建立安全评估意识。

他测表可由警察、儿童社工、教师等人来填写，对于儿童的精神状态、家长交谈时的儿童养育态度等内容进行测评。警察在接到暴力侵害儿童报案时，应第一时间对暴力情况做出测评，如果发生在家庭中且不易对暴力情形做出判断时，则应该采用家庭暴力风险评估量表做进一步调查判断，如果发生在家庭"周边"，则可以按照个人经验以及实际的具体情况做出判断。

2. 儿童与家庭服务需求评估制度设计意见

1999年瑞典效仿英国的儿童需求评估框架创设了本国的 BBIC（Barns behov i centrum）评估、规划和审查儿童福利框架，此项目在英国开发花了15—20年，引入瑞典后，由国家卫生福利局（NBHW）和7个地方当局作为一个项目运行了7年（1999—2005），从2006年开始将之前试运行项目的经验编写成培训材料在全国范围内展开培训并开始运行"关注儿童需求"评估制度。

BBIC 是一个评估、规划和审查儿童福利的框架，它系统地收集和记录儿童和青年对服务的需要[①]。该系统以生态系统理论和依恋理论为理论基础，依照儿童需求的 BBIC 三角形对儿童及其家庭需求做出测评，在这个三角形中，不同的领域代表了儿童需求的不同维度、父母的能力以及家庭和环境中的因素（图9-3）。

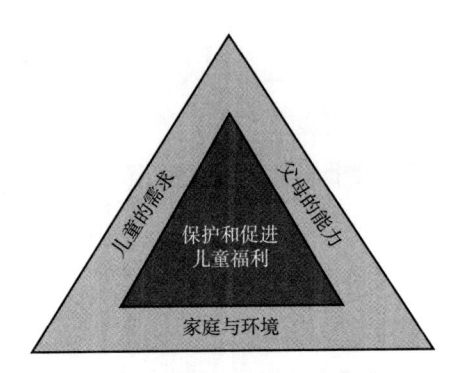

图9-3 瑞典的儿童需求测评维度
资料来源：作者根据瑞典儿童需求测评办法绘制。

通过评估儿童的发展需求、父母的抚养教育儿童的能力以及家庭及周围环境的情况可以确定儿童及家庭的需要，以促进儿童、家长和关注儿童的社会机构开展良好合作。

---

① Socialstyrelsen, BBIC, Child welfare in a state of change-Final report from the BBIC project, https://www.socialstyrelsen.se/p ublikationer2012/child-welfare-in-a-state-of-change-final-report-from-the-bbic-project, 2012-01-25.

我国提供的儿童保护服务与瑞典有类似之处,对于儿童的服务不仅是针对儿童个人的,公共权利更倾向于与父母合作,将对儿童的服务容纳于对家庭能力建设的帮扶之中,在今后的儿童服务中,我国可以学习英国与瑞典较为成熟的儿童服务评估框架进行本土化试点。评估为儿童保护制度决策者和各层领导者提供关键信息,使之了解为预防或应对针对儿童的暴力行为而设计的规划和政策是否正在产生预期影响。评估可分为内部评估和外部评估。内部评估内容十分丰富,可对家庭与社区做高风险评估、可对儿童的需求做评估、可对儿童综合服务效果进行评估、可对预防机制的有效性进行评估。外部评估同样至关重要,对于儿童保护项目的效果评测能有效地发现项目的不足之处以及可取经验。外部评估模式可有效促进儿童保护制度的完善发展。

3. 儿童遭受暴力数据统计制度设计意见

本研究后文在儿童保护服务包设计建议中提到应该建立儿童保护网络管理档案以随时掌握儿童情况,儿童遭受暴力数据统计制度需要与此服务相结合开展,通过建立儿童资料库收集、估算与儿童有关的所有数据,掌握儿童遭受暴力侵害实时数据,将数据总结进行年度纵向比较可对现行儿童保护制度实施效果进行考量。

有规律地收集儿童保护相关数据有助于预防和监测监督机制的良好运作。儿童保护官方机构可利用监测系统提供有关针对儿童的暴力行为的规模和基本情况的数据,对具体情况的掌握可以对儿童保护制度实施的影响做出评估。通过内部评估获得的暴力侵害儿童现状是促进预防机制良好运行的必要条件。数据监测也有助于指导改进策略、弥补不足和促进持续关注预防。监测内容应涵盖调查数据与官方行政数据。调查数据是指通过各种具有国家代表性的调查(如全国针对儿童的暴力行为调查、全球学校学生健康调查、人口与健康调查或多指标调查)所获得的数据。官方行政数据通常包括用于管理公共规划或机构常规收集的记录或报告。对于决策者而言,官方行政数据可以帮助其了解儿童保护工作机构的工作者在处理暴力侵害儿童事件时的知识以及活动技巧的掌握情况。此外,官方数据还能帮助决策者了解针对儿童的暴力行为案例是否被学校教师、警察、医生或社会工作者注意到，以及这些专业人员遇到相关案例时采取了哪些行动。

做好儿童保护相关数据统计是构建与完善儿童保护制度不可或缺的部分，我国尚未制定出对儿童遭受暴力数据统计的制度。目前国家统计局已经出台了《部门统计调查项目管理办法》①，可结合此政策来制定儿童遭受暴力数据统计制度。制度构建初始阶段可借鉴国内与国际的先进经验，从具有相似文化背景的香港地区可以获得很好的可供学习的经验。我国香港地区从2005年开始，分别对身体虐待、疏忽照顾、性侵犯、精神虐待以及多种虐待这五类虐待儿童个案数据做出整理，分别对受害人性别、施虐者与受害人关系、暴力事件发生地区等信息做出统计②。

4. 儿童保护制度实施中预防机制设计意见

儿童保护制度实施中预防机制的构建是儿童保护框架的重中之重，在国家颁布儿童保护相关法律，采取有效的行政管理手段的大背景下，父母、法定监护人或其他责任人给予儿童适当照顾与保护，使儿童能够健康成长的同时，依照《儿童权利公约》的规定，鼓励儿童表达个人意见，让儿童积极参与对话，普及尊重儿童、将儿童当作独立个体的观念，这是对儿童的赋权，有助于提高儿童的自我保护能力，减轻暴力行为带来的不良影响。由于各国的儿童观、亲子文化、育儿理念等社会习俗的差异，在各国，对暴力的容忍程度有一定差别。在儿童暴力定义方面，部分国家以WHO、UNICEF等国际儿童保护组织所作的定义为基准，并在此基础上做出进一步细化。欧美国家对暴力的定义十分详细，中国在暴力侵害儿童方面的定义虽然不如欧美发达国家精确，但也依据本土文化特性做出了一定规范。明确而细致的官方定义不仅可以提高儿童保护相关法律条文的惩戒

---

① 国务院：《部门统计调查项目管理办法》，《中华人民共和国国务院公报》2017年第32期。
② 社会福利署：《家庭及儿童福利服务》，https://www.swd.gov.hk/sc/index/site_pubsvc/page_family/. 295\296\297，2012－01－25。

准确度，而且十分有助于为专业化预防机制的构建提供概念基础。

预防暴力侵害儿童事件的发生有助于提高决策者和公众的意识，即提高对儿童保护的敏感度以及降低对暴力行为的容忍度，非暴力的社会文化行为准则会在无形中影响父母的养育方式。对父母等监护人鼓励以非暴力手段管教儿童，对弱势家庭赋权，可促进家庭、社区及社会的和谐。

二 科学构建儿童保护制度组织机构框架

儿童保护制度执行机构不仅包括顶层主管机构，还包括政策执行机构。顶层机构起到"龙头"作用，具有权威性和行政能力，具有制度导向和制度实施管理的核心力，顶层机构的确立可以让儿童保护制度执行力大大增强，促进儿童保护制度的整合性，在制度执行效果上也大有裨益。

（一）建立并明确各级儿童保护主管机构的责权

欧美国家之所以在儿童保护制度实施方面有明显效果，与其顶层机构的有效领导以及各制度执行部门协调运作是分不开的。美国的卫生与人类服务部（United States Department of Health and Human Services，HHS）是美国儿童保护和儿童福利的主管部门。其目标是保护所有美国人的健康并提供基本的人类服务。其中，儿童和家庭管理局（Administration for Children and Families，ACF）为儿童及其家庭提供福利援助、儿童支助、收养援助、寄养、儿童照料和虐待儿童的相关服务。2015 年 HHS 的财政预算为 1.020 万亿美元，其中 ACF 的财政预算为 513 亿美元。儿童局（United States Children's Bureau）是隶属于儿童和家庭管理局的一个联邦机构。该局的工作包括预防儿童遭受虐待，改善受虐儿童生活环境以及受虐待儿童的寄养与收养工作[1]。

英国儿童保护的主管机构是教育部门，教育部（Department for Educa-

---

[1] Department functions, https://www.acf.hhs.gov/cb. (2001-01-02).

tion，DfE）负责英国的儿童保护、教育、学徒技术、妇女平等等内容。教育部之下的儿童、学校和家庭司（Department for Children, Schools and Families，DCSF）负责处理英国 19 岁以下青年人的相关问题，包括儿童保护和教育①。

瑞典的卫生和社会事务部（Ministry of Health and Social Affairs，瑞典语：Socialdepartementet）是瑞典政府内负责与社会福利相关的部门，其中瑞典儿童问题检查专员（Ombudsman for Children in Sweden，瑞典语：Barnorbudsmannen，BO）负责掌控儿童和青少年权利和利益的相关事项。瑞典的儿童保护工作主要由市级政府承担。在地方层面，市议会下设的社会福利委员会承担本市儿童福利和儿童保护责任，委员会下设社会服务办公室和家庭与儿童福利中心负责具体工作事宜②。

当前我国与儿童保护相关的工作缺乏统筹规划，顶层领导机构缺位，大部分工作由妇联等单位牵头，缺少权威性，容易导致工作落实不到位的情况发生。2019 年年初，我国在民政部下设了儿童福利司，设立儿童福利司有利于解决职能碎片化问题，有利于统筹设计儿童福利制度，明确部门职责，强化责任主体形成并完善政府负责、部门协作、分工配合的工作机制，对今后系统推进儿童福利相关政策，落实儿童利益最大化的原则具有重要意义。

（二）提高儿童保护制度实施中工作人员的专业化水平

儿童保护制度实施中建立专业儿童保护队伍十分关键，专业工作人员在暴力侵害儿童事件的预防、处理与后续跟进过程中都全程参与，直接关系到事件处理过程的专业度、事件处理结果成功与否以及儿童及其家庭恢复情况。瑞典国家卫生和福利委员会在 2004 年调查了 100 个城市，当时其

---

① 北京师范大学社会发展与公共政策学院家庭与儿童研究中心：《儿童保护制度建设研究——目标、策略与路径》，社会科学文献出版社 2017 年版，第 19 页。
② Barnombudsmannen, "About us", https：//web.archive.org/web/201501-18152913/http：//www.barnombudsmannen.se/english/. 2015 – 01 – 18.

社会儿童保健系统中已经有80%的工作人员获得了社会工作学位[1],其儿童保护服务的专业化程度可见一斑。当前我国社会组织中的工作者会为儿童提供一定的服务,他们大都来自专业儿童服务领域,拥有一定的儿童服务经验,其专业素质较高,加强政府机构与社会组织的合作可以为政府机构儿童服务工作者提供专业培训机会,提高我国儿童保护核心力量的专业化水平。

什么是对于工作者的专业化培训呢?以儿童保护制度中的风险评估为例。没有接受过专业培训的工作者可能在风险评估过程中出现风险评估表类型选择错误的情况,进而导致评估结果与实际情况出现偏差。又如,访谈中少年法庭的法官提出应该长期培养专门处理未成年人案件的审判人员、检查人员、侦办人员等。处理少年案件的法官应该至少掌握一些儿童心理学、社会学等知识。此外在涉及儿童的相关工作过程中,要注意方式方法,设立被害人一站式询问中心,可以有效避免二次伤害。再如,对于儿童事件的报道尽量要求专业儿童新闻播报者去搜集信息,媒体从业者需要接受专业培训,树立尊重儿童权利的意识,保护儿童隐私,避免给儿童和家庭带来二次伤害,遵守基本的职业道德,力求新闻事件报道的真实性。网络监管部门应对涉及儿童事务的相关网络信息作为重点监管对象,及早遏制可能发生的针对儿童的网络暴力事件。对网民进行良性引导与硬性规范,加大儿童权利主张的宣传力度,号召网上、网下人们共同维护儿童健康成长的安全环境。

第二节 改善儿童保护制度文化系统的模式维持功能发挥

现代生活中最深刻的问题是个人试图保持其存在的独立性和个性,反

---

[1] Egelund, T. et al., *Social childcare knowledge becoming professionalized*, Stockholm: Centrum för utvärdering av socialt arbete, 2000, p. 89.

对社会的主权力量,反对历史遗产和外部生活文化和技术的重压[①]。打破旧的儿童观念,树立新的儿童保护理念以促进儿童保护制度实施过程中模式维持功能的发挥便是一个深刻的问题。

一 全面普及儿童保护制度文化价值基础

在社交媒体快速发展的今天,家庭暴力、校园暴力、社会暴力以及网络暴力等以"井喷式"的状态出现在儿童身边,家庭、社区、学校等都开始对暴力侵害儿童事件警觉起来。目前我国暴力侵害儿童事件在网络媒体上时常会成为社会热点,不间断地刺痛人们的心,但热度褪去之后仿佛人们又恢复了常态,忘却了风险。网络曝光的暴力事件之所以会出现网络热潮后的"一夜落差"现象,主要原因在于社会普遍存在儿童保护观念的模糊化,民众与社会对于儿童的养育观念与保护观念的形成依托于本民族的文化基础与社会普遍认同的道德规范。目前中国对于预防暴力侵害儿童事件发生、虐待儿童等概念的普及与宣传做得不甚到位,对于成年人的科普微乎其微。日常生活中,一般通过学校教育、家长教育帮助儿童树立自我保护意识,实际看来日常科普由于专业性低会导致效果欠佳。儿童保护观念与经济发展和城市开放度密切相关,越是经济发展水平低、开放程度低的城市其儿童保护观念越陈旧,甚至对于暴力侵害儿童处于无意识状态。从儿童暴力施暴者的特点来看,他们往往法律意识淡薄,思想深受糟粕传统观念的荼毒。受害儿童的家长本身在儿童监护和儿童保护观念上比较薄弱。所以要想做好儿童保护的预防工作,首先要做好对于成年人的正确引导。例如在性知识的普及方面,中国家长与学校对孩子的性教育较为含蓄,儿童难以从正规途径获得性知识,大部分儿童的性知识来源于网络,网络世界错综复杂,难免给儿童带来错误导向,儿童一方面缺少自我保护意识,不能辨别非正常的猥亵行为,另一方面也有可能被引诱成为潜在犯

---

① Ferguson R. B. H., Georg Simmel: On Individuality and Social Formsby Donald N. Levine, *The British Journal of Sociology*, 1973, 24 (4), pp. 514 – 515.

罪者。如果当前儿童在成长阶段能够接受科学的性知识普及，成年之后也会给其他儿童带来良性科普，反之则会再次步入过去的儿童教育误区。

大量研究表明，父母与儿童在性与生殖健康教育（SRH）方面的交流能明显提高儿童的相关知识水平[1]，而且对青少年实施性教育对其性行为有积极的引导作用。有区域研究表明，在该项目中被调查的儿童有49%认为应由父母来传授SRH知识，但父母关于SRH知识的交流情况却不容乐观。所以同样的科普也应该在家长群体中展开。目前新时期的父母已经开始主动要求接受相关知识的科普，并乐于与孩子做交流，例如访谈中从事性知识科普的教师谈道：

F007：我的初中老师的孩子们现在也就是小学初中时候，个别女教师会主动联系我让我去她们孩子所在班级去讲课，一方面是对孩子们做科普，孩子所在学校的年级主任和校长也很欢迎，感觉整体氛围很好。

在儿童保护观念普及方面，除了实际的实体规范去约束去执行，最关键的是将儿童保护意识深入广大民众思想中去，将儿童保护观念作为国家发展的重要理念，每一个个体在儿童期开始就应该接受科学的儿童保护理念的灌输。以社会主义核心价值观的宣传与实践为例，我国当前大力普及社会主义核心价值观，全国从上至下的所有人群不论是未成年人还是成年人都在精神上获得了新的充盈。人们不仅从公益广告中能学到相关知识，还能从日常生活中获取多样式的思想灌输，核心价值观逐渐融入了社会的各个方面，并开始转化为人们的情感认同和生活习惯。儿童保护观念的宣传与科普也应该学习这样的科普与实践方法，加强对儿童保护概念的解读，让儿童保护理念深入人心。

在儿童保护观念传播的过程中，应同时提高法制宣传的针对性，发挥法律的约束引导作用，加大法律打击力度，给潜在的犯罪分子以震慑作用，打消犯罪分子的侥幸心理。作为儿童的监护人与看护者，家长、

---

[1] 李丹、邹艳、顾昉：《浙江省青少年青春早期性与生殖健康教育现况调查》，《浙江预防医学》2016年第4期。

教师、社区工作者等能够日常接触到儿童的成年人也应接受系统的法律科普以及监护培训,让家长重视对于儿童的保护,提高监护意识。家庭、学校以及社区是向儿童教授预防暴力知识、培养自我保护意识的主要阵地。当前我国儿童保护专项法律还没有制定出来,儿童福利法也处于空缺状态,全国还没有形成系统的儿童保护普法体系,甚至一些执法者在处理儿童相关工作时,也缺少儿童保护意识与技巧。儿童保护相关法律知识的宣传与执法监督都处于初级阶段,普法工作不能只给感兴趣的人或者"圈内人"去做,而应该从全民全社会的角度出发,做到无差别、无缺漏普法。执法监督的落实首先要有法可依,其次要有法必依,此外还需要有配套的执法监督专业机构。执法者的儿童保护观念可以通过系统学习儿童保护知识来树立,执法技巧可以从实践中获得,从而提高执法水平。

二 大力建设儿童保护制度文化扎根环境

(一) 家庭中的儿童保护环境建设

在管教儿童方面,首先要禁止体罚,对于如何教育儿童树立一个理性的概念。瑞典作为禁止体罚的先锋,在 1979 年就全面禁止了任何针对儿童的体罚行为。截至 2018 年,全球已有 54 个国家禁止对儿童的任何体罚,但是全球只有 10% 的儿童生活在这样的国家中,中国不包括在内[①]。立法禁止家庭中的体罚是一个可以通过法律强制力来推进人们加快观念转变的办法。

所有的国家都无一例外地认同父母、家庭是保护儿童健康成长的首选,但是当父母采取过激的方式去管教儿童,给儿童带来伤害的时候,儿童服务相关机构应协同合作来维护儿童受到保护的权利。"打骂孩子"是

---

① Global initiative to end all corporal punishment of children, *Global report* 2018: *Progress towards ending corporal punishment of children*, London: Global Initiative to End All Corporal Punishment of Children, 2019, p. 7.

第九章 中国儿童保护制度实施政策建议

否是有效的手段不能足一而论,因为尚没有官方数据对此做出比较,但是瑞典成功地让父母认识到打孩子并非有效的教养手段,有更多的其他方法去解决家长与儿童之间的冲突。瑞典在全面禁止体罚儿童的40年间,青少年犯罪率并没有提高,且在90年代中期以后青少年犯罪率呈现下降趋势①。

已经做了父亲母亲的单人受访者在访谈中谈到了家庭教育的重要性(表9-2),认为家庭是儿童出生后的第一所学校,家长首先要有风险意识并且掌握一定的相关知识才能给儿童做出良好的知识灌输。在家庭支持中要加大对于监护人的监护知识的培训,尤其是高风险儿童及其家庭的支持性矫治要及时跟进。

表9-2　　　　　　　　对家庭中暴力科普办法的认识

名称	编码文件数	编码参考点数	编码文本
家庭中的暴力知识科普与儿童保护观念的灌输	4	5	让家长有意识,有危机感,家庭教育其实是最重要的
			家长接受普法,要给孩子讲法,很多人还是不知道,现实生活中法律条文是怎么应用的
			家庭的灌输性教育,你都得给孩子讲到位
			事后去陪陪孩子,主要避免一个二次伤害的,让孩子们保留证据
			首先对孩子做出科普,比方说要学会鉴别,有意识来认清这个行为是属于性侵犯的,不仅仅是说有身体接触才算。还有就是家长不要把这个当作一个知识,其实这是一个能力的培养

资料来源:作者根据Nvivo12软件编码结果绘制。

为促进家庭教育指导服务摆脱其面临的困境,应该加快国家层面的家庭教育立法,2018年8月,家庭教育立法正式列入第十三届全国人大常委会五年立法规划第三类立法项目②。希望在家庭教育法出台后,我国的家

---

① Modig, Cecilia, *Never Violence-Thirty Years on from Sweden's Abolition of Corporal Punishment* (PDF), Ministry of Health and Social Affairs, Sweden; Save the Children Sweden, 2009, p. 22.
② 熊少严:《关于家庭教育立法问题的若干思考》,《教育学术月刊》2010年第4期。

庭教育指导服务能更加科学合理且有全局性统筹规划，家长素质的提升将大大有益于儿童健康成长。制止家庭中针对儿童的暴力事件需要家庭、社区、学校、社会与政府共同努力。家庭成员要有保护儿童的意识，即使施暴者来自同一个家族之内，也要秉持儿童优先原则以最大的能力制止暴力的再次发生，对于较为轻微的暴力事件，可以通过谈话沟通来解决，"以理服人"代替棍棒教育，诚恳沟通取代精神暴力；对于恶性暴力事件，尤其是严重躯体虐待以及性侵犯事件要及时报警，学校工作人员、儿科医生以及社区工作人员一旦发现要及时制止并报警。公安机关、检察机关、法院、民政部门以及妇联部门有责任及时响应暴力侵害儿童事件，与此同时，社会工作者、儿童心理疏导工作者以及儿童救助机构的工作者应提供专业的儿童保护服务。

（二）提高学校教育对儿童保护的重视

学校教育在科普方面，要明确不同年龄段的儿童所接受的科普内容是什么，而不仅仅是讲青春期的变化、艾滋病预防等内容，性知识也同样重要。除了学校和教师的课程教育，还应积极引入社会组织内的专业讲师进行课程讲授，网络、媒体、热线电话、学校与医疗机构合作等方式都可以提倡。虽然学校层面的暴力知识科普课程开展得较少，但是有一些社会组织出于对未成年人的爱护，在全国积极开展相关知识科普，一定程度上补缺了学校在儿童保护教育方面的漏洞。

学校是儿童进入适学年龄后在家庭以外最常生活的场所，受访者中的家长与教师们都认为学校应该营造出良好的儿童保护氛围并且采用防治结合两手抓的综合办法来提高儿童的安全意识，学校一方面要实时关注儿童的心理动态，学生自己也要有自查的个人能力，一旦意识到危险的存在应及时作出反应。教师们认为鉴于学生普遍存在升学压力，为保证安全知识科普的有效性，应将安全教育课作为周期性必修课程（表9-3）。

第九章　中国儿童保护制度实施政策建议

表9-3　　　　　　　　　对学校中暴力科普办法的认识

名称	编码文件数	编码参考点数	编码文本
学校中的暴力知识科普与儿童保护观念的灌输	7	13	在班会啊，日常生活中去渗透
			让孩子看教学视频，读本，让孩子内心有危险意识
			安排安全课
			暴力预防的演练
			有些学校会开设选修课，这是学校的特色课
			每个学校要弄安全教师
			事情还是先得强制
			学校现在有心理教师，给上安全教育课
			防治结合的机制和课程教育设置
			高校的心理健康月，通过各种的心理健康知识科普以及心理健康活动，让大家有心理健康的意识
			心理健康课程，让他系统地掌握心理健康知识
			要开展心理普查
			学校方面，主要是这个教育方面吧，要尤其关注学生的一个心理问题，要有心理防御机制

资料来源：作者根据Nvivo12软件编码结果绘制。

（三）增强社会结构中对儿童保护的侧重

暴力侵害儿童事件的有效预防不仅能避免儿童遭受伤害，还能为国家财政节省开支。儿童保护工作要落到实处，暴力知识科普要从细节出发，例如，母亲做孕检的时候，同步接受课程；给儿童上户口，到医院做体检的时候，要给有时间的家长上课；上过户口的小孩的家长要按时到小区去上课，让他们认识到暴力的危害性等。80年代以后出生的人群在接受丰富多样的世界观的输入后普遍对于儿童观有了更新，在接受多样化的教育理念的同时对于暴力的认识也更加透彻，尤其是在保护儿童远离暴力、识别暴力危险因子方面有较高的敏感度。通过多样的宣传活动，提升社会民众对儿童权利、儿童保护以及针对儿童的暴力行为的意识，有助于提高民众识别易受侵害的高风险儿童，同步落实强制报告制度建立和运行。当前我国许多地区开展了儿童保护试点工作,如果试点获得成功,应将试点的儿童保护模式进行推广,通过借鉴试点实践经验和国际先进经验来推动社会结构中儿童保护占比的提升。

受访者从自己的工作经验角度出发,从各自擅长的领域提出了社会中儿童保护知识宣传的途径(表9-4)。从法律方面要加大法制宣传,开展法制讲座;从妇联方面要采取"接地气"的深入到群众生活中的宣传方法;从一般其他社会民众角度来说,法律的约束力、官方机构的协同合作等在无形中会将儿童保护观念渗透到社会人群的日常生活中。

表9-4 对社会中暴力科普办法的认识

名称	编码文件数	编码参考点数	编码文本
社会中暴力知识科普与儿童保护观念灌输	6	12	对于公众的教育十分有必要
			法律出台完善的法律方面
			社区里除了父母以外还有社区工作人员对儿童提供一些特殊关注
			法律能起到震慑作用,稍微有点改观,还是要加大惩处力度
			政府系统比方说妇联、民政、法检系统的搞好工作吧。主要很多时候服务跟不上来还是差钱啊,要是有那个能力有资金会好很多
			人们专业工作者之间保护理念比较先进,但是还是极少数的,等将来咱们的孩子成长起来就会多多普及了
			政府部门应该提供法律宣传和维权服务
			妇联什么的那些法制宣传活动挺重要
			可以让普通人也去听听法治讲座
			妇女儿童维权站、母亲课堂、社区黑板报、标语、宣传单等
			在传统主流媒体、新媒体及杂志、刊物等通过开设专栏、专版、播放公益广告、答记者问等形式宣传《反家庭暴力法》和实施家庭暴力告诫制度的典型经验及典型个案
			出宣传板、发放宣传资料、提供咨询服务,营造法制氛围

资料来源:作者根据Nvivo12软件编码结果绘制。

第三节 加强儿童保护制度经济系统的适应功能发挥

社会制度实施在具体的执行过程中需要制度执行者通过获取相应的资源并进行再分配以实现制度实施的目标。如果制度执行者能获得足够的资源且能达到良好的资源利用效率则说明此社会制度发挥出了基础的适应功能，帕森斯认为实现此功能需要经济资源作为媒介，一项社会制度的资源获取与分配会形成制度内的经济系统。

一 合理计划儿童保护制度资源获取与配置

儿童保护制度实施目标的明确设定不仅有助于制订出合理的财政收支计划，还能同步进行人员调配以实现资源的高效利用。在后文，本书将提出结合三级预防模式的儿童保护目标框架设计建议。该框架从家庭保护、学校保护、社会保护以及司法保护几个方面来设置。儿童保护制度实施总的来说分为事前预防与事后预防两个部分，通过明晰四种儿童保护方式下的儿童保护方法流程，可以发现其中的共性与个性，以制订资源获取与配置计划。

由于当前我国儿童保护服务资源供给散落于各种儿童保护制度实施计划之中，还没有统一的全国性的资源获取与配置系统。前文对儿童保护制度实施中的政府部门以及社会组织机构可能产生的经费种类做出了总结，在本节中将经费种类与多种模式下的保护工作内容相结合对儿童保护制度实施中可能出现的资源需求与配置情况做出建议性预估。结合儿童保护工作总结流程梳理图（图9-4），当前我国儿童保护资源需求主要集中在暴力发生之前的宣传科普、专业化培训、支持性服务等方面，暴力发生之后的资源获取与分配主要集中在报告与介入、政府工作开展、综合性服务以及后续跟进这几个方面。其中报告与介入以及政府开展的工作主要是与机构设置和工作安排相关的内容，在前文中已有详细叙述。

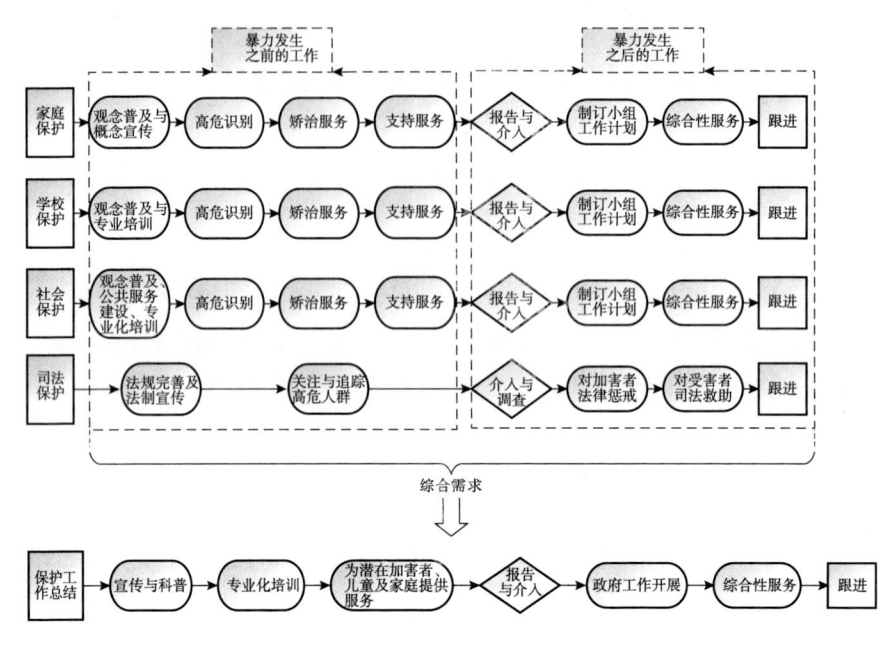

图 9-4 儿童保护工作流程

资料来源：作者自制。

（一）工作者接受专业化培训后进行儿童保护观念与知识的宣传与科普

儿童保护观念全民化是做好暴力侵害儿童预防工作的理想基础，在日常科普与宣传工作中，除了妇联部门、民政部门等还需要其他国家机构以及社会组织的通力配合来加强观念与知识的宣传与科普。

专业化培训以及知识科普工作的完成不仅需要自上而下的广覆盖，还需要自下而上的多方密切合作。本书提出了基于"三层构架"的儿童保护观念与知识科普流程设计（图9-5），根据图示可以明确三个层次的"宣传组"，他们分别是：第一高层领导组，是对各级领导与制度执行的专业化培训组，不同行政区划的高层管理者在接受过专业化培训后对儿童保护制度政策制定以及执行办法做出决策；第二中层贯彻组，是对各政府机构内的儿童保护工作者的专业化培训组，主要职责是在儿童保护制度实施

第九章　中国儿童保护制度实施政策建议

中将政策实现本土化落实；第三基层执行组，是对一线儿童服务提供者以及一般民众进行专业化培训与知识科普的小组，主要职责是在一线儿童服务工作中对不同的对象进行知识科普与宣传。这样的儿童保护观念知识的宣传与科普流程其组织关系类似于韦伯提出的科层制中的层级结构分布框架，韦伯认为科层制是最有效的组织模式①。此宣传框架对于儿童保护观念的传播以及知识的普及十分有益，提出儿童保护观念与知识科普的层级管理目标有助于提升目标驱动力、提高知识科普的有效性与目标完成度。

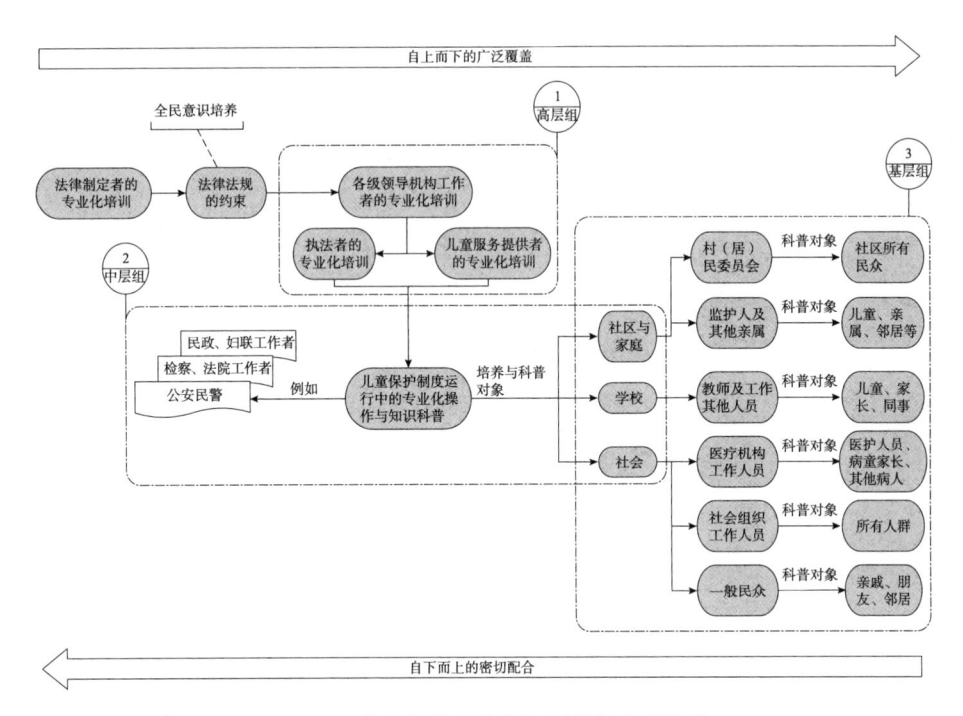

图 9-5　儿童保护观念与知识科普流程设计
资料来源：作者自制。

---

① 宇红：《论韦伯科层制理论及其在当代管理实践中的运用》，《社会科学辑刊》2005 年第 3 期。

（二）对儿童及家庭内提供的支持性服务

在前文中人们了解到吉尔伯特及一些学者将当前国际上的儿童保护模式分为了三种，其中瑞典的儿童服务模式是以家庭服务为导向的，这种模式认为防止暴力侵害儿童事件的发生，首要的就是要避免来自危险系数较高的亲属的伤害，事实证明，对高风险亲属的强制矫正是一种拯救儿童远离暴力的办法。在以家庭服务为导向的国家中，父母的心理、婚姻和社会经济问题被认为是与暴力发生相关的核心因素。家庭服务模式也比较适合中国国情，我国的公权力有较大的影响力度，在家庭介入方面，以"独生子女政策"和"二胎政策"为例，我国在政府与家庭合作方面有一定的可供参考经验。同时人们需要对政府介入家庭的方面以及程度设置规范，家庭与政府任何一方的权力过度倾斜都会导致合作的"破裂"。本研究借鉴姚建平等学者对儿童福利服务包的研究创构了儿童保护服务包概念，其服务对象是所有儿童，困境儿童、孤残儿童等也同样归属其中，但是对于特殊对象所提供的额外服务在此不做特别探讨。

儿童保护服务包内容具有实际的可行性，以建立儿童保护网络管理档案为例，当前我国已有可供参考的儿童网络信息数据库管理经验，例如，全国儿童福利信息管理系统其数据库涵盖有儿童基本信息、家庭或监护人信息、儿童照片、儿童身份证明等图文信息，可以实时准确掌握全国各地儿童信息，同时可及时记录和汇总孤儿基本生活费的发放和补助情况。2014年民政部在原有基础上新开发了"孤残儿童医疗救助、家庭寄养"等4个子系统。该系统对全省孤儿数量进行精确统计、实时更新，对孤儿基本生活保障金实现动态管理、实时监控，国家拨付的财政资金实现了高效利用，为儿童福利保障对象向困境儿童、向所有儿童拓展、实现我国儿童福利事业顺利转型提供了决策支持和技术保障[1]。

---

[1] 中国公益研究院儿童福利研究中心：《一周儿童福利动态之福利机构（2015年8月17日至2015年8月24日第34期/总240期）》，http://www.chinadevelopmentbrief.org.cn/news-17927.html，2015-08-25。

本书将儿童保护服务设定为包括暴力发生前预防服务包以及暴力发生后综合服务包两个部分（表9-5）。其中服务次数的估设来自我国儿童福利示范区实际提供情况、其他研究提供的经验数据以及本研究访谈数据。我国各个地区可以按照当地的经济发展水平因地制宜地制定儿童保护服务包成本测算，有的放矢。

表9-5　　　　　　　　　　儿童保护服务包设计

暴力发生前预防服务包			
服务名称	服务提供者	硬件设施	次数/年
建立儿童保护网络管理档案	专项人员	办公场地、办公桌椅、电话、电脑、打印机以及其他办公用品	12
儿童遭受暴力数据统计	专项人员	办公场地、办公桌椅、电话、电脑、打印机以及其他办公用品	2
儿童保护安全与法制教育	儿童之家专项人员、儿童社会工作者、法律工作者等	场地、桌椅、电话、电脑、投影仪、打印机、其他办公设备	3—6
家访工作，甄别风险	警察、妇联工作者、村（居）民委员会工作者等	会场、录像等记录设备	12
矫治等支持性服务	妇联、社区、学校、工会等工作者等	会场、支持性资源	2
暴力发生后综合服务包			
医疗救治、心理疏导等支持性服务	医生、心理治疗师、儿童社会工作者、儿童康复师、儿童福利机构工作者、妇联工作者等	支持性资源	按照个案情况安排
安置与替代性养护	亲属、民政部门、村（居）民委员会、儿童福利机构工作者等	安置场所、持续性照料、照料人养护技能培训课程等	12
司法救助	公检法、妇联、民政工作人员等	司法救助金	按照个案情况安排
跟进服务	民政、妇联、村（居）民委员会等工作者	录像等记录设备、会场	2

资料来源：作者借鉴"尚晓援、王小林. 中国儿童福利前沿［M］. 社会科学文献出版社，2013：75"绘制。

二 推动落实儿童保护制度资源整合与对接

当前我国在儿童保护方面的资源主要提供给一些特定儿童群体，例如留守儿童、困境儿童、犯罪儿童等。资源供给依据多为零散的地方性政策，地方政策覆盖面较小，宣传力度不足，容易出现信息不对称现象，遭受暴力侵害的信息传递不出来，对受害儿童及家庭的救助政策传达不到位会让许多家庭错失政策帮扶。

我国对于一般普通儿童的无差别资源救助较少，即使有一些资源供给也会因为儿童保护制度实施机构不健全而导致资源对接失败。制定全国性的、自上而下的儿童保护资源配置网络是将儿童保护资源整合与对接落到实处的有效方法，但其前提需要设立顶层主管机构并明确儿童保护制度逐层机构的责权。

儿童保护资源配置网络建设可将已有的散落于地方的儿童保护资源进行整合，再由相关负责机构进行配置，同时做好监督反馈工作，可以大大提高资源使用率，为儿童提供最大限度的支持服务。

国家对于儿童保护制度实施的强力支持是必然趋势。当儿童在家庭中受到暴力伤害，儿童所处的环境暂时不适宜儿童继续生活的时候，学校与政府就应介入其中，担负起保护儿童的责任；当儿童在学校中遭受伤害，家庭与政府应当及时给儿童提供保护服务，为儿童营造出健康、安全的学习环境；当儿童在社会中遭到伤害，家庭成员往往给予儿童最有力的支持，但当暴力事件的严重程度超出家庭的保护能力时，社会、学校与政府应合力承担起保护儿童的责任。中国儿童保护制度是中国儿童福利制度的一部分，在保护儿童远离暴力侵害保证儿童健康安全成长方面发挥着巨大的作用，我国从2016年开始实施第三期国家人权行动计划，这是实现中国人权事业持续稳定有序发展的重要时期。其中儿童权利目标设定一节，在《中国儿童发展纲要（2011—2020年）》的基础上明确提出要建立儿童暴力伤害的监测预防、发现报告、调查评估、处置、救助工作运行机制。国家对于儿童权利保护的日益重视是儿童健康成长最强有力的保障。将来人们需要提高儿童保护制度实施资源的整合度,在明确设立的顶层领导机构指引下,明确儿童保护目标,落实各执行机构的责权对接,进一步提高制度执行机构的通力合作程度,获取多方人力资源与经费支持并将资源利用最大化,为全国儿童提供更为安全幸福的生活环境。

三 加强对儿童保护类社会组织的管理与合作

(一) 加强对儿童保护社会组织的管理

我国当前对于社会组织的管理已经进入了较为正规的阶段。2019年1月25日中国机构编制网正式对外发布《民政部职能配置、内设机构和人员编制规定》,明确了社会组织管理局的职责:拟订社会团体、基金会、社会服务机构等社会组织登记和监督管理办法并组织运行,依法对社会组织进行登记管理和执法监督。规定中指出民政部应积极培育社会组织、社会工作者等多元参与主体,推动搭建基层社会治理和社区公共服务平台。

官方管理正规化离不开社会组织自我管理的职业化。以儿童保护类社会组织发展为例,2018年儿童节当日,40家社会组织共同发布了《儿童保护类社会组织健康发展指南》,指南有三大部分,提出了对儿童保护类社会组织的基本要求、开展儿童保护工作的基本要求及开展儿童保护工作的倡导原则(表9-6)。

表9-6　　　　　　儿童保护类社会组织健康发展指南

中国儿童保护类社会组织健康发展指南			
指南分章	对儿童保护类社会组织的基本要求	开展儿童保护工作的基本要求	开展儿童保护工作的倡导原则
各章节细则	健全有效的内部治理结构	坚持儿童最大利益原则	帮助(Help): 在孩子需要时伸出援手
	坚持非营利原则	尊重儿童各项权利	平等(Equality): 坚信所有孩子都是平等的

续表

中国儿童保护类社会组织健康发展指南

各章节细则	财务制度廉洁节俭	有效预防对儿童实施暴力	反对暴力（Against violence）：反对一切面向孩子的暴力
	专业稳定的专职人才队伍	避免对儿童实施性侵害	尊重（Respect）：尊重所有的孩子
	构建机构内部儿童保护机制	保护儿童隐私	责任（Responsibility）：愿意承担对孩子的责任
	搭建相关合作方的儿童保护机制	尊重儿童意愿并鼓励儿童参与	榜样（Role Model）：愿意成为孩子的榜样
		履行强制报告义务	
		从业人员无侵害儿童的违法犯罪行为	

资料来源：根据《儿童保护类社会组织健康发展指南》整理而成，致诚社会组织微信公号，2018.6.1。

儿童保护类社会组织对于自己的专业化管理有助于组织的落地与壮大，其提供的儿童保护服务愈加科学与专业化。国家对于社会组织应该依照其服务对象的不同有更为细化的管理，社会服务组织常常因为各种原因而处在快速的更替当中，对于有号召力的、巨大影响力的儿童服务组织应加大政府支持力度，将不易存活的儿童服务"热血"组织进行整合，使社会组织中的儿童服务中坚力量团结起来发挥更大的作用。

（二）加强政府与儿童保护社会组织的合作

政府在制定与执行儿童保护政策过程中需要儿童保护类社会组织提供专业化的支持性儿童服务，例如儿童社会工作者、儿童心理疏导师以及儿童康复治疗医生共同为儿童制订康复计划等。2013年7月31日，国务院常务会议研究推进政府向社会力量购买公共服务，其中包括政府购买儿童社会工作岗位，雇用民间社会工作机构的社会工作者从事儿童服务相关的社会工作等意见。2018年7月30日财政部公开《关于推进政府购买服务第三方绩效评价工作的指导意见》，为提高政府购买服务质量，规范政府购买服务行为,就推进政府购买服务第三方绩效评价工作提出了意见。加大政府与儿童保护社会组织的合作一方面分担了政府压力,另一方面可以为受虐者及其家庭提供专业化康复服务,有助于促进儿童保护制度实施过程中适应功能的有效发挥。

第四节 深化儿童保护制度政治系统的目标达成功能发挥

为一项制度实施计划设定目标,可以激励和引导组织团体与参与者为实现目标而努力,设定合理目标而激发的动机有助于实现儿童保护制度的良好运行,保证儿童健康安全成长。儿童保护制度要实现的目标是保护儿童免受躯体暴力、性暴力、精神暴力以及忽视暴力。为保证儿童保护制度实施过程中目标达成功能的发挥,首要的是制定明确、合理以及长期的儿童保护目标,为实现目标需要所有政府部门以及社会部门遵照政策规章提供儿童服务,加快家庭、社区以及社会的儿童保护环境的建设。

一 制定长久、合理及明确的儿童保护目标

我国儿童保护制度的目标设计方面存在问题,如目标设定缺少长久的整体规划、分层目标呈现分割状且定义模糊。儿童保护的责任是由家庭、学校、社区、社会以及政府来共同承担的,设定的目标之间应是相辅相成、互相补充的紧密关系。儿童保护制度的构建以及有效运行是儿童保护目标设计的基本来源与实现的保证。

(一)构建以儿童需求为中心的儿童保护制度

在结合各方因素制定出儿童保护目标时,同时也为儿童保护制度框架的设定打下了基础,制度框架与目标框架相辅相成,当明确了儿童个人需求时,就明确了以儿童为中心的儿童保护目标是什么,儿童保护目标的达成通过儿童保护制度实施实现。在儿童保护制度构建缺乏先期经验的情况下,可以向儿童保护经验较为丰富的香港、台湾地区学习,将目标设定与

制度构建相结合,避免出现目标与实际操作"两层皮"的情况。儿童保护目标设计与实现的问题的解决需要依赖于儿童保护制度构建,可从以下几个方面开展工作:

①设立具有行政权力的顶层主管机构,可以有助于目标设定做出整体性规划。

②明确儿童保护制度实施各层级的责任主体,践行责权一致,有助于设定明确的儿童保护各层级目标以及计划的落实。

③要求儿童保护工作者达到专业水平,政策制定者具有儿童保护专业素养才能保证儿童保护运行规章政策的合理性、目标制定的有效性。儿童保护制度实施中的政策执行者的专业化程度直接影响儿童保护目标实现的程度高低。

④完善儿童保护制度实施机制,创设儿童保护制度预防机制,从根本上保证儿童安全成长。

(二) 儿童保护目标框架设计建议

国际儿童基金会曾以《儿童权利公约》中的基本条款为框架制定出全球的"儿童保护战略",文件中指出创造保护性环境,保护儿童免受暴力、剥削,解决已知风险因素,照顾儿童的脆弱身心,提高儿童自身复原力是儿童保护战略应实现的基本目标。成功的儿童保护始于预防[1],20世纪90年代,世界卫生联盟和美国疾病控制预防中心指出:暴力,即蓄意对他人或自己施加身体强制力,造成或极有可能造成损伤或死亡的行动,并严重地危害公共健康。应该把以预防见长的公共卫生模式(Public health model,CDC)纳入预防暴力侵害儿童的社会行动中[2]。本书将儿童保护制度目标框架设定与三级预防模式相结合,三级预防模式分为事先预防与事后预防,其所采用的策略方法适应于暴力侵害儿童事件发生的整个阶段。

---

[1] UNICEF, *United Nations Economic and Social Council UNICEF Child Protection Strategy*, E/ICEF/2008/5/Rev. 1, 2008, p. 2.

[2] Foege W. H., Rosenberg M. L., Mercy J. A., Public health and violence prevention, *Current Issues in Public Health*, 1995, 1 (1), p. 2.

第九章 中国儿童保护制度实施政策建议

我国在儿童发展纲要中从儿童福利视角设定了一些儿童保护目标，是制定全局性的儿童保护目标框架中的一部分，可以将其纳入综合性的儿童保护框架设计计划里，儿童保护目标的设定相较于宏观的国家发展方针要更为微观而具体，制定具体的行动目标可以促进儿童保护制度相关工作者产生主观能动性，将个人体悟融入工作中去，从事儿童保护工作需要更多的爱心与耐心。美国学者埃德温·洛克（Edwin A. Locke）于1968年提出了目标设定理论，认为较难实现的具体目标往往更容易提高工作绩效，目标设定的两个关键点在于设定具体目标和有难度的目标[1]，这样可以促进工作者更加努力、专注，从而提高工作效率。具体的目标即要设置明确、详细的目标，例如"某地儿童保护机构数量要在2019年达到200所"。模糊的目标不利于引导工作者做出行动，没有明确的目标设定就意味着没有明确的绩效评估机制，例如"某地儿童保护机构要在未来几年内大力增设"这样的目标设定让工作者容易产生盲目性，导致工作进程阻滞。

本研究建议的儿童保护制度实施目标框架是以国际公认的儿童保护准则为指导，结合我国业已设定而成的有关于儿童保护的目标，采用定量化和列举定义的方法设计而成的（表9-7、表9-8、表9-9、表9-10）。需要注意的是，此目标设定的关键点仍然落在暴力侵害儿童事件的预防、处理以及后续上，是儿童福利大框架下的全国性儿童保护制度实施目标设定的一部分。

一级预防模式即保护儿童避免受伤害的措施，这是在暴力事件发生之前的工作，同时还包括控制当前的侵犯者或潜在的侵犯者做出伤害儿童的行为，一级预防的目的是为了降低儿童遭受暴力侵害的风险以及降低潜在施暴者对儿童施加暴力的风险。

二级预防模式也是在暴力侵害儿童事件发生之前采取的措施。具体的

---

[1] Locke E. A., "Toward a theory of task motivation and incentives", *Organizational Behavior & Human Performance*, 1968, 3 (2), pp. 157-189.

操作包括识别高危儿童或环境，为高危儿童提供额外的支持措施，防止暴力侵害儿童事件的发生。高危儿童即易受到伤害的儿童，如没有父母监护的留守儿童相比较身边长期有监护人的儿童更易受到伤害；高危环境即容易给儿童造成伤害与忽视的情况，例如有暴力倾向的监护人所在的场所。高危儿童与高危环境是比较级概念，所有的儿童相较于成年人都是易受到伤害的人群，在儿童群体中，处于危险环境中和有特殊弱势的儿童更易受到伤害。我国在对高危环境与高危儿童的特殊支持方面有一些可取的经验，例如留守儿童信息管理系统的启用在留守儿童保护方面是一个巨大的进步。

三级预防模式是事后预防，包括回应报告并及时响应机制，为受害儿童和家庭提供多样化的专业支援服务和为施暴者提供心理行为矫正服务等，同时预防受虐者受到负面影响和反复受害、施暴者反复加害，从而避免产生受虐者变成施暴者的暴力循环。

表9-7　　预防儿童遭受暴力侵害的三级目标设计——家庭保护

	家庭保护		
	事前预防		事后预防
	一级预防	二级预防	三级预防
时机	暴力事件发生之前	暴力事件发生之前	怀疑或确认暴力事件已发生
目标	减少潜在的暴力施暴者；阻止施暴者做出伤害儿童的行为	识别高危儿童；识别存在暴力风险因素的家庭	降低暴力事件给儿童和家庭带来的伤害；矫治施暴者；终止暴力循环
目标人群	儿童；保护者：监护人及其他亲属；守护者：社区工作人员、邻居等相关人员；一般公众	保护者：监护人及其他亲属；高危儿童、高危社区、高危家庭	保护者：监护人或其他亲属；疑似或已经遭受暴力侵害的儿童及家人；疑似或已确认的施暴者及家人

续表

	家庭保护		
	事前预防		事后预防
	一级预防	二级预防	三级预防
方法	定期家访，开展和宣传家庭教育指导服务；工作人员掌握基本医疗知识，向儿童普及保护知识；培养成人的儿童保护观念	社区工作者及邻居掌握识别高危情况的知识；为高危监护人或其他亲属提供矫治服务；为高危家庭和儿童提供特殊支持服务	报告后立即介入；制订小组工作计划，明确响应机制；调跟进服务
行动者	社区工作者；监护人及其他亲属；专业家庭教育指导师	社区社会工作者；儿童保护服务社会机构	联合调查、处理、跟进的工作者（警察、法官、检察官、儿科医生、社工等）；儿童保护服务政府机构；儿童保护服务社会机构；司法系统；

资料来源：作者自制。

表9-8　预防儿童遭受暴力侵害的三级目标设计——学校保护

	学校保护		
	事前预防		事后预防
	一级预防	二级预防	三级预防
时机	暴力事件发生之前	暴力事件发生之前	怀疑或确认暴力事件已发生
目标	减少潜在的暴力施暴者；阻止施暴者做出伤害儿童的行为	识别高危儿童；识别存在暴力风险因素的学校环境	降低暴力事件给儿童和家庭带来的伤害；矫治施暴者
目标人群	儿童（18岁及以下的未成年人）；保护者：教师；守护者：学校其他的工作人员如生活教师、学校医生等	保护者：教师；守护者：学校其他的工作人员；高危儿童、高危学校环境	保护者：教师；守护者：学校其他的工作人员；疑似或已经遭受暴力侵害的儿童及家人；疑似或已确认的施暴者

续表

学校保护		
事前预防		事后预防
一级预防	二级预防	三级预防
方法	加强儿童生殖健康服务；提高教师队伍素质和能力	教师及学校其他工作人员掌握识别高危情况的知识；为高危教师及学校其他工作人员提供矫治服务；关注高危儿童身心发展状况	积极做出回应，制止暴力，保护儿童；报告后立即介入；制订小组工作计划，明确响应机制；联合调查；跟进服务
行动者	教师资质考核机构；学校人事聘用机构；教师及学校其他工作人员	教师及学校其他工作人员；心理健康干预医师	学校领导以及学校主管单位；联合调查小组（警察、社区工作者、医生、社工等）；儿童保护服务政府机构；儿童保护服务社会机构；司法系统

资料来源：作者自制。

表9-9　预防儿童遭受暴力侵害的三级目标设计——社会保护

社会保护		
事前预防		事后预防
一级预防	二级预防	三级预防
时机	暴力事件发生之前	暴力事件发生之前	怀疑或确认暴力事件已发生
目标	减少潜在的暴力施暴者；阻止施暴者做出伤害儿童的行为	识别高危儿童；识别高危环境；避免儿童遭受侵害；及早介入	降低暴力事件给儿童和家庭带来的伤害；矫治施暴者；终止暴力循环
目标人群	保护者：监护人；守护者：村（居）民委员会工作人员、儿童福利院等救助机构工作人员；接触儿童的工作者（警察、社会工作者、医生等）；一般公众	保护者：监护人；守护者：村（居）民委员会工作人员、儿童福利院等机构工作人员；接触儿童的工作者（医生等）；高危儿童、高危社区	保护者：监护人；守护者：村（居）民委员会工作人员、儿童福利院等救助机构工作人员；疑似或已经遭受暴力侵害的儿童及家人；疑似或已确认的施暴者

续表

	社会保护		
	事前预防		事后预防
	一级预防	二级预防	三级预防
方法	宣传儿童保护观念； 提高公共服务供给能力和水平； 构建儿童心理健康公共服务网络； 强化城乡社区儿童服务功能； 提高儿童服务工作者专业水平； 保障充足的儿童保护医疗救助	监护人、儿童保护相关工作者应学习专业的识别高危儿童、环境的办法； 为高危的潜在加害人提供矫治服务； 关注高危儿童身心发展状况	报告后立即介入； 制订小组工作计划，明确响应机制； 联合调查； 跟进服务
行动者	监护人与社区工作者； 儿童保护相关的政府工作者以及社会组织工作者	监护人、儿童保护相关工作者； 具有专业矫治能力的社会工作者及心理治疗师	联合调查小组（警察、社区工作者、儿科医生、儿童社工等）； 儿童保护服务政府机构； 儿童保护服务社会机构； 司法系统

资料来源：作者自制。

表9-10　预防儿童遭受暴力侵害的三级目标设计——司法保护

	司法保护		
	事前预防		事后预防
	一级预防	二级预防	三级预防
时机	暴力事件发生之前	暴力事件发生之前	怀疑或确认暴力事件已发生
目标	减少潜在的暴力施暴者； 阻止施暴者做出伤害儿童的行为； 惩戒、震慑作用	制止可能发生的暴力事件； 发挥法律惩戒震慑作用减少暴力发生； 及早介入	惩罚施暴者，为受害儿童主持正义； 矫治施暴者； 终止暴力循环； 为受害儿童及家庭提供司法救助
目标人群	潜在的施暴者以及潜在的受虐者	高危儿童； 高危家庭； 高危社区	疑似或已经遭受暴力侵害的儿童及家人； 疑似或已确认的施暴者

续表

	司法保护		
	事前预防		事后预防
	一级预防	二级预防	三级预防
方法	继续完善保护儿童的法律体系； 加强法制宣传教育，加强执法监督	关注高危施暴者：对有犯罪前科者采取职业禁止规定并建立档案追踪； 关注高危儿童身心发展状况	询问与调查； 及时响应； 建立完善儿童监护监督制度； 完善儿童法律援助和司法救助机制； 推动建立和完善适合未成年人的专门司法机构
行动者	警察	警察； 检察官； 法官	警察； 检察官； 法官； 律师； 心理矫治专家

资料来源：作者自制。

二 完善儿童保护制度目标达成的考核监督机制

设定明确的目标会将工作者的注意力集中到目标点上，他们的主要工作精力也会放到目标实现方面，减少无关的旁支工作而消耗的行动成果。对于较难实现的、长远的目标会让工作者更加努力，合理的组织行动以实现目标可以提高工作效率，无论从数据上还是效果上所做出的反馈都有助于让儿童工作者看到工作成就，这样一方面有助于激励工作者产生工作动力，另一方面可以及时发现制度实施中的缺陷并实时调整工作安排，从而更好地提供儿童保护服务。

（一）做实儿童保护相关信息的统计以及资料总结

掌握儿童保护相关数据信息是做好儿童保护工作的基本需求，儿童保护工作的预防、开展以及完善需要通过逐年数据比对来实现。技术进步给儿童保护信息统计提供了一定的便利，儿童信息统计方面我国已经有了一定的基础经验。2011年3月26日，我国启动了全国儿童福利信息管理系统，主要用于掌握和查询福利机构养育儿童、机构代养儿童、社会散居孤儿、事实无人抚养儿童、困境家庭儿童和民间养育儿童的相关情况，具有数据上报、审核、查询、统计分析、生活费发放计算、生活费发放到位核查等功能；为加强农村留守儿童基础信息动态管理，我国民政部组织开发了全国农村留守儿童和困境儿童信息管理系统，并于2017年10月10日上线运行。目前，31个省（自治区、直辖市）全部完成农村留守儿童信息采集及数据录入工作，并定期进行信息动态更新。该信息管理系统，包括数据录入、审核报送、汇总分析等功能模块，实现了与最低生活保障信息系统、建档立卡贫困户信息系统、残疾人信息管理系统的数据共享[①]。目前这两个数据库都是政府内部使用数据库，没有对民众公开。

儿童信息库的良好运行证明我国当前有足够的技术条件去创设儿童保护信息库，且儿童工作者有学习意愿和学习能力。当前我国儿童信息库可以统计的内容覆盖面较窄，依然走着"补缺型"信息统计的路子，然而所有的儿童都应该有自己的档案数据，儿童保护信息库的设计可以是融于综合性全国儿童数据库中的，我国还未设立儿童综合信息库，之前我国民政部的普惠儿童福利试点项目中开启了为所有儿童设立个人档案的先河，但是试点工作中的经验还未普及到全国，拥有个人档案的儿童依然是少数。

（二）构建儿童保护制度实施目标完成情况的反馈、监督机制

1. 反馈

设立自上而下的数据管理系统和自下而上的数据报告系统。儿童保护数据的采集、整合以及分析是实现儿童保护制度实施目标完成情况反馈的最直观的办法。数据反馈的优势十分明显：

（1）大量数据分析可以判断当下儿童保护制度实施状况，如果发生纰漏可以及时应对，避免"千里之堤，溃于蚁穴"的制度漏洞发生；

---

① 民政部：《全国农村留守儿童信息管理系统正式启用》，《中国民政》2017年第19期。

（2）结合数据逐年的变化特征可以预知未来发生的制度故障或者儿童面临的风险，能够及时规避，制定全局性策略；

（3）数据开放与共享可以让不同数据用户利用数据信息进行多样化分析，能够快速实现数据的应用与开发效果展示。尤其是儿童保护事业方面，当前迫切需要集思广益的本土化创新。

当然，数据统计需要耗费大量的人力、物力及时间，数据优势成果也要通过历史的检验才能看到。儿童保护数据统计系统的设置与运用是保证儿童保护制度实现全局把控性、长久性运行的重要条件。

香港地区的儿童保护制度建设发展取得了一些成效，在家庭观念、儿童养育理念以及儿童保护观等方面与大陆文化高度相似，香港经验值得借鉴。当前香港社会福利署下设家庭及儿童福利科主要负责管理家庭和儿童福利服务。社会福利署会在每年列出一项年度开放数据计划，向公众告知未来三年以及当前已经开放的数据有哪些，以2018年12月公布的开放数据为例，可以查到的与儿童保护有直接关系的数据如下（表9－11）。

表9－11　　香港社会福利署儿童保护相关开放数据

在2019年发放的部门数据集

	数据集名称	发放日期	更新频率	备注
1	幼儿中心名单	2019/06	在资料更新时	服务单位名称、地址、电话、传真号码、服务类别、名额、月费及所在区域（CSV）
2	幼稚园暨幼儿中心	2019/06	在资料更新时	服务单位名称、地址、电话、传真号码、服务类别、名额、月费及所在区域（CSV）
3	网上青年支援队名单	2019/06	在资料更新时	服务单位的地址、电话号码及邮电地址（CSV）
4	家庭生活教育服务单位名单	2019/06	在资料更新时	机构名称、地址、开放时间、电话号码及传真号码（CSV）
5	邻里支援幼儿照顾计划名单	2019/06	在资料更新时	营办机构名称、所在区域、电话及地址（CSV）
6	留宿幼儿中心、儿童院及男/女童院/宿舍名单	2019/06	在资料更新时	机构名称、服务单位名称、服务对象、地址、电话及传真号码（CSV）

第九章 中国儿童保护制度实施政策建议

续表

	数据集名称	发放日期	更新频率	备注
7	儿童之家名单	2019/06	在资料更新时	机构名称、服务单位名称、服务对象、电话及传真号码（CSV）
8	保护家庭及儿童服务课名单	2019/06	在资料更新时	中心名称、地址、电话、传真号码及开放时间（CSV）
9	虐待儿童个案的数据资料	2019/06	每季	以个案性质、种类、年龄、性别、地区等分类的数据资料（CSV）
已开放数据					
10	青年热线服务	2018/04	在资料更新时	青年热线服务，例如机构/中心名称、服务地区及地址（CSV）
11	儿童及青年中心名单	2018/04	在资料更新时	儿童及青年中心名单，例如机构/中心名称、服务地区及地址（CSV）
12	综合青少年服务中心的名单	2018/04	在资料更新时	综合青少年服务中心的名单，例如机构/中心名称、服务地区及地址（CSV）
13	学校社会工作机构名单	2018/02	在资料更新时	学校社会工作机构资料，例如机构/中心名称、地址及电话号码（CSV）
14	青少年外展队名单	2018/02	在资料更新时	青少年外展队资料，例如机构/中心名称、地址及电话号码（CSV）

资料来源：香港社会福利署——年度开放数据计划．https://www.swd.gov.hk/sc/index/site_aboutus/page_aodp/.

公布数据集名录显示，关于未成年人的家庭生活、学校生活以及社会生活的数据统计以及保护信息收集较为全面，与儿童保护相关的直接数据有14项（非直接相关的数据名录在此没有列出），数据公布名录、时间以及公布的内容都详细列出，便于民众参考查阅。明确而清晰的数据公布有助于民众及时了解求助渠道并寻求儿童保护服务，此外，逐年数据对比有利于掌握儿童生活发展现状以及儿童服务提供情况，从而促进儿童保护服务的改进，为更多的儿童创造良好的成长空间。配合此表格，以其中的第9项即虐待儿童暴力个案统计资料为例，民众可以获知2005年以来所有关于虐待儿童个案的详细数据，例如不同虐待种类下所统计的虐待数据的横向与纵向比较，遭受虐待儿童性别比，施暴者的基本情况统计等数据①。在对数据进行详细分析后，可以有的放矢地开展工作，避免了资源分配不均、救助重点不明等情况。

大陆地区儿童数量巨大，儿童相关机构庞杂，快速地做出全国性的儿童关联数据统计有一定难度，但是可以在地方以区、县为单位设立相关的数据统计机制，设立自上而下的数据管理系统和自下而上的数据报告系统。

2. 监督

构建儿童保护制度实施目标完成情况的监督机制。我国儿童相关意见中大部分都提到了工作反馈与监督机制，在《中国儿童发展纲要（2011—2020年）》中，实施部分指出要建立目标管理责任制，将纲要主要目标纳入相关部门、机构和社会团体的目标管理和考核体系中。各相关部门每年向本级政府妇儿工委和上级主管部门报告纲要实施的情况，各级妇儿工委每年向上级妇儿工委报告本地区纲要实施的总体情况。定期召开各级妇儿工委全体会议，汇报、交流实施纲要的进展情况。明确监测评估责任，加强监测评估工作。

从文件评估结果中可以了解到，主要的评估、监测、审核、评估人员培训、评估方案制订、评估报告的撰写都由妇儿工委负责，数据统计由各级统计部门牵头。我国儿童福利体系的顶层主管机构缺位，纲要中提出的评估办法仍存在一些现实困境。

本书根据我国当前已有的儿童保护工作监督办法对儿童保护制度实施目标完成情况的监督机制的步骤框架设计做出如下建议：

（1）明确层级目标，落实部门责任，做到责权对等；

（2）将儿童保护目标完成情况纳入各层工作部门的考核体系中，考核结果与工作者绩效挂钩；

---

① 社会福利署：《支援虐儿、虐待配偶/同居情侣及性暴力，受害人服务虐待儿童、虐待配偶/同居情侣及性暴力个案统计资料》，https：//www.swd.gov.hk/vs/sc/stat.html，2018-12-25。

（3）明确上下层级的隶属关系，定期开展情况报告会议，掌握实时儿童保护工作进展状况及数据信息，将工作成果展示并接受大众监督；

（4）引入第三方评估机制，制定由上而下以及横向评比的监测评估制度，对评估结果做出及时反馈；

（5）定期进行儿童生活状况回访事务，掌握儿童实际成长情况，必要时采取互查与第三方检查模式，探索并学习各地儿童保护事业经验，推进儿童保护工作因地制宜地展开。

启示与展望

儿童是国家的明天，是建设未来社会的中坚力量，更是潜在的人力资源，在中国暴力侵害儿童事件频发的背景下，对于儿童的保护迫在眉睫。当前我国儿童保护制度在实施过程中虽暴露出许多问题，但这些问题是可以解决的。在儿童保护制度建设与完善方面应积极汲取中外儿童保护经验，结合本土文化、经济与政治特性，构建面向全体儿童的保护制度。

本研究通过大量的文献搜集、阅读与分析以及对本土案例、访谈资料的研究，明确了研究目的，展开研究实践。通过 AGIL 结构功能分析框架剖析了中国现存的儿童保护制度实施状况，以发现制度实施中存在的问题并以制度场域理论为理论依据对问题产生原因进行探讨，由此提出优化路径。本章将对研究结论与研究展望做出阐释。

第一节 研究结论与启示

第一，中国儿童保护制度实施的各项功能发挥陷入困境。结构功能理论的 AGIL 范式重点在于分析制度实施过程中各个环节的完善程度以及整合度；制度场域理论是在一项制度实施场域中对相关要素协同运作的过程进行高度抽象，对制度完整形态进行描述的理论。本书认为，这两个理论在本质上对制度做出的解读是一致的，只是以不同形态表达出来。

将儿童保护制度实施看作一个完整的行动体系，制度实施的最终目的是保持制度良好运作从而保护儿童远离暴力侵害。在儿童保护制度实施中，社会系统发挥着整合功能，即儿童保护制度政策框架、执行机构以及暴力事件处理程序等所组成的制度实施中的一个"小社会"要达到协调的状态才能保证制度实施各部分不分散，能够以整合的框架应对全局；文化系统发挥着模式维持功能，将涉及儿童保护制度实施文化归纳为家庭文化、学校文化以及社会文化这几个部分，当制度实施与当下的文化背景相融合且矛盾点随之减弱的情况下，制度实施便有了文化加持，得以更加稳定，以促进制度实施更加适应社会大环境；经济系统发挥着适应功能，儿童保护制度的实施需要丰富的人力与经费资源做支撑，当制度实施依托于充足且可以合理分配的资源以及相互融合的文化背景时，制度实施的目标更容易达成；政治系统发挥着目标达成功能，儿童保护制度中要实现的社会目标按照政治决议文件可归纳为家庭保护、学校保护、社会保护以及司法保护这四个类属，当然这四个分目标最终会组成终极目标去达成。

研究发现，在儿童保护制度实施的社会系统中，我国儿童保护制度的实体性制度与程序性制度的设置与执行存在制约性因素，儿童保护制度实施中的整合功能发挥受限；在儿童保护制度实施的文化系统中，家庭文化、学校文化以及社会文化背景下的儿童保护制度实施不畅，儿童保护制度实施中的模式维持功能发挥欠佳；在儿童保护制度实施的经济系统中，人力资源与经费资源的获取与分配不合理，儿童保护制度实施中的适应功能发挥不足；在儿童保护制度实施的政治系统中，家庭中的儿童保护目标、学校中的儿童保护目标、社会中的儿童保护目标以及司法中的儿童保护目标实现情况不理想，儿童保护制度实施中的目标达成功能发挥受到制约。

第二，儿童保护制度框架设置局限是导致制度实施功能发挥困境的主要原因。以制度场域理论为依托，探析儿童保护制度实施问题产生机理，研究发现，儿童保护制度的框架设置不完善是导致制度实施中功能发挥受限的主要原因。制度成型是一个漫长的过程，一项有效的儿童保护制度，首要的是设立完备的制度框架，其次是要落实制度执行，最后在具体实施过程中发现问题时要及时解决，调整相应的制度内容，以形成适合当地文化、经济与政治环境的儿童保护制度。当前我国儿童保护制度在实施过程中暴露出诸多困境，其中预防机制薄弱，处理程序专业性差，综合服务落后，资源支持不足等问题十分突出。

虽然不同的制度实施问题其源于不同的产生机理，但是归根到底，所有问题的产生其根本在于儿童保护制度框架设置的局限。我国当前没有从上至下的综合性儿童保护制度框架，横向与纵向网络经纬交错，虽有的地方密集成片，但大部分地区的儿童保护网络是"镂空状态"，缺少整体性规划，这是当前我国儿童保护制度实施存在的最核心的问题。此核心问题下又衍生出了顶层领导机构不健全、法律法规设置不合理、暴力事件处理程序落实效果差等支线问题。儿童保护制度的实施需要各部分协同发力，共同实现。儿童保护制度是综合性的覆盖全体儿童的一项儿童福利制度，儿童保护制度实施对于整合性与配合度要求较高，各部分发展既相互促进又彼此牵制，为实现制度良好运行需要自上而下的组织机构协同合作，不可偏废。

第三，儿童保护观念是儿童保护制度实施之基。儿童保护观念的渗透与成型是儿童保护制度实施优化方略的核心要义。儿童观是成人社会关于儿童的系统的认识与看法的凝练，是成人对儿童自然与社会本质属性的认知及在此基础上形成的相关理念。涉及儿童的特性、权利与地位、儿童期的意义以及教育和儿童发展之间的关系等问题。儿童观是儿童保护的基础，价值观念从最根本的层次指引人们行为处事，如何看待儿童决定了如何定义儿童，对儿童定义的不同会出现差别巨大的儿童保护方式。一个国家、一个民族以及一个社会在本土环境下的历史演进中形成的价值观是民族文化的重要组成部分。文化具有导向功能，可以为人们的行为提供方向和可供选择的方式，当某种文化形成和确立后，意味着其中的价值观和行为规范被认可和被遵从，此时文化起到了维持秩序的功能。儿童保护观的形成在中国乃至世界范围内都经过了一个漫长而艰难的过程，今天的儿童观体现了众多儿童研究学家的精神精粹。儿童观随着时代的不断演进，有

启示与展望

了明显变化，关于"儿童是什么"的论说在不同社会意识形态和主流文化背景下有巨大的差别。当今国际儿童保护研究学者普遍认同《儿童权利公约》所传达出的儿童保护观念。

在当代中国，先进儿童保护观念的科普与深入仍然是需要关注的难题。本研究的访谈对象不仅包括 18 岁及以上的成年人，还包括了 18 岁以下的儿童。访谈研究结果显示，成人与儿童在儿童保护方面的差异性认识普遍存在，例如，在忽视问题的探讨上，成人认为只有造成孩子丢失、死亡等严重的情况才能称得上忽视暴力。儿童认为，忽视不仅仅在于单次造成的儿童伤害情况的严重与否，还应该考虑到持续性的行为，当家长总是沉迷于打麻将等上瘾的消遣中或以外出工作繁忙为理由而长期无视儿童的生活与心理状况变化时，就造成了忽视暴力，这给儿童的心理健康带来极大威胁，很多儿童表示持续性的轻微忽视会给其带来巨大的心理伤害。此外，在日常生活中，成人霸权普遍存在，不仅有家长、教师等"优势权利"群体在不经儿童同意的情况下为其做出决定，还有陌生人以大欺小、谩骂欺骗等现象的发生。儿童们普遍认为虽然当前我国社会中的儿童保护意识有所提升，但是总的来说，儿童的意见并没有获得太多的重视。

与儿童保护观念联系紧密的其他意识、观念也影响着儿童保护制度实施的有效性。例如，民众与官方机构工作者之间的信任关系直接影响报告制度的执行情况，访谈时受访者中数人谈到由于认为警察对于家庭事务的不作为，报警可能发生不了了之的结果而选择不报警，当暴力事件发生时，人们会由于不信任而选择不作为，培养民众与官方机构间的信任关系对于暴力的预防十分有益。信任是双方建立关系的基础，信任关系很难形成，未成年人会因为自卑、害怕被报复等心理而不敢求助，成年人会因为儿童年龄小而质疑其所述事情的可信度。如果当受害人遭受暴力时确信通过向成年人求助可以获得保护，而成年人也不会认为未成年人是在"恶作剧"，那么许多"隐形"的儿童暴力行为便无所遁形。

以上现象反映出我国当下还未形成以儿童为中心的社会保护氛围。儿童保护文化氛围的形成不能一蹴而就，需要全方位的长久培养与稳固，儿童保护观念的传播与渗入是保证儿童保护制度有效实施的根本之基。在儿童保护文化与观念背景培养不足的情况下,一切儿童保护制度实施问题的优化方法都缺少文化背景支撑,最后难免成为空谈。

第二节 研究展望

儿童是当下大部分家庭关注的核心,更是国家人才战略的重要储备军,关注儿童的安全健康成长是国家发展的必然要求,同样也是家庭中"爱的天性"。由于笔者个人研究水平的局限性,在今后的研究道路上还需继续努力。

第一,在研究内容方面,儿童保护制度处理程序的安置措施中,对儿童安置是否带离家庭的争论一直以来都是讨论的重点。本书当前并未对安置措施提出过多讨论,当前国家在儿童安置方面的资源投入有限,安置政策的制定与落实不明朗,对于家外安置的要求与条件难以做出评估。在家暴儿童事件处理中,出现警察不带离、家外难安置、监护监督制度难以配套执行等问题并非个例。儿童保护仅靠资源支持难以实现,对儿童的健康成长而言,家庭安置或机构安置哪个才是优先选择的安置地等问题需要更多深入探讨。

第二,在研究对策方面,应在今后的研究中对儿童保护制度实施预防机制做出设计。当前我国在暴力事件预防方面所做的工作较少,现存的预防机制难以应对频繁发生的暴力侵害儿童事件。本书现已提出了结合三级预防模式的中国儿童保护目标框架以及暴力风险评估设计,今后应更进一步将这两项内容与预防策略设计结合起来。暴力侵害儿童对许多人来说仍然是一个高度敏感的问题,在私下难以讨论,公开辩论更是如此。尽管问题严重,但是并没有将预防暴力侵害儿童事件的发生作为一个政策上优先考虑的问题。人们尚未认识到有效地预防和促进安全策略能预防暴力侵害儿童事件的发生。预防策略主要针对个体、家庭、社区和社会上的潜在危险因素,其目的是减少目标人群暴力侵害儿童事件的发生。人们普遍希望投资能够立竿见影,而预防措施的效果却可能要几年时间才能显效,因此对预防机制的投入难免受限。在今后的研究中,应加强深入实地调研,尤其应该将暴力侵害儿童事件所带来的经济损失纳入预防机制的风险估算范畴中,以加强警醒,提高人们对于暴力预防的重视程度。

第三,在研究视角方面,应该更为深入地归纳汲取中国儿童保护制度发展历史长河中的可取经验并加强中外儿童保护制度建设及运行的比较研究,探索推进儿童保护制度发展的关键因素,汲取西方发达国家先进的儿童保护制度建设与实施维护经验。西方发达国家对于儿童保护的研究之所以较为先进,一个关键原因在于其文化与价值基础。帕森斯认为"文化给行动系统提供了高度稳定的结构的依据"(可将制度看作一个行动系统),西方对于儿童权利的尊重以及其先进的儿童观促使了儿童保护研究的蓬勃发展。国外学者并未由于繁盛的研究局面而放松警惕,一些学者在论著中做出反思,认为在精致研究的同时也有可能走入一种过分"较真"的局限中去,比如在对儿童暴力分类的研究来说,几年前的研究专注于将儿童暴力分类越发的细化,认为遭受不同暴力形式的儿童应该接受不同的治疗,在治疗方面的观点固然正确,但是在儿童暴力分类研究中可以发现,发生在儿童身上的暴力并不存在完全单一的情况,例如躯体虐待必然伴随精神伤害,忽视儿童也必然伴随精神伤害甚至会间接导致儿童死亡等躯体伤害。研究发展过程中的"分分合合"也许正是一项社会研究发展的必经之路。

在儿童保护研究背景的探索方面,当前国内学者对于中国儿童保护相关内容的历史梳理多与福利、孤残、困境等关键词挂钩,是属于广义儿童福利制度下的儿童保护内容。今后研究应更进一步将研究聚焦于儿童保护观念显现以来的狭义儿童保护制度的历史发展进程。我国狭义儿童保护制度历史演进是蕴含于儿童福利发展历程中的,但其服务对象覆盖面的不同使得二者侧重点有较大差异。在儿童保护服务研究中,中外研究侧重点不同。在暴力侵害儿童行为问题的归属方面,西方部分国家将其归为基本公共卫生安全问题，我国当下还没有明确的归类，散落于救助类、福利类、妇幼保健类等领域中。相应的，对于"儿童保护"一词的理解，在西方部分国家谈到儿童保护时首先想到的是保护儿童远离暴力侵害。在我国，"儿童保护"一词与困境儿童、留守儿童、残疾儿童等高度相关，与保护儿童远离暴力侵害等关联度较低。在类属规范不一致的情况下难以用国际标准进行中外探讨。这些在中外比较研究的经验学习过程中出现的可预料的与未知的问题，在今后儿童保护相关研究中需要进一步探索解决方案。儿童保护相关内容的历史研究以及比较研究不仅有助于总结儿童保护经验、探查儿童保护制度实施存在的问题，还可据此对儿童保护制度发展方向做出预测。

总之，本研究认为保证全国性儿童保护制度有效实施将有助于儿童安全成长、家庭与社区和谐发展、减少社会成本、促进全国性的儿童保护体系的构建与完善。预防与应对暴力侵害儿童问题是政府部门和社会公民在保护儿童方面应该承担的重要责任与义务，这关系到儿童的健康成长以及家庭幸福和社会的稳定。中国儿童保护制度的构建与完善以及实施效果的探讨仍有极大空间，需在今后的学术道路上总结经验并投入更多的研究精力。

附　　录

附录 A　单人半结构式访谈问卷

由于访谈对象工作性质存在巨大差异，所以有些问题会对所有受访者提出，属于无差异提问的问题，有的问题是针对受访者工作专业提出的专门性问题，为此，将无差异问题标为（W），将专业问题标为（Z）。

访谈编号：　　　　　　　　　　　　　　日期：

（1）您是谁，您在做什么？

● 何时开始，什么契机让您做了这份工作，在您的工作经历中是否有一些关键性的人与事影响了您？（W）

● 在工作中，获得了哪些方面的支持，获得支持后您是否继续有新的想法。受到了哪些方面的阻碍，遭到阻碍后，是否动摇了您工作的信心？（W）

● 做过的儿童相关的项目有哪些，您及您的工作伙伴是如何设计与完成的。这些项目效果如何，是否带来了一定的社会影响。（Z）

● 中国儿童社会工作者以及儿童社会组织现状是怎样的？（Z）

● 中国儿童及家长的性教育现状如何，平时您是如何开展性知识普及

工作的？（Z）

- 儿童法庭与一般法庭的区别是什么呢？（Z）
- 对于判罚暴力侵害儿童事件的工作流程是如何的，与公安机关、民政部门等是如何合作的？（Z）
- 儿童伤残鉴定与成人伤残鉴定有区别吗？（Z）
- 在家庭暴力侵害儿童事件和社会暴力侵害儿童事件的处理上有什么区别吗？（Z）

（2）您认为当前中国的育儿观是怎样的？（W）

- 比方说您在工作中、生活中接触到的家长对于孩子是什么态度？
- 比起您小时候，现在的育儿观有什么改变吗？

（3）您如何定义针对儿童的暴力？（W）

- 您认为，家庭与学校中的管教是否属于暴力，比方说扇耳光，打屁股，踹，掐，拿工具打孩子等行为是合适的吗？
- 您认为家庭与学校中存在性暴力吗？父母对孩子的亲昵、爱抚等应该保持在什么范围以内？您是否意识到，监护人、教师、学校其他工作人员、邻居、异性或同性亲属、监护人的朋友有可能是潜在的儿童施暴者？
- 您认为精神暴力是真实存在的吗？您所认为的精神暴力包括什么？
- 您认为学校与家庭中的忽视是一种暴力形式吗？监护人没有意识到孩子的心理状态，没有意识到孩子的饥饱，没有意识到孩子的其他需求，甚至出现很多因为没照看儿童而导致儿童坠楼的事件，您是否觉得这种现象是可以原谅的，对发出忽视暴力的监护人您持有什么态度？
- 您在平时工作生活中，给自己的孩子/学生们科普过相关内容吗？孩子们主动谈起过吗？您是否觉得某些话题是羞于启齿的？
- 如果家长暴力管教孩子，您会介入吗？
- 工作中与生活中如果出现严重的针对儿童的暴力，您会主动报警吗？
- 您觉得暴力会给儿童带来什么样的伤害？您是否意识到了？
- 对于网络上爆出的儿童暴力事件您一般是怎么看待的？

附　录

（4）从您的个人来看，您认为当前中国的狭义儿童保护制度包括哪些方面？（W）

- 您了解儿童保护相关的法律法规吗？您知道我国什么机构负责相关事宜吗？
- 您知道强制报告等（监护监督、临时安置、告诫、人身安全保护令等）制度吗？

（5）中国的针对儿童暴力的儿童保护制度是否起到了一定的作用？（W）

- 您对于工作中接触到的儿童保护制度执行现状有什么个人经验与教训？
- 您觉得当前中国儿童保护问题是否已经成为一个社会问题？

（6）您觉得未来中国儿童保护的挑战在哪里，哪些方面需要更多的发展？（Z）

- 法律框架构建方面
- 从业人员培养方面
- 组织机构配合方面

（7）您觉得从您个人专业角度来讲，采取哪些措施可以减轻暴力侵害儿童事件的发生？（W）

十分感谢您能接受我的采访！

附录 B　焦点团体访谈问卷

小组编号：　　　　小组计划人数：　　　　小组实到人数：
日期：　　　　　　调研人员：

活泼可爱帅气阳光的朋友们，你们好！我是一名儿童保护工作者，今天很高兴与你们共同探讨生活中的一些关于儿童成长过程中的一些小事，这是一次自由的、完全自愿的、隐去你私人信息的访谈，十分感谢你们的参与！访谈结果仅用于学术，对受访者的隐私会做全面保护。

第一部分：焦点团体访谈者的个人情况

（1）请问你的性别是：

1. 女

2. 男

（2）请问你的年龄是_____岁，你认为你的年龄处于什么成长阶段：

1. 儿童

2. 少年

3. 青年

4. 向成年过渡期（未达到法定成年年龄，但认为个人已具备成年人特质）

5. 其他_____

第二部分：焦点团体访谈半结构式问卷

（3）请问你觉得什么算针对儿童的暴力？

- 躯体殴打及其程度你是如何定义的呢？你是否自己曾经经历过这样

的暴力或者目睹过这样的暴力行为？

- 性侵犯及其程度你是如何定义的呢？你是否自己曾经经历过这样的暴力或者目睹过这样的暴力行为？你认为这样的暴力形为可能来自亲属或者教师吗？
- 精神虐待及其程度你是如何定义的呢？你是否自己曾经经历过这样的暴力或者目睹过这样的暴力行为？
- 忽视及其程度你是如何定义的呢？你是否自己曾经经历过这样的暴力或者目睹过这样的暴力行为？
- 你认为还有一些其他形式的暴力行为吗？

（4）作为儿童，请问你在日常生活中对针对儿童暴力的事件持什么态度？你认为这类事件发生的频率以及个人关注度如何？

（5）请问你在日常生活中接受过任何关于儿童暴力知识或者自我保护技巧的科普吗？这些科普的途径是什么？你认为对你而言有用吗？

（6）请问你了解《未成年人保护法》或其他相关的儿童保护法律法规吗？了解的程度如何？了解的途径是什么？

（7）作为儿童，请问你认为自己所处的社会环境安全吗？如果你觉得不安全，可以谈一谈你担忧的事情有哪些吗？

（8）请问你认为当前国家、政府、社会、学校以及家庭在儿童保护方面做得足够吗？为了营造良好的儿童保护氛围，你有什么个人建议吗？

十分感谢您能接受我的采访！

附录 C 案例资料来源及案例基本情况

本研究共选取了 25 件案例为研究数据。案例资料来源归纳见表 C.1，案例基本情况见表 C.2。

表 C.1　　　　　　　　　案例资料来源

资料来源	官方网站	电视媒体	网络新闻平台	纸媒	微信	微博
平台名称	最高人民检察院官网	《焦点访谈》	央视新闻网	人民日报	最高人民检察院公众号	中国妇女报官博
	最高人民法院官网	《今日说法》	澎湃新闻网	中国日报	检查日报公众号	女童保护官博
	国务院妇女儿童工作委员会官网	《新闻三十分》	搜狐新闻网	中国青年报	中国青年报公众号	爱小丫基金官博
	民政部官网	《晚间新闻》	凤凰新闻网	中国妇女报	中国青年网公众号	大公报—大公网官博
	中华全国妇女网	CCTV12 的相关纪录片	人民日报电子版	发展简报	未成年人检查公众号	救助儿童会官博
	救助儿童会官网		今日头条电子版		中国民政公众号	深圳鹏星家庭暴力防护中心官博
	中国公益研究院官网				鹏星家暴防护中心公众号	Rainbow 暴力终结所官博
					女童保护公众号	关注儿童保护的个人大 V 等

资料来源：作者自制。

表 C.2 案例基本情况

案例名称	案件发生时间	受害者性别	受害者年龄	受虐者伤势	施暴者与受害者关系	举报者与受害者关系	举报途径	案例经过
A1 女童疑似偷窃被捆绑示众	2011年	女	11—15岁	心理创伤大	陌生人	陌生人	网络曝光	超市两位员工认为女童偷窃，将女童捆绑于电线杆上挂"小偷"牌子示众
A2 小学生表现不好被老师在脸上盖章	2012年	均有	6—10岁	自尊心受损	师生	直系亲属	网络曝光	语文老师为激励学生在学生脸上盖红章表示奖励，盖蓝章表示惩罚
A3 男童被挖双眼	2013年	男	6—10岁	失明	其他亲属	直系亲属	报警	男童伯父采用残忍手段挖出男童双眼
A4 母亲饿死女童	2013年	女	1—5岁	死亡	直系亲属	警察	报警	两个女儿被锁在家中，只留少数食物
A5 校长带女童开房	2013年	女	11—15岁	被性侵，心理创伤大	师生	直系亲属	报警	6名小学女生被小学校长及一政府职员带走开房
A6 仙游母亲虐童	2009年	男	6—10岁	脸上身上满是伤痕	直系亲属	邻居	报警	施暴者多次婚姻失败，多次虐待儿子，儿子没有上学
A7 网吧猥亵男童	2012年	男	11—15岁	被猥亵	陌生人	师生	报警	八名初中男生被成年李某通过给零钱、零食等骗入网吧包厢等场所实施猥亵

· 305 ·

续表

案例名称	案件发生时间	受害者性别	受害者年龄	受虐者伤势	施暴者与受害者关系	举报者与受害者关系	举报途径	案例经过
A8 留守儿童自杀	2012年	均有	6—15岁	四名儿童长期被家长忽视，服用农药死亡	直系亲属	邻居	报警	儿童母亲因家庭纠纷离家出走，父亲外出打工仅通过电话沟通。儿童祖父母也未担负起照顾儿童的责任。父亲外出打工期间，四名儿童服用农药自杀
A9 南京养母虐童	2014年	男	6—10岁	儿童挫伤面积超过体表面积的10%，轻伤一级	直系亲属	师生	报警	儿童某某身上有多处表皮伤，系养母殴打所致
A10 缓刑期保安猥亵杀害女童	2014年	女	11—15岁	被猥亵、被杀害	陌生人	直系亲属	报警	施暴者看到女童后新生性侵邪念，将女童骗到废弃职工食堂内猥亵未遂，担心事情败露将其杀害
A11 民工猥亵杀害女童	2013年	女	1—5岁	被猥亵并杀害	陌生人	直系亲属	报警	施暴者猥亵女童并捂住女童口鼻致使女童窒息前亡，将女童尸体掩埋
A12 幼儿园虐童	2017年	均有	1—5岁	臀部、脚部、腋下以及口腔有多处针孔	师生	直系亲属	报警	幼儿园老师以针扎儿童隐蔽部位为手法管理儿童，家长发现后报警
A13 名师强奸女童	2016年	女	16—18岁	被猥亵	师生	直系亲属	报警	施暴者先后四次与女童发生性关系
A14 养女被哥哥猥亵	2017年	女	6—10岁	被猥亵	其他亲属	陌生人	网络曝光	一年轻男性猥亵女童，经调查女童是养女，男性是哥哥

续表

案例名称	案件发生时间	受害者性别	受害者年龄	受害者伤势	施暴者与受害者关系	举报者与受害者关系	举报途径	案例经过
A15 网络猥亵女童	2017年	女	11—15岁	受到网络猥亵	网友	直系亲属	报警	施暴者在QQ上语言骚扰、猥亵女童
A16 轻微智障女童遭性侵怀孕	2017年	女	11—15岁	被性侵后怀孕	陌生人	直系亲属	报警	女童在离家出走的48小时内遭遇一六旬陌生男子多次侵害，且致怀孕
A17 男童遭继父殴打	2015年	男	6—10岁	评定男童为轻伤一级	直系亲属	邻居	到居委会举报	被继父长期殴打，母亲忽视
A18 留守女童遭宿管老师性侵	2017年	女	6—10岁	遭受长期性侵	师生	师生	报警	留守女童为方便上学住在学校附近宿舍，宿管老师晚上性侵女童
A19 留守女童遭"伪亲情"性侵	2016年	女	11—15岁	被性侵致下体出血	邻居	医患	报警	女童常年与卧床的奶奶和残疾的大伯共同生活。邻居杨某暗中使用安眠药迷昏她后实施性侵
A20 "两怀"家长唆使儿童盗窃	2010年	均有	11—15岁	孩子心理受到重创	直系亲属	警察	报警	湖南道县"两怀妇女"携带未满14岁儿童外出盗窃，以特殊身份躲过法律制裁，在全国范围内盗窃，并且出现带帮带的现象
A21 亲子园教师暴力侵害儿童	2017年	均有	1—5岁	儿童耳朵红肿，被喂芥末	师生	直系亲属	报警	家长发现孩子身上的伤，去学校调取监控录像查看，发现了幼儿园相关人员虐待孩子的视频

续表

案例名称	案件发生时间	受害者性别	受害者年龄	受害者伤势	施暴者与受害者关系	举报者与受害者关系	举报途径	案例经过
A22 扭曲父亲殴打女童	2018年	女	1—5岁	女童多处软组织挫伤	直系亲属	直系亲属	报警	女童父亲因情绪失控殴打孩子
A23 父亲家暴女童	2018年	女	11—15岁	全身各处有伤痕	直系亲属	自己	报警	父亲殴打女儿后,女儿向社区警察报警,女儿被带离并临时安置在当地叔家中。父亲接受了社会工作者的强制矫正工作
A24 渭南继母暴力侵害儿童	2018年	男	6—10岁	昏迷,头颅淤血,颅骨多处软组织损伤	直系亲属	医患	报警	父母离异后父亲暴力管教儿童,再婚后长期外出工作,继母暴力管教儿童
A25 深圳女童被父母虐待	2019年	女	6—10岁	无明显伤势,持续性被暴力管教	直系亲属	陌生人	网络曝光	父母暴力管教儿童,被辖区派出所带走调查,儿童申请人身安全保护令
A26 男童被继母虐待成植物人	2019年	男	6—10岁	颅骨粉碎,深入昏迷造成植物人	直系亲属	邻居	报警	继母长期暴力虐待男童导致其遭受重大伤害后昏迷。施暴者离家庭外申请了重大伤害
A27 黑龙江女童被父亲及其女友打	2020年	女	1—5岁	重伤二级合并轻伤二级与轻微伤	直系亲属	陌生人	网络曝光	女童被亲生父亲和同居女友打致颅内出血的事件在微博上曝光。施暴者被判刑
A28 抚顺女童被母亲及其男友虐打	2020年	女	6—10岁	全身多处被烫伤、骨折	直系亲属	亲属	报警	女童多次遭生母及其男友残忍虐待,包括热水泼头、钳子拔牙、打火机烧嘴等。施暴者被判刑

附录 D 深入访谈对象基本情况

本研究深度访谈对象的性别、年龄、职业、工作单位、居住及工作地等基本情况如下（表 D.1）：

表 D.1　　　　　　　　深入访谈对象基本情况

编码	性别	年龄（岁）	职业	工作单位	居住及工作地	访谈方式	访谈次数	总时长（分）
F001	女	25—30	高中教师	高中学校	S省X市	面对面访谈	3	120
F002	女	25—30	初中教师	初中学校	S省X市	面对面访谈	2	70
F003	女	18—20	大一新生	高校学生	S省X市	面对面访谈	2	80
F004	女	25—30	幼儿园教师	幼儿园	S省X市	视频访谈	1	80
F005	女	25—30	初中教师	初中学校	D省J市	视频访谈	1	40
F006	女	25—30	医院行政人员	医院	D省Q市	视频访谈	2	50
F007	女	20—25	性教育工作者	研究生在读	D省J市	语音访谈	1	60
F008	女	30—35	综合类社会工作者	专业社工机构	D省L市	视频访谈	2	120
F009	女	30—35	儿童福利院工作者同时兼职社工	J市儿童福利院	D省J市	语音访谈	2	80
F010	女	40—45	儿童保护研究专家学者	高校	D省J市	视频访谈	2	80
F011	女	40—45	儿童社会组织研究专家学者	高校	L省S市	视频访谈	1	50
F012	女	30—35	法官	少年法庭	L省S市	面对面访谈	2	80
F013	女	35—40	妇联工作人员	妇联部门	L省S市	面对面访谈	2	60
F014	男	40—45	家庭暴力研究学者兼职公安系统顾问	警察学院	H省C市	视频及语音访谈	3	190
F015	男	35—40	儿童社工兼任监护人暴力行为矫治师	儿童保护社会服务组织	G省S市	语音访谈	2	90

续表

编码	性别	年龄（岁）	职业	工作单位	居住及工作地	访谈方式	访谈次数	总时长（分）
F016	女	40—45	福利署工作者	社会福利署	X特别行政区	视频访谈	1	60
F017	男	25—30	教师	高校心理站	S省X市	视频访谈	2	100
F018	男	30—35	公务员	机关单位	L省S市	小组访谈	1	80
F019	男	35—40						
F020	女	30—35						
F021	女	30—35						
F022	女	45—50	儿童保护工作者	儿童保护机构	瑞典 umea	面对面访谈	1	50
F023	女	45—50	儿童社会工作者	社工机构	瑞典 Vasteras	面对面访谈	1	40
F024	女	50—55	儿童福利相关政府工作人员	国家卫生和福利署	瑞典 Stockholm	面对面访谈	2	60
F025	女	50—55	大学教授，研究方向为儿童保护	高校；在福利署兼职顾问	瑞典 Stockholm	面对面访谈	4	150
F026	男	50—55	大学教授，研究方向为家庭救助	高校	瑞典 umea	面对面访谈	3	180
F027	男	35—40	博士，研究方向为家庭救助	大学；社工机构兼职	瑞典 umea	面对面访谈	2	120

资料来源：作者自制。

参考文献

中文文献

中文著作

［美］安妮·康斯托克、南希·麦克丹尼尔：《个案工作流程》，苏芳仪译，洪叶文化事业有限公司2011年版。

［英］安东尼·吉登斯：《第三条道路：社会民主主义的复兴》，北京大学出版社2000年版。

北京师范大学社会发展与公共政策学院家庭与儿童研究中心：《儿童保护制度建设研究——目标、策略与路径》，社会科学文献出版社2017年版。

陈向明：《质的研究方法与社会科学研究》，教育科学出版社2000年版。

顾明远：《教育大辞典》（增订合编本），上海教育出版社1998年版。

何文杰：《百姓生活避风港：也谈社会保障法》，兰州大学出版社2015年版。

［日］横山宁夫：《社会学概论》，毛良鸿等译，上海译文出版社1983年版。

江伟，邵明：《法学系列：民事诉讼法》（第三版），复旦大学出版社2016年版。

克鲁格：《世界暴力与卫生报告》，人民卫生出版社2002年版。

黎民：《西方社会学理论》，北京大学出版社2005年版。

林南：《社会资本：关于社会结构与行动的理论》，上海人民出版社2005年版。

娄成武、魏淑艳：《现代管理学原理》，中国人民大学出版社2011年版。

［美］迈尔斯、［美］休伯曼：《质性资料的分析：方法与实践》，张芬芬译，重庆大学出版社2008年版。

苏国勋、刘小枫：《二十世纪西方社会理论文选Ⅱ：社会理论的诸理论》，上海三联书店2005年版。

［法］桑格利：《当代家庭社会学》，房萱译，天津人民出版社2012年版。

尚晓援：《建立有效的中国儿童保护制度》，社会科学文献出版社2011年版。

尚晓援、王小林：《中国儿童福利前沿》，社会科学文献出版社2013年版。

世界卫生组织、国际预防儿童虐待与忽视协会：《预防儿童虐待：采取行动与证据指南》，世界卫生组织图书馆再版编目数据2006年版。

［美］塔尔科特·帕森斯：《二十世纪文库：经济与社会》，华夏出版社1989年版。

王勇民：《儿童权利保护的国际法研究》，法律出版社2010年版。

王晓光：《财政与税收》，北京理工大学出版社2010年版。

王振耀：《中国社会政策进步指数报告》，社会科学文献出版社2018年版。

王思斌：《社会学教程》（第3版），北京大学出版社2010年版。

吴继泽：《儿童保护事业概论》，商务印书馆1938年版。

吴东民，董西明：《非营利组织管理》，中国人民大学出版社 2003 年版。

杨明华：《有关文化的 100 个素养》，驿站文化 2009 年版。

张文娟：《建立全面有效的儿童保护制度：基本要素和路径分析》，载尚晓援、王小林主编《中国儿童福利前沿》，社会科学文献出版社 2013 年版。

郑翔：《百年中国社会风习寻脉》，社会科学文献出版社 2016 年版。

中国青少年研究中心：《百年中国儿童》，新世纪出版社 2000 年版。

中国法制出版社：《最高人民法院关于适用〈中华人民共和国刑事诉讼法〉的解释》，法律出版社 2013 年版。

中文论文

北京师范大学、中国基础教育质量监测协同创新中心：《〈全国家庭教育状况调查报告（2018）〉发布》，《教育学报》2018 年第 5 期。

国务院：《部门统计调查项目管理办法》，《中华人民共和国国务院公报》2017 年第 32 期。

蔡亚飞，梁金刚：《我国儿童救助保护的财政供给状况研究》，《社会福利》（理论版）2017 年第 1 期。

邓多文：《虐待儿童刑法规制的文化选择模式转换》，《重庆大学学报》（社会科学版）2014 年第 2 期。

高和荣、范玉显：《论"礼"的社会福利思想》，《云南师范大学学报》（哲学社会科学版）2017 年第 1 期。

关颖：《家庭暴力对儿童的伤害及其社会干预》，《当代青年研究》2006 年第 5 期。

郭黎岩、陈晨：《儿童期躯体虐待与大学生攻击性及自尊的关系》，《中国学校卫生》2016 年第 4 期。

国务院：《国务院办公厅关于加强中小学幼儿园安全风险防控体系建设的意见》，《中华人民共和国国务院公报》2017 年第 13 期。

高玉荣：《缩小差距推进公平让困境儿童福利零距离——"中国儿童福利示范项目"实施情况介绍》，《中国民政》2015年第19期。

高尔生：《学校应是青少年性与生殖健康教育的主阵地》，《人口与发展》2010年第3期。

《国家卫计委发布〈关于加强儿童医疗卫生服务改革与发展的意见〉》，《中国社区医师》2016年第6期。

何舒青：《北京市西城区学龄前儿童遭受家长躯体虐待状况》，《北京市西城区疾病预防控制中心儿童保健所》2015年第8期。

乐爱国、冯兵：《〈礼记·学记〉的教育伦理思想及其现代启示》，《西南民族大学学报》（人文社科版）2009年第8期。

化雨：《七部门首次联合颁发〈全国家庭教育指导大纲〉》，《宁夏教育》2010年第4期。

黄太云：《刑事诉讼法修改释义》，《人民检察》2012年第8期。

王昊魁：《家庭监护缺失与未成年人犯罪密切相关》，《中国社会报》2015年6月8日第10版。

胡适：《论家庭教育》，《竞业旬报》1908年9月6日。

教育部：《教育部关于加强家庭教育工作的指导意见》，《中国家校合作教育》2015年第4期。

季成叶、胡佩瑾、何忠虎：《中国儿童青少年生长长期趋势及其公共卫生意义》，《北京大学学报》（医学版）2007年第2期。

陆士桢：《中国儿童社会福利研究》，《社会保障研究》2006年第2期。

刘继同：《中国儿童福利立法与政策框架设计的主要问题、结构性特征》，《中国青年研究》2010年第3期。

刘文利、苏余芬、徐韬：《我国预防儿童虐待的最佳实践：来自政府机构的试点项目经验》，《实用预防医学》2015年第2期。

李兵：《国外社会服务发展历程及其启示》，《中国民政》2011年第3期。

鲁迅：《我们现在怎样做父亲》，《新青年》1919年第6号。

李艳敏，孙红：《家庭教育指导服务体系建设的思考和研究》，《中国妇运》2014年第6期。

刘伯红、王家湘、顾宁：《第三届国际人口与发展大会有关观点简介》，《妇女研究论丛》1994年第4期。

李丹、邹艳、顾昉：《浙江省青少年青春早期性与生殖健康教育现况调查》，《浙江预防医学》2016年第4期。

李丹：《浅谈在家庭教育指导服务中如何发挥政府职能》，《学周刊》2017年第27期。

李振林：《留守儿童的权益保障与犯罪预防》，《青少年犯罪问题》2017年第5期。

李良：《论传统社会人们的家庭本位观念》，《南阳师范学院学报》2014年第11期。

联合国儿童基金会驻华办事处、北京师范大学中国公益研究院：《中国儿童福利与保护政策报告》，2018年。

民政部：《全国农村留守儿童信息管理系统正式启用》，《中国民政》2017年第19期。

乔东平、谢倩雯：《中西方"儿童虐待"认识差异的逻辑根源》，《江苏社会科学》2015年第1期。

乔东平：《地方政府儿童保护主管机构建设研究——基于A县和B市的儿童保护试点实践》，《社会建设》2016年第2期。

全国人大常委会：《中华人民共和国刑法》，《中华人民共和国最高人民检察院公报》1997年第2期。

全国妇联儿童部：《第二次全国家庭教育现状调查结果发布会》，《中华家教》2016年第3期。

乔东平：《困境儿童保护制度建设：从理念到实践》，《中国社会报》2014年第3版。

任啸雷、查明霞：《儿童遭受暴力侵害若干问题研究——从法律和政策视角切入》,《法治与社会》2010 年第 35 期。

尚晓援:《儿童保护制度的基本要素》,《社会福利》(理论版) 2014 年第 8 期。

上海市闵行区人民检察院课题组:《刑法从业禁止制度在性侵害未成年人案件中的适用》,《山西省政法管理干部学院学报》2018 年第 2 期。

宋秀岩:《在全国城乡社区儿童之家建设推进会上的讲话》,《中国妇运》2017 年第 11 期。

尚晓援、窦振芳、李秀红:《一切为了儿童:中国徐州市某区对儿童性虐待案件处理的个案研究》,《山东社会科学》2017 年。

邵文虹、李兵:《少年审判:爱与希望——人民法院少年法庭工作 25 年回顾》,《中国审判》2009 年第 6 期。

尚晓援、佟丽华:《全国首批儿童保护案件的经验分析及政策建议》,《社会福利》2017 年第 2 期。

唐兴琴:《我国侵害未成年人案件强制报告制度的文本解读与制度完善——兼评〈关于建立侵害未成年人案件强制报告制度的意见(试行)〉》,青少年学刊,2020 年第 5 期。

王海英:《20 世纪中国儿童观研究的反思》,《华东师范大学学报》(教育科学版) 2008 年第 2 期。

王志明:《关于儿童观的研究》,《学前教育研究》1994 年第 1 期。

王倩:《儿童虐待研究述评》,《中国特殊教育》2015 年第 5 期。

王大华、翟晓艳、辛涛:《儿童虐待的界定和风险因素》,《中国特殊教育》2009 年第 10 期。

王英占:《全国首例"嫖宿幼女"被判强奸罪》,《政府法制》2015 年第 10 期。

吴爽:《儿童性教育:从羞于启齿到科学引导》,《教育家》2017 年。

新华社:《2020 年建成家庭教育指导服务体系》,《青春期健康》2017 年。

项雪珍:《青少年性与生殖健康教育现况调查分析》,《养生保健指南:

医药研究》2015年第21期。

新华社：《中共中央办公厅、国务院办公厅印发〈关于完善法律援助制度的意见〉》，《中华人民共和国国务院公报》2015年第20期。

新华社：《中共中央办公厅国务院办公厅印发〈关于完善法律援助制度的意见〉》，《中华人民共和国国务院公报》2015年第20期。

邢丽娜：《先行先试推进适度普惠型儿童福利制度建设》，《中国妇运》2013年第9期。

熊少严：《关于家庭教育立法问题的若干思考》，《教育学术月刊》2010年第4期。

夏天：《2018反家暴社会组织现状和需求调研报告》《北京沃启公益基金会》，2019年。

薛新娅、陈国庆、苗楠：《论儿童虐待的成因与对策》，陕西省社会科学界第三届学术年会暨陕西省社会学会2009年学术年会社会保障与就业论坛论文，2009年。

颜湘颖：《论儿童保护观在社会主义核心价值观中的体现与强化》，《预防青少年犯研究》2013年第6期。

易谨：《我国台湾地区与日本儿童福利法律制度的特色》，《青年探索》2012年第2期。

尹力：《良法视域下中国儿童保护法律制度的发展》，《北京师范大学学报》（社会科学版）2015年第3期。

尹伊君、马滔、赵景川：《〈最高人民检察院关于全面加强未成年人国家司法救助工作的意见〉理解与适用》，《人民检察》2018年第8期。

杨赞：《着力构建符合未成年人检察特点的一体化工作模式——访最高人民检察院未成年人检察工作办公室主任张志杰》，《人民检察》2017年第8期。

宇红：《论韦伯科层制理论及其在当代管理实践中的运用》，《社会科学辑刊》2005年第3期。

张兴峰：《功利取向儿童观及其批判》，《教育导刊（下半月）》2008

年第 4 期。

赵川芳：《儿童保护：现实困境与路径选择》，《社会福利》（理论版）2014 年第 5 期。

周佳娴：《香港儿童虐待防治的经验与启示——生态系统的视角》，《青年探索》2009 年第 4 期。

朱贻庭：《"伦理"与"道德"之辨——关于"再写中国伦理学"的一点思考》，《华东师范大学》（哲学社会科学版）2018 年第 1 期。

检察院：《中华人民共和国刑法修正案（九）》，《中华人民共和国最高人民检察院公报》2015 年第 6 期。

张雪梅：《解读〈反家庭暴力法〉对未成年人等无民事行为能力人和限制民事行为能力人的特殊保护》，《预防青少年犯罪研究》2016 年第 1 期。

检察院：《中华人民共和国立法法》，《中华人民共和国最高人民检察院公报》2015 年第 5 期。

中华人民共和国全国人民代表大会：《中华人民共和国宪法》，《人民教育》1975 年第 2 期。

中华人民共和国全国人民代表大会常务委员：《中华人民共和国民法总则》，《中华人民共和国全国人民代表大会常务委员会公报》2017 年第 2 期。

中国教科院：《中国教科院发布家庭教育指导服务规范》，《教育（周刊）》2018 年第 1 期。

曾钊、刘娟：《中共中央国务院印发〈"健康中国 2030"规划纲要〉》，《中华人民共和国国务院公报》2016 年第 32 期。

邹瑜、夏莉娜：《"五年普法"的由来》，《中国人大》2016 年第 9 期。

最高人民法院：《最高人民法院印发〈关于进一步加强少年法庭工作的意见〉的通知法发〔2010〕32 号》，《中华人民共和国最高人民法院公报》2010 年第 11 期。

周强：《充分发挥案例指导作用促进法律统一正确运行》，《人民法院报》2015年第1版。

中国社会工作编辑部：《〈全国社会心理服务体系建设试点工作方案〉解读》，《中国社会工作》2019年第1期。

电子文献

北京师范大学公益研究院：《中国儿童福利政策报告》，http://www.unicef.cn/cn/index.php?m=content&c=index&a=show&catid=229&id=4219，2011-01-25。

辞海：《文化》，http://www.cihai123.com/cidian/1 000276.html，2017-12-22。

陈晶琦：《暴力侵害儿童状况分析》，《联合国儿童基金会报告》，https://www.unicef.cn/reports/analysis-violence-against-children-chinese-summary，2005年3月。

妇幼健康司：《主要职责》，http://www.nhc.gov.cn/fys/pzyzz/new_lmtt.shtml，2017-07-01。

何勇海：《性侵案首判心理康复费有破冰意义》，《法制日报》，http://opinion.people.com.cn/n1/2017/1130/c1003-29676768.html，2017-11-30。

蒲晓磊：《公安机关设立未成年人保护专门机构》，《法制日报》，https://wap.cnki.net/touch/web/Newspaper/Article/FZRB201903260051.html，2019-03-26。

法制日报：《公共法律服务建设正当时法律援助全力参与见实效》，http://www.moj.gov.cn/Department/content/2019-03/25/612_231291.html，2019-03-25。

国务院新闻办公室：《中国儿童发展纲要（2001—2010）》，http://www.scio.gov.cn/ztk/xwfb/46/11/Document/978177/978177_1.htm，2011-08-10。

国务院：《国务院关于印发中国妇女发展纲要和中国儿童发展纲要的通

知》，http：//www.gov.cn/zhengce/content/2011－08/05/content_6549.htm，2011－7－30。

国家统计局：《人口和就业统计司》，http：//www.stats.gov.cn/zjtj/gjtjj/jgsz/xzdw/200109/t20010907_52319.html，2001－09－07。

国家发展改革委：《主要职责》，http：//www.ndrc.gov.cn/zwfwzx/jj/，2019－01－20。

国务院妇女儿童工作委员会：《机构设置》，http：//www.nwccw.gov.cn/node_2660.htm，2019－01－20。

国际救助儿童会（英国）北京代表处：《儿童保护项目2017—2018年项目末期评估公开招标书》，http：//www.savethechildren.org.cn/news/1931，2018－09－21。

国务院妇女儿童工作委员会：《我国普惠型儿童事业正阔步前行》，http：//www.nwccw.gov.cn/zhuanti/2017－04/19/content_149768.htm，2017－04－19。

国家卫生健康委员会：《例行新闻发布会文字实录》，http：//www.nhc.gov.cn/xcs/s7847/201901/af1b200319ab4d4c9a8281a39a8be37a.shtml，2019－01－25。

国家统计局：《〈中国儿童发展纲要〉（2011—2020年）中期统计监测报告》，http：//www.stats.gov.cn/tjsj/zxfb/201611/t20161103_1423705.html，2016－11－03。

国务院：《九十年代中国儿童发展规划纲要》，https：//baike.baidu.com/item/九十年代中国儿童发展规划纲要/4062063？fr＝aladdin，1992－03－11。

国家统计局：《指标解释》，http：//www.stats.gov.cn/tjsj/zbj s/201310/t20131029_449552.html，2013－10－29。

焦以璇：《要当好教师更要成为人师——全国政协委员热议师德师风建设》，《中国教育报》，http：//www.moe.gov.cn/jyb_xwfb/xw_zt/moe_357/jyzt_2019n/2019_zt2/zt1902_mtbd/201903/t20190306_372442.html，

2019－03－06。

教育部：《介绍2018年教育事业发展有关情况》，http：//www. moe. gov. cn/fbh/live/2019/50340/twwd/201902/t20190226_371310. html，2019－02－08。

教育部：《中小学幼儿园安全管理办法》，http：//www. zbqz. com/articleshow. asp？id＝1756，2017－08－31。

检察日报：《四部门关于依法惩治性侵害未成年人犯罪的意见》，http：//www. spp. gov. cn/zdgz/201310/t20131025_63797. shtml，2013－10－25。

教育部：《基础教育司介绍》，http：//www. moe. gov. cn/s78/A06/moe_892/201704/t20170405_301893. html，2017－04－05。

联合国大会：《联合国千年宣言》，http：//www. un. org/chinese/ga/55/res/a55r2. htm，2000－9－8。

民政部：《儿童福利司》，http：//www. mca. gov. cn/article/jg/jgsz/jgsj/201901/20190100014614. shtml，2019－01－20。

民政部：《社会事务司》，http：//www. mca. gov. cn/article/jg/jgsz/jgsj/201901/20190100014616. shtml，2019－01－20。

民政部：《慈善事业促进和社会工作司工作职责》，http：//www. mca. gov. cn/article/jg/jgsz/jgsj/201901/20190100014613. shtml，2019－01－20。

民政部：《刑事侦查局》，http：//www. mps. gov. cn/n2254314/n2254396/n2254397/index. html，2019－01－20。

民政部：《家庭寄养管理办法》，http：//www. gov. cn/gongbao/content/2014/content_2792649. htm，2014－09－24。

民政部：《职能配置、内设机构和人员编制规定》，http：//www. scopsr. gov. cn/bbyw/qwfb/201901/t20190125_359773. html，2019－01－25。

《防止虐待和保护儿童法案》，由Etee和Spottswoode印刷，（1889）http：//www. legislation. gov. uk/ukpga/1889/44/pdfs/ukpga_18890044_en. pdf. 1889。

全国妇联：《全国妇联简介》，http：//www. women. org. cn/col/col33/index. html，2013－07－17。

全国人民代表大会：《中华人民共和国宪法（1954 年）》，http：//www.npc.gov.cn/wxzl/wxzl/2000-12/26/content_4264.htm，2000-12-26。

全国人民代表大会：《中华人民共和国婚姻法（1980 年）》，http：//www.npc.gov.cn/wxzl/gongbao/2000-12/11/content_5004394.htm，2000-12-26。

人口监测与家庭发展司：《主要职责》，http：//www.nhc.gov.cn/rkjcyjtfzs/pzyzz/lists.shtml，2019-01-20。

世界卫生组织：《世界卫生组织声称针对儿童的暴力能够并必须防止》https：//www.who.int/mediacentre/news/releases/2006/pr57/zh/.2006-05-22。

世界卫生组织：《INSPIRE：消除针对儿童的暴力行为的七项策略执行概要》，http：//apps.who.int/iris/handle/10665/207717? search-result = true&query = INSPIRE&scope = &rpp = 10&sort_by = score&order = desc，2017-12-22。

山东人大：《山东省反家庭暴力条例》，http：//www.sdrd.gov.cn/articles/ch00023/201811/a4829404-87a1-4d83-9ca4-711f4110e4d2.shtml，2018-11-30。

深圳市公安局、深圳市中级人民法院、深圳市妇联：《深圳市家庭暴力告诫制度运行办法（试行）》，http：//www.szlh.gov.cn/qgbmxxgkml/fl/gzwj/zcfg/201810/t20181029_14434035.htm，2019-03-01。

司法部法律援助司：《主要职能》，http：//www.moj.gov.cn/organization/content/2017-07/12/flyzgzs_3695.html，2017-07-12。

社会福利署：《支援虐儿、虐待配偶/同居情侣及性暴力，受害人服务虐待儿童、虐待配偶/同居情侣及性暴力个案统计资料》，https：//www.swd.gov.hk/vs/sc/stat.html，2018-12-25。

社会事务司：《〈关于依法处理监护人侵害未成年人权益行为若干问题的意见〉解读》，http：//www.mca.gov.cn/article/gk/jd/shsw/20150 4/20150415808677.shtml，2015-04-28。

社会福利署：《家庭及儿童福利服务》，https：//www.swd.gov.hk/sc/index/site_pubsvc/page_family/.295\296\297，2012-01-25。

参考文献

新华网：《儿童生存、保护和发展的世界宣言》，http：//news.163.com/09/1119/17/5OGFSAEL00013U8R_mobile.html，2018-06-01。

新华社：《最高检、团中央联合构建未成年人检察社会支持体系》，https：//baijiahao.baidu.com/s？id=1630521814319774364&wfr=spider&for=pc，2018-04-11。

中国人大网：《第七届全国人民代表大会常务委员会第二十三次会议简况》，http：//www.npc.gov.cn/npc/cwhhy/content_5982.htm，2000-12-8。

中国人大网：《中华人民共和国反家庭暴力法》，http：//www.npc.gov.cn/npc/xinwen/2015-12/28/content_1957457.htm.2015-12-28。

中央政府门户网：《全国人民代表大会常务委员会关于修改〈中华人民共和国未成年人保护法〉的决定》，http：//www.gov.cn/flfg/2012-10/26/content_2253932.htm，2012-10-26。

朱光星：《萨拉之死》，《法治周末》，http：//news.hexun.com/2017-06-13/189632880.html.2017-06-13。

中国法院网：《陕西拟制定反家暴运行办法——经常性谩骂算家暴》，https：//www.chinacourt.org/article/detail/2019/03/id/3803196.shtml，2019-03-15。

中华人民共和国财政部：《本部职能》，http：//www.mof.gov.cn/zhengwuxinxi/benbugaikuang/bbzn/，2019-01-20。

中国妇女网：《家庭和儿童工作部》，http：//www.women.org.cn/col/col14/index.html，2019-01-20。

中华全国妇女联合会权益部：《部门职能》，http：//www.women.org.cn/col/col14/index.html，2019-01-20。

中国共青团维护青少年权益部：《部门职能》，http：//www.ccyl.org.cn/organs/institution/200612/t20061204_3504.htm，2006-12-04。

中国残疾人联合会：《机构概况》，http：//www.cdpf.org.cn/zzjg/jggk/，2019-01-20。

中国政府网：《国务院关于完善企业职工基本养老保险制度的决定》，

http：//www.gov.cn/zhuanti/2015 -06/13/content_2878967.htm，2015 -06 -13。

中国妇女报：《天津实现城乡社区"儿童之家"全覆盖》，http：//epaper.cnwomen.com.cn/content/2019 -02/18/057042.html，2019 -02 -18。

中国法院网：《最高法召开新闻发布会发布司法救助规范性文件》，https：//www.chinacourt.org/index.php/article/detail/2019/02/id/3738081.shtml，2019 -02 -26。

中国公益研究院：《新发展阶段社会政策 | 强制报告制度出台半年，成效几何?》，https：//www.sohu.com/a/454824676_120063265，2021 -03 -09。

中国公益研究院儿童福利研究中心：《一周儿童福利动态之福利机构（2015 年 8 月 17 日至 2015 年 8 月 24 日第 34 期/总 240 期)》，http：//www.chinadevelopmentbrief.org.cn/news-17927.html，2015 -08 -25。

最高人民检察院：《最高检设立专门负责未成年人检察工作的第九检察厅》，http：//www.spp.gov.cn/spp/zdgz/201901/t20190104_404295.shtml，2019 -01 -04。

最高人民检察院：《最高人民检察院关于全面加强未成年人国家司法救助工作的意见》，http：//www.spp.gov.cn/spp/xwfbh/wsfbt/201803/t20180306_368994.shtml#2，2018 -03 -06。

最高人民检察院：《最高检新闻发布会通报·保护未成年人合法权益工作情况并发布十大典型案（事）例》，http：//www.spp.gov.cn/spp/zdgz/201805/t20180529_380118.shtml，2018 -05 -29。

最高人民检察院：《人民检察院的性质、职权和职能部门主要职责》，http：//www.spp.gov.cn/spp/jcbk/201802/t20180206_364935.shtml，2018 -02 -06。

最高人民检察院谢文英：《最高检答复代表：加快建设功能齐备信息互通的一站式询问场所》，http：//www.spp.gov.cn/spp/zdgz/201811/t20181126_400304.shtml，2018 -11 -26。

外文文献

外文著作

Clare Mulley, *The Woman Who Saved the Children: A Biography of Eglantyne Jebb, Founder of Save the Children*, Oneworld Publications, 2009.

Egelund, T. et al. , *Social childcare knowledge becoming professionalized*, Stoc kholm: Centrum för utvärdering av socialt arbete, 2000.

Fraser C. , Robins D. , Timothy O. Leary, *Ethics in Early China: An Anthology*, Hong Kong University Press, 2011.

Janson, Lanberg, Svensson, Skriftserie, *Vald mot barn* 2006 - 2007, The Swedish Child Welfare Foundition and Karlstad University Press, 2007.

Jonathan Herring, *Medical Law and Ethics*, Oxford University Press, 20166.

Myers, John, *Child Protection in America: Past, Present and Future*, Oxford University Press, 2006.

Neil Gilbert, *Combating Child Abuse: International Perspectives and Trends*, New York: Oxford University Press, 1997.

Neil Gilbert, Nigel Parton, & Marit Skivenes, Eds, *Child Protection Systems International Trends and Orientations*, New York: Oxford University Press, 2011.

Ogburn, William F. , *Social change: With respect to cultural and original nature*, Oxford England: Delta Books, 1966.

Redfield R. , Linton R. , Herskovits M. J. , *Memorandum for the Study of Acculturation*, American Anthropologist, 1936.

Sharon Detrick, J. E. Doek, Nigel Cantwell, *The United Nations Convention on the Rights of the Child: A Guide to the "Travaux Préparatoires"*, Martinus Nijhoff Publishers, 1992.

Strauss, A. &Corbin, *J. Basics of Qualitative Research, Grouded Theory Procedures and Techniques*, Newbury Park: sage, 1990.

United Nations Children's Fund, *A Familiar Face: Violence in the lives of children and adolescents*, New York: UNICEF, July, 2017.

Talcott Parsons, *The Present Status of "Structural-Functional" Theory in Sociology*, In Talcott Parsons, Social Systems and the Evolution of Action Theory, New York: The Free Press, 1977.

外文论文

Barth, R., Child welfare services in the United States and Sweden: Different assumptions, laws and outcomes, *Scandinavian Journal of Social Welfare*, 7 (1) 1992.

Basch N., Pleck E. Domestic Tyranny, "The Making of American Social Policy against Family Violence from Colonial Times to the Present", *The Journal of American History*, 1988, 74 (4).

Bromfield L. M., Higgins D. J., "The limitations of using statutory child protection data for research into child maltreatment", *Australian Social Work*, 2004, 57 (1).

Cialdini R. B., "Crafting Normative Messages to Protect the Environment", *Current Directions in Psychological Science*, 2003, 12 (4).

Cicchetti D., Valentino K., "An ecological transactional perspective on child maltreatment: Failure of the average expectable environment and its influence upon child development", *SLAC-SSRL-ACD-NOTE*-124, 2006, 3 (Suppl1).

Danish, Norwegian, Swedish, and Netherlands Governments (Application of European Convention on Human Rights), European Commission of Human Rights, "Decision Declaring Admissible the Applications Lodged against the

Greek Government", *International Legal Materials*, 1968, 7 (4).

Daruy-Filho L., Brietzke E., Lafer B. et al, "Childhood maltreatment and clinical outcomes of bipolar disorder", *Acta psychiatrica Scandinavica*, 2011, 124 (6).

Fang, X., Brown, D. S., Florence, C., &Mercy, J., "The economic burden of child maltreatment in the United States and implications for prevention", *Child Abuse & Neglect*, 2012 (3).

Felitti V. J. et al., "Relationship of childhood abuse and household dysfunction to many of the leading causes of death in adults: the Adverse Childhood Experiences (ACE) study", *American Journal of Preventive Medicine*, 1998 (14).

Ferguson R. B. H., Georg Simmel: On Individuality and Social Formsby Donald N. Levine, *The British Journal of Sociology*, 1973, 24 (4).

Foege W. H., Rosenberg M. L., Mercy J A, Public health and violence prevention, *Current Issues in Public Health*, 1995, 1 (1).

Freymond N., "Cameron G. Towards Positive Systems of Child and Family Welfare", *Australian & New Zealand Journal of Family Therapy*, 2006, 28 (5).

Hallberg, M. &Rigne, E. M., "Child sexual abuse—A study of controversy and construction", *Acta Sociologica*, 1994 (37).

Kelly-Irving, M., et al. "Adverse childhood experiences and premature all-cause mortality." *European Journal of Epidemiology* 28. 9 (2013).

Kempe C. H., Silverman F. M., Steele B B et al, "The battered child syndrome" *Sciences*, 1964, 64 (6).

Korbin J. E., "Cross-cultural perspectives and research directions for the 21st century", *Child Abuse & Neglect*, 1991 (15).

Lindenmeyer K., "A Right to Childhood: The U. S. Children's Bureau and Child Welfare, 1912 –46", *Journal of American History*, 1998, 103 (5).

Locke E. A., Toward a theory of task motivation and incentives, *Organizational Behavior & Human Performance*, 1968, 3 (2).

Maclean M., Harvey C., Kling G., "Pathways to Power: Class, Hyper-Agency and the French Corporate Elite", *Organization Studies*, 2014, 35 (6).

Myers J. E. B., "A Short History of Child Protection in America", *Family Law Quarterly*, 2008, 42 (3).

Norman R. E., Byambaa M., De R. et al, "The Long-Term Health Consequences ofChild Physical Abuse, Emotional Abuse, and Neglect: A Systematic Review and Meta-Analysis", *PLoS Medicine*, 2012 (4).

Rebecca T. Leeb, Lewis T., "Zolotor A J. A Review of Physical and Mental Health Consequences of Child Abuse and Neglect and Implications for Practice", *American Journal of Lifestyle Medicine*, 2011, 5 (5).

Skinner G. W., Henderson M., Jianhua Y, "China's Fertility Transition through Regional Space", *Social, Science History*, 2000, 24 (03).

Spatz Widom C., Dumont K, Czaja S J, "A Prospective Investigation of Major Depressive Disorder and Comorbidity in Abused and Neglected Children Grown Up", *Archives of General Psychiatry*, 2007, 64 (1).

THERBORN, G. Child Politics, "Dimensions and Perspectives", *Childhood*, 1996 (1).

Thompson M. P., Kingree J. B., Desai S, "Gender Differences in Long-Term Health Consequences of Physical Abuse of Children: Data From a Nationally Representative Survey", *American Journal of Public Health*, 2004, 94 (4).

Tuscis J. S., "The consequences of childhood abuse", *Paediatrics Today*, 2013 (10).

Whittaker R. B. J. K. Neil Gilbert, Nigel Parton, and Marit Skivenes, "Child Protection Systems: International Trends and Orientations", *Social Service Review*, 2012, 86 (2).

出版物

Anna Shkolnik, Graduate Research Assistant, Center for Advanced Studies in Child Welfare, A Selected List of Milestones in Child Welfare Services, Ph. D. SWEDEN, 2011.

aker L, Cunningham A, "Helping children thrive: Supporting woman abuse survivors as mothers", *London: Centre for Children & Families in the Justice System*, 2004.

Boethiu, M. Kjellander-Ahlberg, B. Barnkunskap. Stockholm, "Sparf ramjandet" 1982.

BRIS, BRIS-Children's rights in society, Stockholm: Barn ens Ratt i Samhallet, 1991.

Cocozza M., The parenting of society, "A study of child protection in Sweden-from report to support, (Medical Dissertations no. 1027)", *Linköping: Faculty of Health Sciences*: 2007.

Eriksson M., Källström Cater Å., Dahlkild-Öhman G., Näsman E. (Eds.), *Barns röster om våld [Children's voices about violence]*, Malmö: Gleerups. 2008.

Ford, Eilee. "Private Initiative and Public Support: The Chicago Juvenile Protective Association, The First 100 years of the Cook County Juvenile Court", *Chicago Bar Association*, 1999.

Global initiative to end all corporal punishment of children, *Global report 2018: Progress towards ending corporal punishment of children*, London: Global Initiative to End All Corporal Punishment of Children, 2019.

Modig, Cecilia, *Never Violence-Thirty Years on from Sweden's Abolition of Corporal Punishment (PDF)*, Ministry of Health and Social Affairs, Sweden; Save the Children Sweden, 2009.

NSPCC Annual Report for 1930 – 31, London: NSPCC Central Office,

1931.

"Research and Publicatio," Juvenile Protective Association, juvenile. org. 2007.

Riksdagsförvaltningen, "Lag om Barnombudsman Svensk författning ssamling1993: 335 t. o. m. SFS 2002: 377", riksdagen. se.

The BBIC Primer. *Artikel nr. NBHW (National Board of Health and Welfare) Socialstyrelsen. Social barnavård i förändring. Slutrapport från BBIC-projektet. Child Welfare in Transformation.* Final Report, Stockholm: Socialstyrelsen; 2007.

The Children's Bureau Legacy, Ensuring the Right to Childhood, 101–103.

"The NYSPCC story, 1875–1900", New York Society for the Prevention of Cruelty to Children, 2009.

"The Response", New York Society for the Prevention of Cruelty to Children, 2009.

UNICEF, *United Nations Economic and Social Council UNICEF Child Protection Strategy*, E/ICEF/2008/5/Rev. 1, 2008.

电子文献

Barnombudsmannen, "Background", https://we b. archive. org/web/20150118194322/http://www. barnombudsmannen. se/english/about-u s/background/. (2015-01-18).

——Barnombudsmannen, "About us", https://web. archive. org/web/20150118152913/http://www. barnombudsmannen. se/english/. (2015-01-18).

Council of Europe Convention on the Protection of Children against Sexual Exploitationand Sexual Abuse, https://www. Coe. int/en/web/conventions/full-list/-/conventions/treaty/201. (2017-12-22).

"Child", Oxford University Press, https://en. oxforddictionaries. com/definition/child. (2013-10-05).

David Batty, "Timeline: a history of child protection", https://

www.theguardian.com/society/2005/may/18/childrensservices2. (2005 – 05 – 18).

Department functions, https://www.acf.hhs.gov/cb. (2001 – 01 – 02).

"First Ban on Smacking Children", Swedish Institute, https://sweden.se/society/smacking-banned-since-1979/. (2014 – 12 – 02).

Oxford Dictionaries, Definition of ethical dilemma in English by Oxford Dictionari-es, https://en.oxforddictionaries.com/definition/ethical_dilemma. (2017 – 11 – 03).

Protection of Children Act1999, "CHAPTER 14", http://www.legislation.gov.uk/ukpga/1999/14/introduction. (1999 – 01 – 14).

Sexual Offences Act 2003, http://www.legislation.gov.uk/ukpga/2003/42/contents. (2003 – 03 – 12).

"Sarah Payne: the timetable", Society, The Guardian, https://www.theguardian.com/society/2001/dec/12/childprotection2. (2001 – 12 – 12).

Socialstyrelsen, BBIC, Child welfare in a state of change-Final report from the BBIC project, https://www.socialstyrelsen.se/p ublikationer2012/child-welfare-in-a-state-of-change-final-report-from-the-bbic-project. (2012 – 01 – 25).

The Child Abuse Prevention and Treatment Act (CAPTA) Reauthorization Act of 2010, Public Law 111 – 320 (42USC5106a), https://www.acf.hhs.gov/sites/default/files/cb/capta2010.pdf. (2014 – 05 – 25).

UNICEF, Convention on the Rights of the Child text, https://www.unicef.org/child-rights-convention/convention-text. (2019 – 04 – 06).